112 GRÜNDE, FEUERWEHRMANN ZU SEIN

Martin Meyer-Pyritz

112 Gründe, FEUERWEHRMANN zu sein

Eine Hommage an den schönsten Beruf der Welt

SCHWARZKOPF & SCHWARZKOPF

INHALT

Vorwort: Geschichten aus dem wahren Leben 8

1. Erste frühe Gründe, ein Feuerwehrmann zu sein . . . 11
Kindliche Fantasien im Sandkastenalter: *Weil Feuerwehrmänner große rote Feuerwehrfahrzeuge haben* | *Weil Feuerwehrmänner mit Blaulicht und Tatütata fahren dürfen* | *Weil Feuerwehrmänner Helden sind, bärenstark und unverwundbar* | *Weil man gesehen hat, wie Feuerwehrmänner Feuer löschen* | Pubertäre Fantasien Jugendlicher: *Weil Feuerwehrmänner supergeile Fahrzeuge fahren* | *Weil Feuerwehrmänner bei roten Ampeln über die Kreuzungen brettern dürfen* | *Weil Feuerwehrmänner die heißesten Bräute aus brennenden Häusern retten* | Rationale Gründe von Eltern und anderen Erwachsenen: *Weil man als Feuerwehrmann Beamter wird* | *Weil ein Feuerwehrmann ein gesichertes Einkommen hat* | *Weil ein Feuerwehrmann als Beamter unkündbar ist* | *Weil ein Feuerwehrmann ein hohes soziales Ansehen genießt* | *Weil ein Feuerwehrmann später eine Pension erhält*

2. Die Ausbildung zum Feuerwehrmann 21
Zerplatzende Fantasien und neue Motivationen: *Weil Feuerwehrmänner hoheitliche Aufgaben erfüllen und in die Grundrechte der Bürger eingreifen dürfen* | *Weil Feuerwehrmänner lernen, Feuer zu löschen und drei Liter Wasser auf einmal zu trinken* | *Weil Feuerwehrmänner lernen, Menschen zu retten* | *Weil Feuerwehrmänner lernen, Tiere zu retten* | *Weil Feuerwehrmänner lernen, alles zu retten* | *Weil Feuerwehrmänner lernen, sich selbst zu retten* | *Weil Feuerwehrmänner lernen, wie aus Einzelkämpfern Teamplayer werden* | *Weil Feuerwehrmänner Leitern steigen und*

klettern lernen | Weil Feuerwehrmänner den Lkw-Führerschein machen | Weil Feuerwehrmänner Maschinisten werden | Feuerwehrmänner haben »tausend« Berufe: *Weil Feuerwehrmänner Schlosser sind | Weil Feuerwehrmänner Schreiner sind | Weil Feuerwehrmänner Elektriker sind | Weil Feuerwehrmänner Automechaniker sind | Weil Feuerwehrmänner Computerfreaks sind | Weil Feuerwehrmänner Dachdecker sind | Weil Feuerwehrmänner Holzfäller sind | Weil Feuerwehrmänner Schornsteinfeger sind | Weil Feuerwehrmänner Schlüsseldienst sind | Weil Feuerwehrmänner Aufzugsretter sind | Weil Feuerwehrmänner Höhenretter sind | Weil Feuerwehrmänner Baggerfahrer sind | Weil Feuerwehrmänner Radladerfahrer sind | Weil Feuerwehrmänner Straßenbahnfahrer sind | Weil Feuerwehrmänner Taucher sind | Weil Feuerwehrmänner manchmal Hebammen sind | Weil Feuerwehrmänner halbe Ärzte sind | Weil Feuerwehrmänner Sanitäter sind | Weil Feuerwehrmänner oft Veterinäre sind | Weil Feuerwehrmänner Reptilienfänger sind | Weil Feuerwehrmänner Strahlenschutzfachleute sind | Weil Feuerwehrmänner Psychologen sind | Weil Feuerwehrmänner Köche sind |* Feuerwehrmänner sind technisch perfekt ausgerüstet: *Weil Feuerwehrmänner Taschenlampen haben | Weil Feuerwehrmänner einen Schutzpatron haben und weibliche Funkgeräte | Weil Feuerwehrmänner Feuerwehräxte und Kettensägen haben | Weil Feuerwehrmänner hydraulische Rettungsgeräte haben | Weil Feuerwehrmänner pneumatische Hebekissen haben | Weil Feuerwehrmänner Sprungpolster haben | Weil Feuerwehrmänner Atemschutzgeräte haben | Weil Feuerwehrmänner Wärmebildkameras haben | Weil Feuerwehrmänner Strahlenmessgeräte haben | Weil Feuerwehrmänner Spezialfahrzeuge haben | Weil Feuerwehrmänner die längsten Schläuche und die stärksten Pumpen haben |* Feuerwehrmänner sind immer top gekleidet: *Weil Feuerwehrmänner Uniformen tragen | Weil Feuerwehrmänner Helme tragen | Weil Feuerwehrmänner Stiefel tragen | Weil Feuerwehrmänner Handschuhe tragen | Weil Feuer-*

wehrmänner keine Schlafanzüge tragen | Weil Feuerwehrmänner Chemikalienschutzanzüge tragen | Weil Feuerwehrmänner Strahlenschutzanzüge tragen | Weil Feuerwehrmänner Hitzeschutzanzüge tragen | Weil Feuerwehrmänner Taucheranzüge tragen | Weil Feuerwehrmänner Schnittschutzhosen und -jacken tragen | Weil Feuerwehrmänner Bienenschutzkleidung tragen

3. Der Alltag auf der Feuerwache 153
Feuerwehrmänner machen alles gemeinsam: *Weil Feuerwehrmänner gemeinsam kochen und essen | Weil Feuerwehrmänner gemeinsam putzen | Weil Feuerwehrmänner gemeinsam schlafen | Weil Feuerwehrmänner gemeinsam Weihnachten feiern | Weil Feuerwehrmänner gemeinsam Silvester feiern |* Feuerwehrmänner trainieren täglich: *Weil Feuerwehrmänner während ihrer Dienstzeit Sport treiben | Weil Feuerwehrmänner ihr Wachgebiet kennen wie ihre eigene Westentasche | Weil Feuerwehrmänner alle Brandobjekte begehen | Weil Feuerwehrmänner ständig Gefahrensituationen üben | Weil Feuerwehrmänner große Jungs sind und sich gerne einsauen*

4. Der Einsatz 195
Die Alarmierung: *Weil Feuerwehrmänner jederzeit von null auf hundert sind | Weil Feuerwehrmänner Rutschstangen rutschen | Weil Feuerwehrmänner nach spätestens 90 Sekunden ihre Wache verlassen müssen |* Die Anfahrt: *Weil Feuerwehrmänner Hausbesuche machen und doch keine Vertreter sind | Weil Feuerwehrmänner hinlaufen, wo alle anderen wegrennen | Weil Feuerwehrmänner keine Angst haben | Weil Feuerwehrmänner Angst haben |* Im Einsatz: *Weil Feuerwehrmänner sogar blind arbeiten können | Weil Feuerwehrmänner zaubern können | Weil Feuerwehrmänner Meister im Improvisieren sind | Weil Feuerwehrmänner kostenlose Saunagänge bekommen | Weil Feuerwehrmänner die größte Schaumparty veranstalten | Weil Feuerwehrmänner normale Autos*

in Cabriolets verwandeln | Weil Feuerwehrmänner für andere ihr Leben riskieren | Nach dem Einsatz: *Weil Feuerwehrmänner schon wieder drei Liter Wasser trinken können | Weil Feuerwehrmänner oft 5 x täglich duschen | Weil Feuerwehrmänner gemeinsam aufräumen*

5. Besondere Aufgaben 253
Brandsicherheitswachen: *Weil Feuerwehrmänner alle Opern kennen | Weil Feuerwehrmänner kostenlos ins Theater gehen | Weil Feuerwehrmänner zuschauen, wie Klitschko seine Gegner umhaut, bis ... | Weil Feuerwehrmänner in den Zirkus gehen |* Brandschutzerziehung: *Weil Feuerwehrmänner Schülerinnen und Schülern erklären, was sie im Brandfall tun und nicht tun sollten | Weil Feuerwehrmänner Kindergartenkindern erklären, wie sie sich im Brandfall richtig verhalten*

6. Fortbildung 263
Neue Ziele: *Weil Feuerwehrmänner Seminare besuchen | Weil Feuerwehrmänner Lehrgänge besuchen | Weil Feuerwehrmänner zur Landesfeuerwehrschule gehen | Weil Feuerwehrmänner sich für weitere Aufgaben qualifizieren*

7. Und dann war da noch 275
Weil Feuerwehrmänner den Tag der offenen Tür haben | Weil Feuerwehrmänner fantastische Betriebsausflüge machen | Weil es über Feuerwehrmänner Filme und Bücher gibt | Weil Feuerwehrmänner nie mehr etwas anderes sein wollen | Weil Feuerwehrmänner tolle Väter sind | Weil Feuerwehrmänner Orden erhalten | Weil Feuerwehrmänner auch nach ihrer Dienstzeit Feuerwehrmänner bleiben | Weil dann Eva kam

Erklärung der Fachbegriffe und Kürzel |
Quellenverzeichnis | Dank 288

Geschichten aus dem wahren Leben

VORWORT

Liebe Leserinnen und Leser, sind Sie möglicherweise Fan von Comic-Helden? Wenn ja, dann zählen Sie also auch zu denjenigen, die sich der Faszination, die von Superman, Batman oder Spiderman ausgeht, nicht entziehen können. Aber was sind diese Helden schon gegen den Feuerwehrmann? Mögen ihre Geschichten auch noch so spannend und aufregend sein, so bleiben sie doch immer nur eine Fiktion aus dem Reich der Fantasie.

Die Erlebnisse eines Feuerwehrmannes sind hingegen real und spiegeln die aufregende Wirklichkeit unseres echten Lebens wider. Und was Spannung und Dramatik betrifft, stellen sie bisweilen alles in den Schatten, was sich ein noch so begnadeter Schriftsteller oder Comiczeichner ausdenken kann.

Glauben Sie mir, ich weiß genau, wovon ich rede, denn ich war selber ein Feuerwehrmann und habe erlebt, wovon andere nicht einmal träumen. Ich war 35 Jahre lang im aktiven Alarmdienst bei der Düsseldorfer Berufsfeuerwehr, habe 35 Jahre lang quasi an vorderster Front gekämpft. Egal ob es um das Retten von Menschen und Tieren aus Gefahrensituationen ging, um das Löschen von Bränden, um das Bergen von Unfallopfern oder um das Schützen von Sachwerten vor Feuer und jeglicher Art von Katastrophen – ich habe praktisch alles erlebt, was es an Einsätzen zu erleben gibt. Gefährliches wie auch Skurriles, und oft bin ich dabei bis weit über meine eigenen Grenzen hinausgegangen.

Aber trotz dieser Anstrengungen und der damit verbundenen Entbehrungen habe ich meinen Beruf geliebt! Ja, ich bin gerne Feuerwehrmann gewesen, so wie es schon viele andere vor mir und sicher auch noch nach mir sein werden, denn Feuerwehrmann zu sein ist mehr als ein Beruf, es ist eine Berufung! Mein Respekt gehört daher auch in ganz besonderem Maße den Kameraden von den freiwilligen Feuerwehren, die überall in unserem Land die gleiche Tätigkeit wie wir ehrenamtlich ausüben. Und wenn ich in diesem Buch mein eigenes berufliches Leben noch einmal Revue passieren lasse, so leben in mir die Erinnerungen wieder auf – Erinnerungen, die weit mehr sind, als mir ein anderer Beruf je hätte bieten können. So ist meine Geschichte gleichzeitig die vieler Feuerwehrmänner – eine Geschichte, die das wahre Leben geschrieben hat, eine von Männern mit Mut und Idealismus, die, wenn es darauf ankommt, alles geben, um anderen in Not und Gefahr zur Seite zu stehen.

Und es ist eine Geschichte von echter Kameradschaft, ohne die solche Leistungen wie die, über die ich hier schreibe, nicht möglich wären.

Ja, ich bin stolz darauf, ein Feuerwehrmann gewesen zu sein – einer von vielen, einer, der für Sie, für euch, eine wunderbare, eine spannende und aufregende Zeit lang im Einsatz sein durfte und dem es vergönnt ist, seine Einsatzerlebnisse in Buchform niederzuschreiben.

Und jetzt wünsche ich allen, die mein Buch zur Hand nehmen, einige unterhaltsame Lesestunden.

Martin Meyer-Pyritz

PS: Eine Erklärung zu den in diesem Buch verwendeten Fachbegriffen und technischen Kürzeln aus der Welt der Feuerwehr finden Sie auf Seite 290.

Als Gott die Welt erschuf, fragte er die Steine: »Steine, wollt ihr Feuerwehrmänner werden?«

»Nein!!!«, riefen die Steine entsetzt, »dazu sind wir nicht hart genug!«

Das ist natürlich nur ein Witz, aber er enthält bei all seiner Übertreibung auch ein Stück Wahrheit, denn die Arbeit eines Feuerwehrmannes ist oft wirklich sehr hart – verdammt hart sogar.

Trotzdem gibt es 112 Gründe, Feuerwehrmann zu sein.

KAPITEL 1

ERSTE FRÜHE GRÜNDE, EIN FEUERWEHRMANN ZU SEIN

Kindliche Fantasien im Sandkastenalter

1. GRUND

**Weil Feuerwehrmänner große
rote Feuerwehrfahrzeuge haben**

Feuerwehrautos und besonders die großen Drehleitern übten schon immer eine gewisse faszinierende Wirkung auf kleine Kinder aus. Und welcher kleine Junge hatte nicht gerne mit Feuerwehrautos gespielt. Für viele stand deshalb bereits im Sandkastenalter fest, später, wenn man erwachsen wäre, wollte man auch ein Feuerwehrmann werden. Und dann würde man nicht mehr nur mit Spielzeugautos, sondern mit den richtigen großen roten Feuerwehrautos fahren dürfen.

2. GRUND

**Weil Feuerwehrmänner mit Blaulicht
und Tatütata fahren dürfen**

Was ist für kleine Kinder aufregender, als zu sehen, wie Feuerwehrmänner in ihren großen roten Feuerwehrautos angefahren kommen? Wenn sie dann mit blitzenden Blaulichtern und lautem Tatütata an ihnen vorbeirauschen, strahlen ihre Augen, und ihre kleinen Münder bleiben staunend offen stehen, und nicht wenige liefen den davonbrausenden Feuerwehrautos am liebsten hinterher.

3. GRUND

Weil Feuerwehrmänner Helden sind, bärenstark und unverwundbar

Alle Kinder haben ihre Helden, Helden die in ihrer Fantasie leben, sie beschützen und trösten und ihnen im Dunkeln die Angst nehmen. Für die Kleinsten ist das meist der Teddybär oder irgendein anderes Kuscheltier. Mit zunehmendem Alter verändern sich die Helden. Die Wirkung ist jedoch die gleiche. Sie heißen jetzt nur anders. Auf jeden Fall sind sie bärenstark und unverwundbar, genau wie Feuerwehrmänner. Zumindest glauben die meisten kleinen Kinder das noch. Für sie sind alle Feuerwehrmänner Helden. Ich hatte das in dem Alter natürlich auch geglaubt.

4. GRUND

Weil man gesehen hat, wie Feuerwehrmänner Feuer löschen

Die Zeit, in denen man als kleines Kind den Feuerwehrfahrzeugen nur sehnsüchtig hinterherschauen durfte, endete spätestens mit dem Besitz des ersten eigenen Fahrrads. Ich rede hier natürlich nicht von einem keinen Dreirädchen, sondern von einem richtigen Rad, mit dem man den Feuerwehrfahrzeugen hinterherjagen konnte. Wenn man dann die Feuerwehr kommen sah, schwang man sie sich in den Sattel und trat wie wild in die Pedale, um den Feuerwehrfahrzeugen zu folgen. Ich machte dabei keine Ausnahme. Meist bekam ich jedoch nur noch deren Rücklichter zu sehen. Aber einmal hatte ich Glück und konnte mit ansehen, wie die Feuerwehrmänner in ihren blauen Uniformen und den gelblichen Feuerwehrhelmen mit Atemschutzgeräten auf dem Rücken in ein brennendes

Haus eindrangen. In atemloser Spannung beobachtete ich, wie die große Drehleiter zu einem Fenster der oberen Etage ausgefahren wurde, aus dem dunkler Brandrauch drang. Fasziniert sah ich zwei Feuerwehrmänner in rasantem Tempo die Sprossen hinaufklettern und durch das Fenster in die brennende Wohnung einsteigen. Kurz darauf hörte ich das wütende Zischen und Prasseln des Brandes, dessen Flammen die die anderen Feuerwehrmänner mit ihren roten Feuerwehrschläuchen bekämpften. Ich blieb so lange, bis das Feuer gelöscht war und die Feuerwehrmänner ihre langen roten Schläuche wieder aufrollten. Zwei Menschen hatten sie über ihre Drehleiter gerettet, das hatte mich am meisten beeindruckt. Nachdem ich das gesehen hatte, wollte ich unbedingt ebenfalls ein Feuerwehrmann werden.

Pubertäre Fantasien Jugendlicher

5. GRUND

Weil Feuerwehrmänner supergeile Fahrzeuge fahren

In den nun folgenden jugendlichen Jahren bekamen andere Dinge einen höheren Stellenwert. Die ehemaligen kindlichen Fantasien wurden als unmännlich erachtet und (wenn überhaupt) als ein Relikt aus Kindertagen höchstens noch abfällig belächelt.

Ein Wunsch ist jedoch vielen, vornehmlich männlichen, Heranwachsenden geblieben – der Wunsch, ein Feuerwehrmann zu sein.

Wenngleich die Beweggründe immer noch die gleichen zu sein schienen, hatte sich die Wortwahl aufgrund der eigenen emotionalen Veränderungen doch signifikant verändert. So hieß es jetzt: »Mann Alter, was denkst du, sollen wir nicht auch Feuerwehrmänner werden? Dann können wir auch mit so supergeilen Feuerwehrfahrzeugen fahren.«

6. GRUND

Weil Feuerwehrmänner bei roten Ampeln über die Kreuzungen brettern dürfen

»Du meinst du und ich bei der Feuerwehr?« – »Na klar, Mann, warum nicht? Ist doch bestimmt affengeil, so mit Blaulicht und Sirene durch die Stadt zu düsen.« – »Und kein Bulle kann dir was, wenn du mit Vollgas über rote Ampeln bretterst. Das ist doch mal echt genial, oder?«

7. GRUND

Weil Feuerwehrmänner die heißesten Bräute aus brennenden Häusern retten

»Stimmt. Und wenn ich mir dann noch vorstelle, wie wir als Feuerwehrmänner die geilsten Bräute aus brennenden Häusern retten ...« – »Die wir hinterher bestimmt abschleppen können, um sie ... na ja (grins), du weißt schon.«

Ja ja, solche wilden Fantasien hegen tatsächlich einige Jugendliche, nur sind das nicht die, die die Feuerwehr gebrauchen kann, geschweige denn haben möchte! Im Übrigen brettern Feuerwehrmänner nicht ungebremst über rote Ampeln, und sie retten *leider* auch nur sehr selten heiße Bräute aus brennenden Gebäuden. Dennoch muss man zugeben, dass, genau wie bei dem Witz mit den Steinen, auch dort ein Körnchen Wahrheit in den pubertären Fantasien steckte. So überqueren Feuerwehrmänner auf Einsatzfahrten mit eingeschalteten Sondersignalen sehr wohl rote Ampeln. Dann allerdings aufgrund des gesetzmäßig legalisierten Vorfahr- und Wegerechts und immer nur mit der notwendig gebotenen Geschwindigkeit.

Dazu gibt es eine Episode, die dem berühmten Chirurgen Prof. Dr. Sauerbruch zugeschrieben wird. So soll er auf einer Fahrt zu einem Patienten, der in Lebensgefahr schwebte, seinen Fahrer angewiesen haben: »Fahren Sie langsam und vorsichtig, wir wollen ankommen.«

Und genau darum geht es, um das Ankommen. Was nützte den Feuerwehrmännern eine gefährliche Raserei, wenn sie dadurch in einen Unfall verwickelt würden!?

Na ja, und das Wunschdenken mit den heißen Bräuten sollten wir dann erst recht den pubertären Fantasien jüngerer Burschen überlassen.

Wahr hingegen ist, dass Feuerwehrmänner sich immer wieder großen Gefahren aussetzen, um Menschen in akuten Bedrohungslagen das Leben zu retten.

Von heldenhaftem Draufgängertum ist man dabei jedoch meilenweit entfernt, ebenso wie die beiden jungen Burschen nur eine Minderheit all jener Jugendlichen darstellen, die den ernsthaften Wunsch hegen, Feuerwehrmann zu sein.

Den besten Beweis dafür liefern die zahllosen Jugendfeuerwehren in unserem Land, deren Mitglieder mit hoher Motivation und echter Begeisterung bei der Sache sind. Kaum einer kehrt der Feuerwehr später den Rücken, und so wechseln die meisten, wenn sie 18 Jahre geworden sind, in den aktiven Dienst ihrer freiwilligen Feuerwehr, und nicht wenige hat der »Feuerwehrbazillus« so sehr gefangen, dass sie sich sogar entschließen, Berufsfeuerwehrmänner zu werden.

Rationale Gründe von Eltern und anderen Erwachsenen

8. GRUND

Weil man als Feuerwehrmann Beamter wird

Wer Berufsfeuerwehrmann werden möchte, erzählt dies naturgemäß nicht nur seinen Freunden, sondern auch seinen Eltern und anderen Erwachsenen. Gerade die Reaktion von Eltern fällt danach oft recht unterschiedlich aus. Besonders besorgte Mütter sind zunächst völlig geschockt. Einige reißen gar ihre Hände vor den Mund und geben zu bedenken: »Gott, Junge, ist der Beruf für dich nicht viel zu gefährlich?«

Väter sehen das meist etwas lockerer. Schließlich, so sagen sie sich, gäbe es ja noch weit gefährlichere Berufe. Raubtierdompteur zum Beispiel. Meist folgt dann die beschwichtigende Erklärung, dass der Beruf des Feuerwehrmannes ja auch viele Vorteile böte.

»Und an welche Vorteile denkst du da?«

»Na hör mal, Gertrud, der Junge wird Beamter. Ist es nicht das, was du immer wolltest?«

9. GRUND

Weil ein Feuerwehrmann ein gesichertes Einkommen hat

»Jaaa schon«, dehnt die Mutter daraufhin und erklärt: »Aber muss es denn unbedingt ein Feuerwehrbeamter sein? Also ich meine, es gibt doch auch genügend Jobs in der Verwaltung. Und die sind nicht so gefährlich.«

»Jetzt vergiss doch dieses Gefährlich-Getue. Denk lieber mal daran, dass der Junge dann ein gesichertes Einkommen hat.«

10. GRUND

Weil ein Feuerwehrmann als Beamter unkündbar ist

»Ja schon, aber das kann er woanders auch bekommen und …«
»Nix und! Mir gefällt das, was unser Junge vorhat. Außerdem ist er als Beamter unkündbar. Also wenn das für dich kein Grund ist, zumal in der heutigen Zeit die Arbeitsplätze so unsicher sind und junge Leute kaum Festeinstellungen bekommen.«

11. GRUND

**Weil ein Feuerwehrmann ein
hohes soziales Ansehen genießt**

»Ja ja, du magst ja recht haben, aber trotzdem. Ein Feuerwehrmann?«
»Na hör mal. Feuerwehrmann ist doch ein ehrenhafter Beruf. Und er genießt ein hohes soziales Ansehen.

12. GRUND

Weil ein Feuerwehrmann später eine Pension erhält

Mal ganz abgesehen davon dass, der Junge später auch noch eine recht ordentliche Pension erhält.«

Die Gründe, die sein Vater anführte, überzeugten schließlich auch seine überängstliche Mutter. Für den jungen Mann stand sein Entschluss ohnehin schon fest. Und spätestens nachdem er seine Prüfung bestanden hatte, überwog der Stolz, einen Feuerwehrmann zum Sohn zu haben, all ihre früheren Bedenken.

KAPITEL 2

DIE AUSBILDUNG ZUM FEUER-WEHRMANN

Zerplatzende Fantasien und neue Motivationen

Während der Ausbildung zum Feuerwehrmann zerplatzen etwaige haltlose Fantasien vom falschen Heldentum sehr schnell. Dafür entstehen bei den angehenden Feuerwehrmännern neue Motivationen, besonders wenn sie sich darüber unterhalten, wie es später nach bestandener Prüfung sein wird, als fertiger Feuerwehrmann auf einer echten Feuerwache zu arbeiten.

13. GRUND

Weil Feuerwehrmänner hoheitliche Aufgaben erfüllen und in die Grundrechte der Bürger eingreifen dürfen

Bei ihren Einsätzen üben Feuerwehrmänner oft hoheitliche Aufgaben aus, wobei sie sich streng an die Gesetze halten müssen. Besondere Beachtung gilt dabei den Grundrechten, denn sie sind die wichtigsten Rechte, die jeder Bürger besitzt, und die deshalb im Grundgesetz verankert sind. Dazu gehört unter anderem die Unverletzlichkeit der Wohnung. Polizisten und Feuerwehrmänner zählen zu den Personen, die sich bei Gefahr im Verzug darüber hinwegsetzen dürfen. Allerdings gilt es, dabei klare Regeln einzuhalten.

So dürfen wir nicht einfach eine Wohnungstüre gewaltsam aufbrechen, wenn wir zum Beispiel durch ein auf Kipp stehendes Fenster in die Wohnung einsteigen könnten. Nur wenn es wirklich um jede Sekunde geht. Wenn es in einer Wohnung brennt und jemand im Brandrauch ersticken oder anderweitig zu Schaden kommen könnte, dürfen wir auch Gewalt anwenden.

Während meiner vielen Jahre als Feuerwehrmann bin ich mehrfach in Situationen geraten, wo höchste Eile geboten war, und habe dabei auch Türen aufgetreten.

Ich erinnere mich noch sehr gut an einen besonders spektakulären Fall, bei dem uns der Alarm während des Sports in unserer feuerwehreigenen Turnhalle erwischte. Unsere Einsatzhosen standen mit den Hosenbeinen über die Stiefelschäfte gestülpt sorgfältig aufgereiht nebenan im Umkleideraum vor einer langen Holzbank. Den Notarzt- und Rettungswagenbesatzungen ist die Teilnahme am Sport freigestellt. Schließlich ist es nicht gerade prickelnd, durchgeschwitzt bei einer kranken oder verunfallten Person zu erscheinen.

Als die Lautsprecherdurchsage der Leitstelle »Einsatz für den Florian 6-83-1 und das KEF! Hilflose Person in verschlossener Wohnung« ertönte, stürmten mein Kollege Toni und ich sofort aus der Turnhalle. Raus aus den Schuhen (die Schnürbänder blieben geschlossen, etwas, was mich bei meinem Sohn stets aufregt), rein in die Stiefel, die Hose hochziehen (die Turnhose blieb aus Zeitgründen an), Hemd drüber, und schon ging es eine Etage höher in die Fahrzeughalle, wo der Rettungswagen bereits mit eingeschalteten Sondersignalen die Feuerwache verließ. Sekunden später waren wir ebenfalls unterwegs. Draußen quälte sich der Berufsverkehr zähflüssig durch die Straßen. Gut, dass wir nur eine kurze Anfahrt hatten.

Weiter vorne sahen wir unseren RTW. Er stand am rechten Fahrbahnrand vor einem mehrgeschossigen älteren Mietshaus. Wir stoppten unmittelbar dahinter. Mit unseren Werkzeugkoffern liefen wir auf die offen stehende Haustür zu.

»Hallo, Feuerwehr hier! Welche Etage?«

»Vierte Etage!«, rief uns die Rettungswagenbesatzung hinunter, da spurteten wir auch schon die ersten Treppenstufen hinauf. Vom Lärm im Treppenhaus angelockt, waren einige neugierige Nachbarn auf den Flur getreten. Aufgeregt redeten sie auf uns ein. Von der Straße her erklang das Martinshorn eines weiteren Einsatzfahrzeugs, ich vermutete die Polizei.

»Moment, Moment, Leute, so geht das nicht. Nur einer kann reden. Also, was ist passiert?«

»Die alte Frau Wilber, die wohnt da alleine.«

Der Mann, an den ich mich gewendet hatte, deutete auf eine Wohnungstür am Ende des langen Flures. »Erst hatte sie ganz laut um Hilfe gerufen.«

»Ja, richtig laut um Hilfe geschrien hatte sie«, bekräftigte ein Zweiter, »und dann hörten wir sie nur noch ganz leise rufen.«

»Aber jetzt hört man gar nichts mehr«, sagte ein Dritter.

»Okay, seien Sie bitte einmal alle ganz still!« Ich legte mein Ohr an das Türblatt – nichts.

»Eben vernahmen wir noch ein ganz schwaches Wimmern«, flüsterte mir ein Kollege vom RTW zu.

»Und auf lautes Klopfen reagiert sie auch nicht mehr.«

Er schüttelte den Kopf.

»Was ist mit 'nem zweiten Wohnungsschlüssel? Manchmal haben die Nachbarn doch …«

»Haben wir schon gefragt. Leider Fehlanzeige.«

Mein Kollege Toni hatte sich inzwischen das Türschloss angesehen. »Du, das ist ein hochwertiger Sicherheitsbeschlag, da haben wir ganz schön dran zu knacken. Mal sehen, ob wir den Schließzylinder überhaupt ziehen können.«

»Komm, Toni, lass sein. So viel Zeit haben wir hier nicht, ich trete die Tür ein. Macht Platz, Leute, ich brauche den ganzen Flur!«

Inzwischen war die Polizei ebenfalls hier oben eingetroffen.

»Was hat der vor?«, fragte ein Polizist meinen Kollegen, als ich Anlauf nahm und in dem langen Korridor auf die Tür zusprintete. Im Sprung trat ich – mit der Ferse treffend – haarscharf neben den Türknauf. Mit laut berstendem Knall flog das gesamte Türblatt in die Wohnung.

»Du meine Güte«, sagte der Polizist, »frisst der auch Nägel!?«
»Das nicht«, grinste mein Kollege, »aber der hat den schwarzen Gürtel im Taekwondo.«
Wir stiegen über das Türblatt in die Wohnung und fanden die Frau mit einem vermuteten Oberschenkelhalsbruch und einer Schädelprellung in der Küche am Boden liegend. Nachdem wir sie medizinisch versorgt hatten, trugen wir sie gemeinsam auf einer Vakuummatratze in den Rettungswagen, der sie in die Uniklinik fuhr.

14. GRUND

Weil Feuerwehrmänner lernen, Feuer zu löschen und drei Liter Wasser auf einmal zu trinken

Bevor angehende Feuerwehrmänner professionell Feuer löschen dürfen, müssen sie zunächst intensiv die Schulbank drücken. So erging es auch mir. Das Gute hierbei ist, dass auf dieser Schulbank nicht nur Theorie, sondern auch Praxis gibt – brandheiße Praxis sogar.

Oh Mann, wie wir auf diesen Moment hingefiebert hatten! Nachdem wir wochenlang den Flammpunkt und den Brennpunkt definieren lernten, brennbare Flüssigkeiten und Gase und jegliches andere brennbare Zeugs in- und auswendig kannten, die Brandklassen und ihre zugehörigen Löschmittel herunterbeten konnten, zig Stunden Feuerwehrschläuche auf- und abgerollt hatten und mit einem Atemschutzgerät auf dem Rücken in völliger Finsternis durch enge Gitterkäfige gescheucht worden waren, war es endlich so weit – unser erstes reales Feuer erwartete uns. Aber beileibe nicht nur irgend so ein langweiliger Stapel Holz, nein, wir bekamen einen richtigen Kellerbrand in einem richtigen Haus – einem Abbruchhaus, das die Stadt eigens für uns zur Verfügung gestellt hatte.

Ein angeschlossener Hydrant lieferte unserer Tragkraftspritze das nötige Löschwasser. Wir sollten immer truppweise über eine außen liegende Treppe in den brennenden Keller vordringen und das Feuer löschen. Was unsere Ausbilder in dem Keller dieses alten Mehrfamilienhauses angezündet hatten, wussten wir nicht, aber wir sahen, wie aus sämtlichen Kellerfenstern dichter schwarzer Brandrauch nach außen drang.

»Okay Männer, das wird verdammt heiß werden«, erklärte unser Ausbilder und befahl: »Damit ihr nicht dehydriert und mir da unten schlappmacht, muss jetzt jeder von euch zuvor drei Flaschen Wasser trinken. Danach kann sich der erste Trupp ausrüsten, seine Helme und die Atemschutzgeräte anziehen und zu mir kommen.«

Drei Flaschen Wasser hintereinander leer trinken! Wie soll das denn gehen?, fragte ich mich. Meine Lehrgangskollegen dachten das Gleiche, dennoch schafften wir es. Nachdem wir den letzten Schluck getan und die letzte Flasche geleert hatten, glaubten wir, unsere überdehnten Mägen müssten jeden Moment platzen. Aber nach gefühlten vier Stunden Kellerbrand (in Wirklichkeit dauerte unser erster realer Brandeinsatz höchstens 15 Minuten) bei fast 800 Grad Celsius bekamen wir einen ersten Eindruck davon, was es heißt, Feuerwehrmann zu sein. Und man lese und staune – kaum der Feuerhölle entronnen, rissen wir uns an der frischen Luft die Atemschutzmasken von den erhitzten Köpfen und stürzten uns auf die Kästen mit den Mineralwasserflaschen.

15. GRUND

Weil Feuerwehrmänner lernen, Menschen zu retten

Menschenrettung ist das oberste Gebot jeder Feuerwehr und muss immer und immer wieder unter den verschiedensten Bedingungen trainiert werden. Aus diesem Grund lassen sich die Ausbilder ständig neue Gefahrensituationen einfallen, aus denen die künftigen Feuerwehrmänner mal Kinder, mal Erwachsene oder auch ganze Gruppen von verletzten oder von Feuer bedrohten Menschen retten müssen. Oft ist bei solchen Übungen das »Opfer« ein Lehrgangskollege.

Nachdem unser Grundausbildungslehrgang nun schon einige Wochen miteinander trainiert hatte, wurden die Aufgaben zunehmend schwieriger und anspruchsvoller. Anspruchsvoller, zumal wir jetzt auch schon diverse technische Ausrüstungen wie Hydraulikgeräte einsetzen konnten, und schwieriger, weil wir längst dem Größenwahn verfallen waren zu glauben, bereits wie Profis arbeiten zu können.

»Drohender Gebäudeeinsturz nach Gasausströmung. Eine Person wird noch vermisst. Angriffstrupp unter Atemschutz in den Keller vor!«, brüllte unser Ausbilder und schaute demonstrativ auf die Stoppuhr in seiner Hand.

Na und, dachten wir noch, als wir mit inzwischen geübten Handgriffen unsere Atemschutzgeräte anzogen. Aber dann klebte uns ein zweiter Ausbilder eine undurchsichtige schwarze Folie über das splitterfreie Glas unserer Atemschutzmasken und erklärte süffisant: »Ist nur, damit die Herren die Aufgabe nicht so kinderleicht finden.«

16. GRUND

Weil Feuerwehrmänner lernen, Tiere zu retten

Der Hund ist der beste Freund des Menschen, und das Glück liegt auf dem Rücken der Pferde. Sätze wie diese stehen kennzeichnend dafür, dass wir Menschen nicht nur Nutztiere, sondern auch Haustiere halten, wobei uns Hund, Katze, Vogel und Co. oft so sehr ans Herz gewachsen sind, dass wir sie wie eigene Familienangehörige betrachten. Aus diesem Grund ist es nicht verwunderlich, dass Feuerwehrmänner diesen Mitlebewesen ebenfalls rettend zur Seite stehen, wenn sie genau wie Menschen von Gefahren bedroht werden. In diesem Zusammenhang muss ich an eine spektakuläre Rettungsaktion denken, bei der ein falbes Pferd mit langer Mähne mit den Hinterhufen auf einer Weide in einen Latrinenschacht eingebrochen war. Nur seine Vorderläufe sowie Kopf und Hals ragten aus diesem äußerst engen Gefängnis heraus. Nackte Angst stand in seinen vor Schreck geweiteten dunklen Augen. Verzweifelt versuchte das verängstigte Pferd, sich durch Scharren der Hufe zu befreien. Es waren hoffnungslose, vergebliche Versuche, die es nur noch tiefer in die dreckig braune Brühe hinabzogen.

Jens, unser Fachmann für Pferde, setzte seinen Feuerwehrhelm ab, zog die dicken Lederhandschuhe aus und näherte sich dem verängstigten Tier. Mit beruhigendem Zuspruch hockte er sich neben seinen großen Kopf, den er behutsam streichelte.

Wie unendlich empfindsam ist doch die Seele eines Tieres. Spürte es die Hilfe, die von dieser mitfühlenden Menschenhand ausging? Ahnte es vielleicht, wie wichtig es war, ruhig zu bleiben?

Während Jens so das Pferd beruhigte, schleppten wir einen mächtigen Dreibaum zur Einsatzstelle und richteten ihn über dem Pferd auf. Ein Kettenzug wurde in den eisernen ovalen Ring an seiner Spitze eingehängt. Mit seiner Hilfe wollten wir das Pferd an zwei breiten, extrem reißfesten Gurten hängend herausziehen. Die mussten zuvor aber erst unter dem Bauch des Pferdes platziert werden. Eine schier unlösbare Aufgabe, deren Lösung meinem Kollegen Dieter mithilfe eines gebogenen Drahtes gelang. Als das Pferd dabei unruhig wurde und wild mit den freien Hufen auf dem schmalen Betonrand scharrte, wurde die Sache höchst gefährlich, da Dieter mit einem Arm am Bauch des Pferdes vorbei tief in den Schacht hinablangen musste. Ruckelte das Pferd nur wenige Zentimeter zur Seite, könnte sein massiger Leib ihm den Arm zerquetschen.

Minuten später war es geschafft. Zu dritt zogen wir an der Kette. Eine kleine Übersetzung vervielfachte unsere Muskelkraft. Zentimeter um Zentimeter hob sich das Pferd in die Höhe.

In knapper Entfernung stehend, verfolgten zwei weitere Pferde mit neugierigen Blicken die gesamte Rettungsaktion. Immer wieder schnaubten und wieherten sie. Gaben sie ihrem Leidensgefährten zu verstehen, dass sie in der Nähe seien?

Nur noch wenige Zentimeter, dann hatten wir das Pferd befreit. Wasser, vermischt mit Blut aus mehreren kleinen Wunden, rann in feinen Rinnsalen tropfend von den Hufen.

»Schnell, vier Mann an die Bohlen! Wenn die Hufe raus sind, sofort das Loch damit abdecken.«

»Achtung! Es wird gleich austreten ... Vorsicht! –Vorsicht! Besonders hinten!«

In der Tat mussten wir jetzt höllisch auf uns selbst aufpassen, denn das Pferd zuckte und strampelte plötzlich so wild um sich, dass der ganze Dreibaum wackelte.

»Jetzt die Bohlen! Und langsam ablassen.«

Jens hielt noch immer Kontakt über ein kurzes Zaumzeug.

»Vorsicht jetzt! Wenn er erst mal Fuß fasst, wird er sicher versuchen, gleich loszugaloppieren«

»Jens, pass auf, nicht so nah ran. Zwei Mann an jede Stütze!«

Endlich war es so weit – das Pferd stand, vor Anstrengung und durchgestandenem Stress zitternd und schnaubend, auf allen vieren. Dieter löste die Gurte, und danach ließ sich das Pferd ganz brav von seinem Besitzer auf die Weide führen. Sogleich näherten sich die beiden anderen Pferde und rieben ihre Nüstern zärtlich am geretteten Freund. Ein inzwischen eingetroffener Tierarzt konnte zur Freude aller feststellen, dass das Pferd bis auf einige kleinere Hautrisse und Abschürfungen keine ernsthaften Verletzungen davongetragen hatte.

17. GRUND

Weil Feuerwehrmänner lernen, alles zu retten

Neben Menschen und Tieren müssen Feuerwehrmänner immer wieder Sachwerte retten. Die Strahlungswärme einiger Brände sind so hoch, dass nahe stehende Objekte ebenfalls gefährdet sind. Wenn dann nicht genügend Einsatzkräfte vor Ort sind oder keine ausreichende Menge an Löschmitteln zur Verfügung steht, kann es vorkommen, dass Feuerwehrmänner hilflos mit ansehen müssen, wie ein Feuer Sieger bleibt und die gefährdeten Objekte ein Raub der Flammen werden. Besonders betroffen sind Gebäude in der unmittelbaren Nähe eines brennenden Gebäudes oder einer im Vollbrand stehenden Lagerhalle. Damit dies nicht passiert, lernt man taktisches und strategisches Vorgehen. Eine Riegelstellung aufzubauen, ist eine dieser Vorgehensweisen. Die Riegel der Feuerwehren bestehen jedoch nicht aus Eisen und Stahl, sondern aus Löschwasser, das dann meist in großen Mengen benötigt wird. Mit strategisch klug positionierten Strahlrohren, Hydroschildern und Düsenschläuchen verhindern sie so eine Brandausbreitung und schützen Sachwerte von teils erheblichem Umfang. Das Ziel ist daher immer, möglichst alles zu retten, was noch zu retten ist.

18. GRUND

Weil Feuerwehrmänner lernen, sich selbst zu retten

Feuerwehrmänner können jederzeit in gefährliche Situationen geraten, aus denen sie sich selbst retten müssen. Dann heißt es Nerven bewahren und die für solche Fälle immer und immer wieder antrainierten Lösungen abrufen. Dringt man zum Beispiel in ein brennendes Gebäude ein, ist es besonders wichtig, den Rückzugsweg nicht nur zu kennen, sondern auch zu finden. Da Wohnungen, Häuser und andere Gebäude im Brandfall oft so verqualmen, dass man die eigene Hand nicht mehr erkennen kann, dient den Feuerwehrmännern der mitgeführte Wasserschlauch oder eine ausgelegte Leine oft als Wegweiser. Manchmal stellt aber auch das Funkgerät die einzige Verbindung zu den Kollegen nach draußen dar. Gerät ein Trupp in Gefahr und sendet über Funk einen Notruf, dann leiten die dort befindlichen Führungskräfte eine sofortige Crashrettung ein.

Wir hatten in unserem Grundausbildungslehrgang inzwischen schon so viele Löschübungen hinter uns, dass wir so vermessen waren zu glauben, es könne nichts Neues mehr geben. Falsch gedacht!

Heute war der Steigeturm unserer Feuerwache (wie so oft) ein angenommenes Hochhaus, in dessen Keller ein Feuer ausgebrochen war.

»Angriffstrupp! Schlauchleitung selber verlegen und unter Atemschutz mit erstem C-Rohr zur Brandbekämpfung in den Keller vor! Wassertrupp! Wasserentnahmestelle, Unterflurhydrant auf der gegenüberliegenden Straßenseite! Schlauchtrupp! Unter Atemschutz zur Menschenrettung und Lüftung des Treppenhauses vor!«

Täuschte ich mich, oder klang die Stimme unseres Ausbilders vom vielen Befehlebrüllen nicht etwas heiser? Egal. Wir legten ein atemberaubendes Tempo vor, eines, von dem niemand von uns zu Beginn des Lehrgangs geglaubt hätte, dass wir das schaffen würden.

Bei der heutigen Übung war der Keller der Feuerwehrschule künstlich verqualmt worden. Der Qualm aus Trockeneis zog durch das gesamte Treppenhaus nach oben. Während der Angriffstrupp mit Wasser am Rohr (also mit einem gefüllten C-Schlauch) unter Atemschutz sich rückwärts bewegend die Kellertreppe hinabstieg, stieg ich mit einem Lehrgangskollegen im Treppenhaus nach oben. Wir trugen ebenfalls ein Atemschutzgerät (einen Pressluftatmer Typ DA 58/1600) auf dem Rücken. Dabei hatten wir die angeschlossenen Atemschutzmasken stramm über dem Gesicht sitzen.

Unsere Aufgabe bestand darin, etwaige Menschen im Treppenhaus zu finden, die in echtem Brandrauch ihr Bewusstsein verloren hätten oder hilflos umherirrten. Außerdem mussten wir das Treppenhaus belüften. In unserem Steigeturm bedeutete dies, die hölzernen Klappläden zu öffnen.

Bestimmt haben die uns irgendwo oben wieder diesen sauschweren Holzheini hingelegt, dachte ich. Der Holzheini war ein gut 80 Kilogramm schwerer Holzklotz mit Armen und Beinen aus mit Sand gefüllten B-Schläuchen. Den Brocken nach unten wuchten müssen war jedes Mal eine Tortur. Aber diesmal hatten sich unsere Ausbilder eine andere »Gemeinheit« ausgedacht.

Wir hatten gerade die vierte Etage erreicht, da bekamen wir über Funk die Meldung:

»Schlauchtrupp! Es gab eine Explosion im Treppenhaus. Es sind keine Menschen mehr im Gebäude. Ihr Rückweg ist abgeschnitten. Suchen Sie sich sofort einen anderen Rettungsweg!«

Uns beiden war sofort klar, was das bedeutete: Die wollten, dass wir uns selber retteten, indem wir uns draußen an der Fassade abseilten. Mir kam jedoch eine andere und wie ich glaubte geniale Idee. Also funkte ich zurück:

»Verstanden! Explosion im Treppenhaus. Rückzugsweg abgeschnitten. Brauchen Drehleiter zur vierten Etage, kommen!«

»Meyer-Pyritz! Die Drehleiter ist bereits zur Menschenrettung eingesetzt! Sie sind also auf sich alleine gestellt! Und wenn Sie beide nicht sofort Ihren Arsch zum Fenster herausschwingen und sich abseilen, dann erfolgt gleich eine Rauchgasdurchzündung, nach der von Ihnen nur ein Häufchen Asche übrig bleibt! Haben Sie das verstanden!?«

Ja, ich hatte mich vorhin nicht getäuscht. Unser Ausbilder war tatsächlich etwas heiser geworden.

19. GRUND

**Weil Feuerwehrmänner lernen,
wie aus Einzelkämpfern Teamplayer werden**

Wer mit dem Gedanken, als heldenhafter Einzelkämpfer Brände zu bekämpfen, seine Ausbildung begonnen hat, lernt sehr schnell umzudenken, denn der Erfolg einer gut funktionierenden Feuerwehr liegt nur im Zusammenspiel aller.

Zwar hat jeder Feuerwehrmann unzweifelhaft auch seine eigenen individuelle Stärken und Fähigkeiten (genau wie jeder auch Schwächen hat), aber nur gemeinsam sind wir wirklich stark. Deshalb lernen künftige Feuerwehrmänner, wie sie bei Einsätzen als Trupp, als Staffel, Gruppe oder ganzer Zug vorzugehen haben.

So werden aus Einzelkämpfern Teamplayer, die auch in größeren Verbänden und mit anderen Organisationen und Institutionen wie dem THW, dem DRK, der JUH, dem MHD, dem ASB, der DLRG, der Wasserwacht, der Polizei erfolgreich zusammenarbeiten.

20. GRUND

**Weil Feuerwehrmänner Leitern steigen
und klettern lernen**

Klettern und Leitersteigen nahm schon immer einen besonderen Stellenwert bei der Feuerwehr ein. Zu Übungszwecken besitzen die meisten Feuerwachen daher einen Steigeturm oder eine Kletterwand. Die längste tragbare Leiter misst 14 Meter und reicht bis zur dritten Etage. Für größere Höhen muss eine mechanische Drehleiter oder in extremen Situationen eine Hakenleiter eingesetzt werden. Die 4,40 Meter lange Hakenleiter wird im Einsatz zwar nur sehr selten verwendet, ist aber immer noch fester Bestandteil eines jeden

Löschgruppenfahrzeugs und ein hervorragendes Übungsgerät für angehende Feuerwehrmänner. An ihrem oberen Ende befindet sich ein langer, rechtwinklig abstehender Metallhaken, den man über Balkonbrüstungen oder in offen stehende Fenster einhaken kann. Anschließend klettert man hinauf, setzt sich im Reitersitz auf die Brüstung, zieht die Leiter zur nächsten Etage und klettert weiter. Dieses Verfahren lässt sich bis in beliebige Höhen fortsetzen und wird allein oder zu zweit so lange geübt, bis man diese Art der Kletterei perfekt beherrscht.

Es war im ersten Jahr meiner Tätigkeit als Feuerwehrmann, als ich diese Hakenleiter während eines Einsatzes zum ersten Mal benutzte. Unser Löschzug rückte in den dunklen Abendstunden aus. Passanten hatten im sechsten Stock auf dem Sims eines geöffneten Fensters zwei spielende Kleinkinder bemerkt. Für unsere 30 Meter lange Drehleiter stellt diese Höhe kein Problem dar, nur befand sich dieses Fenster auf der nicht zugänglichen Rückseite.

»Angriffstrupp mit Aufbruchwerkzeug über das Treppenhaus vor! Schlauchtrupp mit Hakenleiter über die Balkone aufsteigen!«, befahl deshalb unser Einsatzleiter. Der Maschinist des Löschgruppenfahrzeugs kletterte sofort auf das Fahrzeugdach und löste die Hakenleiter aus ihrer Halterung. Als ich mit meinem Kollegen Horst im Laufschritt die Rückseite erreichte, hatte sich dort bereits eine größere Menschenmenge eingefunden.

Wir blickten in die Höhe und erschraken beim Anblick der beiden unbekümmert wirkenden Kleinkinder, die im hell erleuchteten Zimmer auf dem Fensterbrett knieten. Wo waren nur die Eltern? Der Wettlauf begann! Im Treppenhaus jagte der Angriffstrupp die Stufen hinauf. Sechs Etagen im Sprint und der bangen Hoffnung, dass die Wohnungstüre keinen großen Widerstand bieten würde. Unten hakte ich die Leiter an der ersten Balkonbrüstung ein, dann kletterten wir so schnell es ging hinauf. Reitersitz auf der Brüstung. Leiter am Körper vorbei nachziehen und über dem Kopf auf dem nächsten Balkon einhängen. Und schon stiegen wir weiter hinauf, immer dicht an die Holme und Sprossen gepresst. Unten bauten die Kollegen einen tragbaren Scheinwerfer auf, dessen heller Lichtkegel uns jetzt erfasste.

Ein lang gezogenes »Ahhh!« der Menge drang in unsere Ohren. Einige vorlaute Jugendliche brüllten hämisch: »Opa!« und »Schneller!« Aber wir durften uns nicht ablenken oder zu einem riskanteren Tempo verleiten lassen.

Vierte Etage. Blumenkästen sind recht hübsch, aber ein für uns nur schwer zu überwindendes Hindernis. Mit Wucht schlug ich den Metallhaken gegen den Kasten. Lautes Krachen. Der Haken griff. Als ich auf die Leiter hinüberstieg, flogen plötzlich Teile des defekten Blumenkastens auf mich herab.

»Nicht hochsehen!«, schrie Horst und packte meinen Hakengurt. Seine blitzschnelle Reaktion erfolgte, während er noch im Reitersitz auf der Brüstung saß. Der eiserne Haken der Leiter rutschte bedenklich hin und her. Eine Geranie donnerte auf meinen Helm, und ich machte einen Fehltritt. Dann traf ein größeres Stück des Betonkastens die Hand meines Kollegen. Ich hörte, wie er laut aufstöhnte, und sah in sein schmerzverzerrtes Gesicht, aber er ließ nicht locker und hielt mich so lange fest, bis ich wieder sicheren Stand hatte.

»Alles klar?«

»Alles klar.«

»Also dann, weiter.«

Als wir eine Etage unter der sechsten waren, hörten wir unten die Menschen jubeln. Über uns blickten wir in die lachenden Gesichter unserer Kollegen.

»Ihr könnt wieder runterklettern, ihr Schnecken. Wir haben hier alles im Griff.«

Am untersten Balkon auf der Leiter stehend erhielten wir brausenden Applaus von der Menge. Wir strahlten und winkten zurück, bis unser Einsatzleiter die Vorstellung mit den Worten beendete: »He ihr Artisten, macht, dass ihr da runterkommt. Wir sind hier nicht im Zirkus!«

Zu diesem Einsatz möchte ich noch eine persönliche Anmerkung machen: Wie Sie unschwer lesen konnten, habe ich nichts gegen Zuschauer. Aber, und da spreche ich wohl für die meisten Feuerwehrmänner, ich habe gewaltig was gegen all jene Gaffer, die uns oft viel zu nah auf die Pelle rücken und uns dadurch nicht nur bei den Arbeiten behindern, sondern uns und jene, denen wir helfen wollen, manchmal sogar in zusätzliche Gefahren bringen.

21. GRUND

Weil Feuerwehrmänner den Lkw-Führerschein machen

Große Feuerwehren unterhalten eigene Fahrschulen, in denen man den Lkw-Führerschein machen kann; denn ohne den heiß begehrten »Lappen« darf kein Feuerwehrmann die Feuerwehrfahrzeuge fahren – zumindest nicht die ganz großen wie die Löschgruppenfahrzeuge, die Tanklöschfahrzeuge, die Drehleitern oder die Sonderfahrzeuge wie den Rüstwagen, den Kranwagen, die Wechselladerfahrzeuge und andere. In die Fahrschule kommt man allerdings erst, nachdem man die Prüfung zum Feuerwehrmann bestanden hat. Klar, die meisten sind schon ganz heiß darauf, endlich selber auf so 'nem Bock zu sitzen, aber nicht hinten im Mannschaftsraum, sondern vorne hinter dem Lenkrad.

Als ich so weit war und die Fahrschule auf der Feuerwache 1 an der Hüttenstraße besuchte, war Lenken und Kuppeln noch mit echter Muskelkraft verbunden, denn bei den damaligen Feuerwehrfahrzeugen gab es noch keine hydraulische Lenkhilfe. Dafür waren die Lenkräder im Verhältnis zu heute geradezu riesig. Nur der Muskelkater, den jeder bekam, weil die alten Monster noch mit zweimal Kuppeln und Zwischengas geschaltet werden mussten, dämpfte unsere Fahrfreude ein wenig. Das traf besonders zu, wenn man nach dem x-ten Versuch ein Gespann aus Löschgruppenfahrzeug mit Anhänger über eine gefühlt 100 Meter lange Strecke zurücksetzen sollte, ohne die aufgestellten Verkehrsleitkegel umzustoßen. Wer einen Tag lang diese Tortur bestanden hatte, für den ist die Beinpresse eines jeden Fitnessstudios das reinste Zuckerschlecken.

Aber dann gab es ja auch noch eine Besonderheit – den lehrgangsinternen Bußgeldkatalog. Klar, dass man auf den vielen Übungsfahrten noch viele Verkehrsverstöße beging. So kostete zum Beispiel Blinken vergessen eine D-Mark, beim Abbiegen mit dem Hinterreifen über die Bordsteinkante holpern (wir nannten das Eispickel) zwei D-Mark. Sehr zur Freude meiner Kameraden nahm ich verdammt viele Eispickel mit, besonders an einer ganz bestimmten Straßenkreuzung. Garantiert hatte mich mein gemeiner Fahrlehrer genau deshalb immer wieder da langfahren lassen. Wieso da so ein blöder Eispickel war, ist mir bis heute noch ein Rätsel, zumal wir Sommer hatten. Auf jeden Fall wurde das für mich sehr teuer, denn kaum streifte der Hinterreifen die Bordsteinkante, brüllte die ganze Bande, die ja hinten im Mannschaftsraum mitfuhr, vergnügt: »Eispickel!«

Wenigstens sammelten wir noch keine Punkte in Flensburg, und das Geld, das wir eingenommen hatten, immerhin ein ansehnliches Sümmchen, hatten wir zum Lehrgangsabschluss in gemütlicher Runde zusammen mit unserem Fahrlehrer in einem Lokal aufgegessen.

22. GRUND

Weil Feuerwehrmänner Maschinisten werden

Wenn man dann endlich die Führerscheinprüfung bestanden hat und stolz die Fahrerlaubnis in seinen Händen hält, bedeutet das aber immer noch nicht, dass man mit den Feuerwehrfahrzeugen zum Einsatz fahren darf – zumindest nicht mit Blaulicht und Martinshorn.

Hallo, wie denn das? Ist die Fahrerlaubnis bei den Feuerwehren denn weniger wert als anderswo? Und das, wo man sie doch sogar in der feuerwehreigenen Fahrschule erworben hat?

Keine Sorge, selbstverständlich darf man schon fahren – aber zunächst nur die weniger gefährlichen Rückfahrten von der Einsatzstelle zur Wache. Die Alarmfahrten zum Einsatzort bleiben vorerst den ausgebildeten Maschinisten vorbehalten.

Maschinisten dürfen sich die Feuerwehrmänner nennen, die einen Maschinistenlehrgang besucht und erfolgreich bestanden haben. In solchen Lehrgängen lernen die Feuerwehrmänner nicht nur ihre Fahrzeuge in- und auswendig kennen, sondern sie lernen intensiv die Bedienung sämtlicher Feuerlöschkreiselpumpen, die Bedienung motorbetriebener Aggregate wie Stromerzeuger und Hochdrucklüfter sowie die Funktionsweise hydraulischer Rettungsgeräte und weiterer mechanischer Werkzeuge.

Feuerwehrmänner haben »tausend« Berufe

Im Grunde hört der Lernprozess nie auf, sondern hält ein Feuerwehrleben lang an, da Feuerwehrmänner sich ständig neuen Gegebenheiten stellen müssen. Das ganze Leben verändert sich – befindet sich in einem ewigen Wandel von Erneuerung und Modernisierung.

Städte verändern ihr Gesicht – neue Straßen entstehen, neue Brücken, neue Gebäude werden errichtet. Auch die Technik ist ständig im Wandel: Verkehrsmittel und Transportmittel verändern sich – neue Züge, neue Straßenbahnen und Busse, neue Autos und Lkw, neue Schiffe und Flugzeuge werden gebaut.

All dem müssen die Feuerwehren Rechnung tragen. Das gelingt nur, indem auch sie sich ständig anpassen, Neues lernen und »tausend« Berufe beherrschen.

23. GRUND

Weil Feuerwehrmänner Schlosser sind

Die althergebrachte Berufsbezeichnung Schlosser ist inzwischen durch den Terminus Mechatroniker ersetzt worden. Feuerwehrmännern kann die Benennung letztlich egal sein. Nicht egal sind ihm hingegen die für diesen Beruf unabdingbaren Fähigkeiten, die bei seinen Einsätzen immer wieder gefordert sind.

Gerade bei schweren Unfällen im Straßenverkehr sowie bei Bahn- und Zugunglücken sind Kenntnisse in der Materialkunde von Eisen und Stahl und der Umgang mit Metall verarbeitenden Werkzeugen unerlässlich. Das schließt die gute alte Brechstange und den mit einem Gas- und Sauerstoffgemisch betriebenen Schneidbrenner genauso ein wie modernere hydraulische und pneumatisch betriebene Rettungsgeräte.

24. GRUND

Weil Feuerwehrmänner Schreiner sind

Holz ist ein wunderbarer Baustoff und aus unserer Welt nicht mehr wegzudenken, aber es ist auch ein brennbarer Baustoff. Und immer noch gibt es zahllose Altbauten mit Dielenböden und Vertäfelungen aus Holz. Aber auch neuere Bauten besitzen oft Parkettböden oder haben abgehängte Holzdecken.

Das Feuer war gelöscht. Die Brandtemperatur in diesem Raum hatte weit über 600 Grad Celsius betragen, denn von den rußgeschwärzten Wänden war sämtlicher Putz abgeplatzt. Überall in der ausgebrannten Wohnung türmte sich knöchelhoch der Brandschutt. An einigen Stellen des Wohnzimmers lag er sogar bis zu einem halben Meter hoch. Von der abgehängten hölzernen Deckenvertäfelung, die einst die Zierde dieses Raumes gewesen war, waren nur noch rudimentäre verkohlte Reste zu erahnen.

Mit Schaufeln und Schuttmulden waren wir Feuerwehrmänner damit beschäftigt, den dampfenden, weil mit Löschwasser durchtränkten Brandschutt nach draußen zu schaffen. Die Arbeit war mühsam und schweißtreibend, zumal wir immer noch unsere Atemschutzgeräte tragen mussten, weil sich in dem qualmenden Brandschutt jede Menge Ultragifte bilden konnten. Dass es hier auch bestialisch stank, bekamen wir unter unseren hermetisch dichtenden Atemschutzmasken nicht mit.

Nach und nach verringerten sich die Schuttberge, und einer unserer Hauptbrandmeister stiefelte mit einer Wärmebildkamera ausgestattet durch sämtliche Räume, um auch noch die letzten Glutnester ausfindig zu machen. Unter dem alten Dielenfußboden wurde er an mehreren Stellen fündig. Die Fußbodenkreissäge musste einsetzt werden – eine klare Aufgabe für unseren Schreinerkollegen Ludwig. Fachlich akkurat durchtrennte er mit der großen Handkreissäge die Dielen des infrage kommenden Bereichs, wobei er sich seine Akkuratesse hier hätte sparen können, denn dieser Holzboden war hin und musste später eh herausgerissen werden.

25. GRUND

Weil Feuerwehrmänner Elektriker sind

Mit Strom kommen Feuerwehrmänner an fast jeder Einsatzstelle in Berührung – wobei die direkte Berührung tunlichst vermieden werden sollte, birgt sie doch zahllose Gefahren in sich. So hängen nach Bränden in Wohnhäusern und anderen Gebäuden die zuvor unter Putz verlegten Stromleitungen oft quer durch Räume und Flure, und keiner kann uns garantieren, dass sie nicht mehr unter Spannung stehen. Es ist daher unerlässlich, möglichst rasch die Stromzufuhr fachgerecht zu unterbinden, damit wir bei unseren Löscharbeiten keinen Schaden nehmen. Besonders kritisch sind Einsätze, bei denen Starkstrom beteiligt ist. Abgerissene Hochspannungsleitungen und Straßenbahnleitungen bilden lebensgefährliche Spannungstrichter, denen man sich, wenn überhaupt, nur mit winzigen Schritten nähern darf, um die sogenannte Schrittspannung so gering wie möglich zu halten. Aber auch Autobatterien können dem unvorsichtigen Feuerwehrmann zum Verhängnis werden.

So war es auch bei einem Verkehrsunfall in der unmittelbaren Nähe unserer Feuerwache. Ein Pkw war bei Glatteis gegen das Heck eines Linienbusses geprallt. Dank des ausgelösten Airbags hatte es keinen Personenschaden gegeben, aber die Front des Pkw war so zerknautscht, dass wir dessen Motorhaube nur noch mit brachialer Gewalt öffnen konnten. Diese Maßnahme ist unerlässlich, weil wir präventiv zur Brandvermeidung die Autobatterie abklemmen müssen. Unser Elektrikerkollege Karl kam deshalb mit einem 13er Ringschlüssel, um die Stromkabel von den Batteriepolen zu lösen. Grundsätzlich tragen Feuerwehrmänner bei solchen Arbeiten Schutzhandschuhe, aber durch den Unfall war die Autobatterie verrutscht und hatte sich quer gestellt. Obwohl wir die Motorhaube fast aus den Scharnieren gerissen hatten, hatten wir sie doch nur so weit aufgebogen, dass man die Autobatterie sehen konnte.

Karl hatte seine liebe Mühe, die Schraubenmuttern zu erreichen. Schließlich entledigte er sich fluchend seiner Handschuhe. Danach schien es besser zu gehen. Nach einigen Versuchen gelang es ihm endlich, den Ringschlüssel auf die Mutter des Pluspols zu stecken, aber beim Lösen kam er mit dem Karosserieblech in Kontakt. Sofort gab es zwischen dem Pluspol, dem metallenen Werkzeug und der Karosserie einen Stromfluss. Nun wäre das nicht allzu schlimm gewesen, hätte Karl nicht auch noch seinen goldenen Ehering getragen (Feuerwehrmänner sollten im Einsatz keinerlei Schmuck tragen, auch keine Eheringe). In diesem Fall ließ der Strom das eheliche Gold am Finger meines Kollegen anschmelzen – ein nur Sekundenbruchteile dauernder Vorgang mit schmerzhaften Folgen, die Karl noch sehr lange erleiden musste.

26. GRUND

Weil Feuerwehrmänner Automechaniker sind

Wie Sie lesen konnten, kann selbst das Abklemmen einer Autobatterie nicht ganz ungefährlich sein. Davon abgesehen verfügen viele (besonders größere Pkw und SUV) über mehrere Batterien, die längst nicht alle im Motorraum, sondern auch unter der Sitzbank, im Kofferraum oder an anderen Stellen platziert sind.

Die genaue Kenntnis darüber von jedem Fahrzeugtyp und Modell im Kopf zu haben ist praktisch unmöglich! Zumal Feuerwehrmänner auch noch eine Vielzahl weiterer Gefahrenquellen kennen und ausschließen müssen.

So ist es nach Verkehrsunfällen von eminenter Bedeutung, die Funktionsweise und Platzierung sämtlicher Airbags und ihrer Auslösesysteme zu kennen – wobei die Auslösesysteme nach Hersteller, Fahrzeugtyp und Modell wiederum unterschiedlich angebracht sind.

Um Feuerwehrmännern bei ihren Bergungsarbeiten Hilfestellungen zu geben, haben einige Fahrzeughersteller ihnen spezielle Merkhinweise mit sogenannten Explosionsblättern gegeben, auf denen alle für die Rettung relevanten Punkte eingezeichnet sind. Darüber hinaus gibt es für Feuerwehren entsprechende Computerprogramme, deren Datenbanken ständig erweitert und auf den neuesten Stand gebracht werden.

27. GRUND

Weil Feuerwehrmänner Computerfreaks sind

Okay, vielleicht nicht alle. Und zugegeben, Feuer können wir mit Computern auch nicht löschen, dennoch hat die computerisierte Welt längst in die Feuerwehren Einzug gehalten und zu erheblichen Verbesserungen geführt. So verfügen moderne Löschfahrzeuge unter anderem über tragbare Tablett-PCs, die speziell für den harten Einsatzalltag der Feuerwehren konzipiert sind. Sie enthalten Programme und Datenbanken, die ihnen insbesondere bei Bergungsarbeiten im Straßen- und Schienenverkehr von großem Nutzen sind und die ständig erweitert und auf den neuesten Stand gebracht werden.

Natürlich dürfen sich Feuerwehrmänner nicht blindlings nur auf solche Computer verlassen, denn falls diese ausfallen (jede Technik kann versagen), sind erlerntes Wissen und persönliche Erfahrungen unverzichtbar. Dies umso mehr, weil Feuerwehrmänner bei schwerwiegenden Unfällen mit Gegebenheiten wie völlig demolierten Karossen konfrontiert werden, die sie zunächst rätseln lassen, mit was für einem Typ Fahrzeug sie es überhaupt zu tun haben.

28. GRUND

Weil Feuerwehrmänner Dachdecker sind

Wer klettert auf Dächer, um verrutschte Ziegel wieder in die richtige Position zu bringen? Und wer verschließt die undichten Stellen, durch die es hineinregnen kann?

Natürlich, die Dachdecker.

Was aber, wenn bei stürmischem Wetter ganze Häuserzeilen betroffen sind? Wenn sich Fassadenteile lösen, halbe Dächer abgedeckt werden und Dachziegel auf Gehwege und Straßen krachen und Menschen in Gefahr bringen? Dann, ja dann kommen auch Feuerwehrmänner zum Einsatz.

Es war eine rabenschwarze Nacht, in der ein vom Sturm gepeitschter Regen auf uns herniederprasselte. Wir, das waren meine Feuerwehrkollegen Horst, Dieter, Achim und Frank. Frank saß unten auf dem außen angebrachten Maschinistenplatz unserer mechanischen Drehleiter, über deren Leiterkorb er zunächst Horst und Dieter, danach Achim und mich auf das Dach dieses Hauses, genauer gesagt bis an seine Regenrinne, gefahren hatte. Von da waren wir auf das Satteldach hinübergeklettert, zwei Mann rechts, zwei Mann links von der Stelle, an der der Sturm die Dachpfannen reihenweise abgedeckt hatte.

Das war vor wenigen Minuten gewesen, und jetzt mühten wir uns mit einer schweren Kunststoffplane ab, das Loch gegen den strömenden Regen abzudichten. Ein schwieriges und nicht ungefährliches Unterfangen. Natürlich waren wir angeseilt, hatten oberhalb der beschädigten Stelle selber einige Pfannen verschoben, um unsere Sicherungsleinen an die Dachbalken binden zu können. Einfacher wurde unsere Arbeit dadurch jedoch nicht. Im Gegenteil, zum einen war man in seiner Bewegungsfreiheit stark eingeschränkt, zum anderen waren einem die Sicherungsleinen ständig im Weg. Dennoch waren sie unverzichtbar, wie ich selber zu spüren bekam, als mir der unvermindert starke Sturm die mehrere Quadratmeter große Plane fast aus den Händen riss, wobei ich mein Gleichgewicht verlor und beinahe abgestürzt wäre. Wohlgemerkt beinahe, denn die Sicherungsleine hatte das Schlimmste verhindert.

29. GRUND

Weil Feuerwehrmänner Holzfäller sind

Richtiger müsste es ja Baumfäller heißen, da Feuerwehrmänner immer wieder zu Einsätzen gerufen werden, bei denen Bäume gefällt oder zumindest große Äste abgesägt werden müssen. Wir werden allerdings nur dort aktiv, wo die öffentliche Sicherheit gefährdet ist oder wo eine akute Gefahr durch zum Beispiel umstürzende oder bereits umgestürzte Bäume besteht.

Im Klartext: Wer glaubt, seine im Garten stehende Tanne oder Birke von der Feuerwehr fällen lassen zu können, weil sie ihm das Wohnzimmerfenster verdunkelt oder ihn das viele Laub stört, ist bei uns an der falschen Adresse. Dennoch gibt es immer wieder Privatleute, die uns, meist unter dem Vorwand, der Baum bedrohe ihr Haus, anrufen. Wenn wir sie dann höflich darauf hinweisen, dass für solche und ähnlich gelagerte Fällarbeiten örtliche Gartenbauunternehmer zuständig sind, ist einigen (Entschuldigung, wenn ich das hier so deutlich sage) Geizhälsen die Enttäuschung und Verärgerung regelrecht anzusehen. Von der Feuerwehr hofften sie, die Arbeit umsonst zu bekommen, so müssen sie je nach Baumgröße und Arbeitsumfang eine Menge Geld berappen.

Es war Pfingstmontag am 09. Juni 2014, als sich um 20:50 Uhr der Himmel verdunkelte. Unmittelbar danach raste das Orkantief Ela mit 142,2 km/h, Starkregen und Hagel über Teilen von NRW hinweg. Die Landeshauptstadt Düsseldorf und meine Heimatstadt Ratingen wurden dabei besonders schwer betroffen.

Innerhalb der ersten 20 Minuten gingen in der Rettungsleitstelle von Düsseldorf Hunderte Notrufe ein. Schnell wurde allen Beteiligten klar, dass sich die Schadensereignisse noch weiter häufen würden. Nachdem um 21:20 Uhr bereits 650 gemeldete Sturmschäden vorlagen, rief die Feuerwehreinsatzleitung den Ausnahmezustand für das Stadtgebiet aus.

Orkan Ela traf die Landeshauptstadt mit brachialer Gewalt. Innerhalb weniger Minuten entwurzelte er Tausende Bäume. Selbst alte Baumriesen wurden wie Streichhölzer umgerissen, stürzten auf Straßen und Gehwege, krachten auf Fahrzeuge und Hausdächer. Über 300 Pkw wurden beschädigt – dabei wurden acht Menschen verletzt. Auf vielen Straßen zerstörten umstürzende Bäume und abgerissene Äste die Oberleitungen der Rheinbahn und der Deutschen Bahn. Der Individualverkehr kam nahezu vollständig zum Erliegen. Der Flugverkehr am Düsseldorfer Airport musste eingestellt werden. In einigen Stadtteilen drohten Baugerüste umzustürzen, dazu deckte der Orkan reihenweise Dächer ab, fetzte Blechverkleidungen und Satellitenschüsseln von Gebäuden und wirbelte alles, was nicht niet- und nagelfest war, durch die Luft. Fensterscheiben gingen zu Bruch, Antennen- und Mobilfunkmaste knickten um und stürzten teilweise von den Dächern. Eine Solaranlage hielt dem Orkan ebenfalls nicht stand. Und als wäre dies noch nicht genug, liefen aufgrund der sintflutartigen Regenfälle zahllose Keller voll. Die Kanalisation konnte der gewaltigen Wassermassen nicht mehr Herr werden. Ganze Straßenzüge und auch der Rheinufertunnel wurden überflutet.

Orkantief Ela beschädigte im Stadtgebiet über 20.000 Bäume und mehr als 1.300 Gaslaternen/Straßenlaternen! Straßen und Gleisanlagen, Grünflächen, Friedhöfe und Parkanlagen, Deiche und Waldgebiete, Bäche, Flüsse und andere Gewässer glichen einem Trümmerfeld.

Die Bewältigung der Schäden war ein Mammutprogramm, welches die Düsseldorfer Feuerwehr (sie war mit neben dem »normalen« Tagesgeschäft mit 900 Kräften von Freiwilliger- und Berufsfeuerwehr) im Dauereinsatz, alleine nicht stemmen konnte.

Aus diesem Grund waren zusätzlich vier Hilfsorganisationen mit 412 Helfern, das THW aus 18 Ortsverbänden mit 450 Helfern und die Bundeswehr (mehrheitlich aus Kräften des Pionierregiments 100 zusammengestellt) mit 241 Helfern, schwerem Gerät wie Bergepanzern und einer eigenen Feldküche an der Beseitigung dieser immensen Schäden beteiligt. Dazu erhielt die Stadt überörtliche Unterstützung aus elf Kommunen mit 126 Helfern, sowie von anderen Ämtern und Firmen.

Sturmtief Ela ging als stärkster meteorologisch gemessener Orkan in die Geschichte der Stadt Düsseldorf ein. Die tagelang anhaltenden Einsätze unter teils extrem schwierigen Bedingungen forderten den Helfern alles ab. Viele gingen dabei bis an ihre körperlichen Grenzen.

Bis zum 20. Juni registrierte die Rettungsleitstelle 8.008 Einsätze! Insgesamt waren 3.300 Helfer im Einsatz!

30. GRUND

Weil Feuerwehrmänner Schornsteinfeger sind

Feuerwehrmänner klettern ihren Mitmenschen aber nicht nur zur Beseitigung von Sturmschäden aufs Dach. Manchmal betätigen sie sich auch als Schornsteinfeger.

Die Zeiten, in denen wir mit Briketts heizten, gehören weitestgehend der Vergangenheit an. Zentrale Öl- und Gasheizungen haben längs die alten Holz- und Kohleöfen aus unseren Wohnungen verdrängt. Seither sind die Einsätze, bei denen Feuerwehrmänner recht häufig zu Kaminbränden gerufen wurden, nachweislich weniger geworden. Seit einigen Jahren ist jedoch verstärkt einen Trend zurück zu den guten alten Brennöfen zu verzeichnen, wobei es sich bei den modernen Fabrikaten meist um optische Hingucker handelt, die neben ihrem ursprünglichen Nutzen, dem Heizen der Wohnung, auch das gemütliche Flair eines flackernden Feuers vor heimischem Herd vermitteln sollen. Aus genau den gleichen Gründen werden in vielen Häusern ebenfalls gerne wieder offene Kamine verbaut. Leider ist damit auch die Unsitte gegeben, alles brennbare Material, welches in heimischen Öfen und Kaminen nichts zu suchen hat, ebenfalls zu verheizen. Das führt dazu, dass Schornsteine nicht nur übermäßige und gesundheitsschädigende Emissionen in die Umgebungsluft pusten, sondern auch schnell versotten, wobei deren rußige Ablagerungen dann selber Feuer fangen können. Eine höchst gefährliche Situation, bei der die Schornsteinwandungen extrem hohe Temperaturen aufweisen und Risse bekommen können, was im schlimmsten Fall schon zu Bränden in Wohnungen und Häusern geführt hat.

Wenn es zu einem Kaminbrand kommt, sollte man immer die Feuerwehr rufen. Eigene Löschversuche hingegen sollte man wegen der damit verbundenen Gefahren tunlichst unterlassen!

Nachdem ihn seine Frau lange genug gedrängt hatte, er solle endlich diese schrecklich dunklen Tannen vor ihrem Wohnzimmerfenster fällen, hatte Heribert Müller die Axt aus dem Keller geholt. Es gab schon erste Frostnächte, deshalb kam ihm der neue, zumal kostenlose Vorrat an Brennholz nicht ungelegen.

Die alten Spanplattenreste könnte ich eigentlich gleich mit verbrennen, dachte er, als er am Abend mehrere der mit Nadeln bestückten Tannenhölzer im offenen Kamin aufgeschichtet hatte und anzünden wollte. Nachdem das frische Holz aber einfach nicht brennen wollte, ging er fluchend in die Garage, von wo er mit einer Flasche Brennspiritus zurückkehrte.

»Ist das nicht zu gefährlich?«, gab seine Frau zu bedenken.

»Nicht wenn man damit umzugehen weiß«, brummte ihr Mann unwirsch. Einige Minuten später brannte zwar ein lustiges Feuerchen im Kamin, aber dafür stank das ganze Wohnzimmer jetzt nach vergossenem Brennspiritus. Außerdem qualmte das feuchte Holz so stark, dass die Müllers sämtliche Fenster öffnen mussten.

»So habe ich mir das aber nicht vorgestellt, Heribert«, sagte seine Frau vorwurfsvoll.

»Ganz ruhig, Frau, das ist gleich vorbei, und dann machen wir es uns bequem.«

Einige Stunden später: Das Wohnzimmer war längst wieder rauchfrei, und im Kamin brannte die dritte Ladung Tanne. Gerade als Heribert Müller die letzten Reste seiner alten Spanplatte ins Feuer werfen wollte, klingelte es. Hm, um die Zeit? Wer konnte das sein?

»Mach du nur«, winkte seine Frau ab, »ich geh schon.«

Kurz darauf erschien sie mit bleichem Gesicht im Wohnzimmer.

»Heribert, das war unser Nachbar von gegenüber. Er hat gesagt, aus unserem Kamin würde es brennen.«

»Waaaas!?«

Heribert Müller ließ die Spanplatte aus seinen Händen fallen und stürzte zur Tür hinaus.

Als er die hoch aus dem Schornstein schlagenden Flammen sah, fluchte er wie ein Berserker.

»Verfluchte Scheiße! Los, Gerda, bring mir schnell 'nen Eimer Wasser! Ich hole die Leiter!«

»Was hast du vor?«

»Na Löschen, was sonst!«

»Soll ich nicht lieber die Feuerwehr …?«

»Quatsch! Das kann ich alleine!«, schrie ihr Mann genervt. »Und jetzt bring mir endlich den verdammten Eimer!«

Aber aus Sorge um ihr schönes Häuschen hatte Frau Müller zunächst doch lieber die 112, die Notrufnummer der Feuerwehr, gewählt.

»Gerdaaaa! Wo bleibt mein Wasser!?«

Die Feuerwehr traf in genau dem Moment ein, als Herr Müller sich gerade anschickt, mit dem Wassereimer in der Hand die Leiter hinaufzusteigen um auf sein Dach zu klettern.

»Hallo! Was haben Sie denn da vor!? Sie wollen doch nicht etwa Wasser in Ihren Schornstein kippen!?«

Herr Müller ließ daraufhin von seinem Tun ab.

»Mann, da haben Sie aber noch mal richtig Schwein gehabt, dass wir rechtzeitig gekommen sind. Denn wenn Sie den«, der Feuerwehrmann deutete auf den Wassereimer, »da oben reingekippt hätten, wäre Ihnen wahrscheinlich der ganze Kamin um die Ohren geflogen.«

Herr Müller machte ungläubige Augen, woraufhin ihm der Feuerwehrmann erklärte: »In brennenden Schornsteinen herrschen extrem hohe Temperaturen, die das Wasser schlagartig verdampfen lassen. Ein einziger Liter Wasser ergibt 1.800 Liter Wasserdampf. Können Sie sich vorstellen, was passiert, wenn ein ganzer Eimer da reinkommt!? Das ist wie eine gewaltige Explosion.«

Nachdem Herrn Müller klar wurde, wie falsch und gefährlich sein Vorhaben gewesen war, kamen zwei Feuerwehrmänner mit Schornsteinfegerkehrgerät auf sie zu.

»Den Wassereimer können Sie mir geben«, sagte einer der beiden. »Den können wir gut brauchen.«

»Äh ... ich dachte ...«

»Keine Sorge, das Wasser verwenden wir nur, um unsere Kette darin zu kühlen, die wird nämlich gleich verdammt heiß werden.«

»Und weil das ein Blecheimer ist«, ergänzte der Feuerwehrmann, der schon zuvor geredet hatte, und erklärte Herrn Müller: »Meine beiden Kollegen werden Ihren Schornstein jetzt fegen. Dazu besitzen wir alle Geräte, die jeder Schornsteinfeger auch einsetzen würde. Den klassischen Stoßbesen und auch die schwere Eisenkugel an der langen Kette. Und ganz wichtig: hitzebeständige Spezialhandschuhe. Wenn sie die Kugel hinablassen, wird die Kette oft glühend heiß, sodass man sie mit normalen Handschuhen nicht mehr anfassen könnte. Um sie oben auf dem Dach kühlen zu können, nehmen wir auch immer einen Eimer Wasser mit – zweckmäßigerweise einen Blecheimer. Ein Kunststoffeimer könnte schmelzen. So, und Sie begleiten mich jetzt bitte ins Haus, weil ich dort sämtliche Wände und Zimmer kontrolliere, durch die Ihr Kamin verläuft. Nicht, dass es durch die Wärmeübertragung bei Ihnen noch zu einem Zimmerbrand kommt.«

Herr Müller musste schlucken.

»Keine Sorge, wir sind ja jetzt hier und können im Falle eines Falles sofort eingreifen. Außerdem werden uns zwei meiner Kollegen begleiten, die sicherheitshalber einen Feuerlöscher und eine Kübelspritze mitnehmen. Und dann lassen wir noch den Bezirksschornsteinfegermeister kommen.«

»Muss das sein?«

»Ja, das muss. Das ist Gesetz.«

31. GRUND

Weil Feuerwehrmänner Schlüsseldienst sind

My home is my castle – dieser Aussage entsprechend haben viele Haus- und Wohnungsbesitzer aufgerüstet. Sicherheitsbeschläge für Türen und Fenster, Panzerriegel, Gitter, Jalousien und Kellerschachtsicherungen sowie weitere Sicherungseinrichtungen für Haus und Hof sind gefragt und haben Hochkonjunktur.

Die Kriminalstatistik besagt, dass 2015 in der Bundesrepublik Deutschland über 152.000 Einbrüche verübt wurden. Das entspricht 416 Einbrüchen pro Tag (der höchste Stand der letzten 15 Jahre). Vor diesem Hintergrund ist es nicht unbegründet und ohne Weiteres nachvollziehbar, wenn Menschen versuchen, ihr Hab und Gut vor dem Zugriff krimineller Elemente zu schützen.

Feuerwehrmänner, die bekanntermaßen aus ehrenhaften Motiven verschlossene Türen und Fenster öffnen müssen, stellen diese Sicherungsmaßnahmen jedoch vor nicht unerhebliche Probleme. Bei ihren Einsätzen, wo es gilt, möglichst schnell helfen zu können, kann jede Verzögerung ein erhöhtes Risiko für Leib und Leben derjenigen bedeuten, die sie retten wollen.

Die Zeiten, in denen Feuerwehrmänner mal so eben eine Tür aufgetreten haben (wie unter Grund 13 beschrieben), sind längst vorbei. Und wer dennoch glaubt, dies bei einer Tür mit quer über dem Türblatt verlaufendem Panzerriegel machen zu müssen, kann von Glück reden, wenn er sich dabei nur den Knöchel verstaucht. Im Übrigen mögen Arbeitgeber das Zustandekommen solcher (in diesem Fall höchst überflüssigen) Verletzungen gar nicht, zumal wir Feuerwehrmänner im Öffnen von Türen geschult werden und wie Schlüsseldienste über entsprechende Werkzeuge verfügen, die wesentlich effektiver sind als ein menschlicher Fuß oder die sogenannte Dienstschulter.

»Das dauert jetzt aber schon verdammt lange.«

»Mann, du nervst«, sagte ich zu dem neben mir stehenden Polizisten, ohne von meiner kniffeligen Arbeit aufzusehen.

Seit gefühlten 20 Minuten (es waren maximal drei) versuchte ich, mit zwei Spezialhäkchen das Türschloss zu öffnen.

»Im Krimi geht das aber immer viel schneller?«

»Boah! Das sagt der Richtige. Kannst es ja gerne mal selber versuchen.«

Nach einer weiteren vergeblichen Minute wies mich mein Kollege dezent darauf hin, dass wir den Schließzylinder vielleicht doch besser ziehen sollten. Die Bohrmaschine und das weitere dazu notwendige Werkzeug hatte er bereits unserer Werkzeugtasche entnommen und mir zu Füßen beziehungsweise zu Knien gelegt, denn bei meiner »Fummelei« kniete ich auf der Fußmatte vor der verschlossenen Tür am Boden.

»Komm, lass mich mal ran.«

Bereitwillig überließ ich ihm unser professionelles Aufbruchwerkzeug, das Fernsehkommissare und private Ermittler meist kleinen Lederetuis entnehmen, um damit in besagten Krimis jede Türe innerhalb von Sekunden zu öffnen. Die Realität sieht, wie ich gerade wieder einmal zu spüren bekam, allerdings etwas anders aus.

Nachdem sich mein Kollege ebenfalls die Zähne an diesem hochwertigen Schließzylinder ausgebissen hatte, was den Polizisten zu einer erneuten sarkastischen Bemerkung veranlasste, griff ich entnervt zur Bohrmaschine. »Schluss, aus, Feierabend. Ich mache jetzt Nägel mit Köpfen!«

Gerade als ich Ernst machen wollte und schon den Spezialbohrer angesetzt hatte, stieß mir jemand einen harten Gegenstand von hinten gegen die Schulter.

»Was!?«, rief ich wegen der Störung verärgert und drehte mich um.

»Junger Mann, was machen Sie da an meiner Wohnungstüre?«

Ich blickte in das resolute Gesicht einer Hundertjährigen (na ja ... zumindest in das Gesicht einer sehr alten Frau) und dann auf ihren Gehstock, den sie mir gerade gegen die Schulter gestoßen hatte, und stotterte: »Äh ... ja ... ich ... also wir dachten, dass Sie ...«

Der Polizist kam mir zu Hilfe und klärte die Situation auf.

»Ihre Nachbarin hatte uns gerufen, weil sie annahm, dass Ihnen etwas Schlimmes geschehen sei.«

»Wie kommt die denn darauf?«, entrüstete sich die Alte. »Und überhaupt. Was soll mir denn passiert sein, ich war doch nur einkaufen.«

32. GRUND

Weil Feuerwehrmänner Aufzugsretter sind

Kennen Sie das auch? Sie steigen in einen Aufzug, die Tür schließt sich, und sogleich beschleicht Sie das beklemmende Gefühl, was wäre, wenn Sie jetzt in diesem Aufzug stecken blieben. Menschen, denen so etwas widerfährt, müssen oft unwillkürlich an amerikanische Hollywoodproduktionen denken, an grauenvolle Szenen mit gerissenen Drahtseilen, schreienden Menschen und in die Tiefe stürzenden Aufzügen. Ein Szenario, welches in unseren Aufzügen de facto so nicht möglich ist, da wir zur Vermeidung ebensolcher unkontrollierter Abstürze entsprechende Sicherungssysteme eingebaut haben. Auch fehlt unseren Aufzügen die ebenfalls in amerikanischen Filmen so unverzichtbare Deckenklappe, durch die heldenhafte Männer hinausklettern, um dann Tarzan gleich an den Drahtseilen zur nächsthöheren Etage zu klettern, wo sie, was wiederum nicht möglich ist, mit blutenden Händen und Manneskraft die Türen zur Seite schieben und, wie könnte es anders sein, die im Aufzug noch eingeschlossenen Menschen, worunter sich mindestens eine junge hübsche Lady oder eine Mutter mit Kind befinden muss, ebenfalls zu retten.

In der nüchternen Realität des Feuerwehralltags stellen sich solche Situationen jedoch gänzlich anders dar.

Es war an einem Sonntag kurz vor 16:00 Uhr, da gab es Alarm.

»Einsatz für 7-46-1, Person im Aufzug, Papierhofstraße 12!«

Mist, genau jetzt, wo wir uns zu einer Tasse Kaffee in unserem Tagesraum zusammenfinden wollten. Aber da half nichts – Alarm ist Alarm.

Der Aufzug in dem Hochhaus Papierhofstraße war für uns quasi schon wie ein alter Bekannter, da wir im letzten halben Jahr mindestens einmal monatlich dorthin fahren mussten. Meist hatten Kinder sich einen fragwürdigen Scherz erlaubt, indem sie den Aufzug durch gleichzeitiges kräftiges Wippen zum Stehen brachten. So auch diesmal. Inzwischen gab ich mir längst keine Mühe mehr, mir ihre Namen aufzuschreiben (wozu wir eigentlich verpflichtet sind), zumal sich die meisten der jungen Frechdachse, kaum dass wir die Aufzugtür geöffnet hatten, davonmachten.

Am frühen Abend düsten wir erneut dorthin. Ich war stinkig und wies meine Kollegen darauf hin, dass sie, sollten es wieder diese Kinder sein, ja keinen entwischen lassen sollten.

Es waren wieder dieselben Kinder, und natürlich wollten sie sich wieder sofort aus dem Staub machen. Aber diesmal waren meine Kollegen auf der Hut, und ich konnte mir von jedem den Namen und die Anschrift notieren. Ich wusste allerdings nicht, ob nicht einige so kackedreist waren und mir falsche Angaben gemacht hatten. Zugetraut hatte ich es ihnen jedenfalls.

Exakt 22:40 Uhr: Wir saßen vor der Glotze und schauten den *Tatort* im Ersten, da alarmierte es zum dritten Mal. Das war ja klar, genau jetzt, wo es am spannendsten war und darum ging zu erfahren, wer der Mörder war. Während ich mit meinen Kollegen in die Fahrzeughalle rannte, schallte die Lautsprecherdurchsage über sämtliche Gänge:

»Einsatz für 7-46-1, Person im Aufzug, Papierhofstraße 12!«

Oh nein, nicht die schon wieder, dachte ich. Bei dem bescheuerten Aufzug waren wir heute doch schon zwei Mal gewesen, und immer wegen dieser frechen Kinder.

»Kann das Scheißding nicht mal einer außer Betrieb nehmen!?«, rief mein Maschinist und schwang sich hinter seinen Fahrersitz.

Draußen wurde es bereits dunkel. Unser Martinshorn und die zuckenden Blaulichter lockten wie gewöhnlich viele Kinder an. Als wir ausstiegen, glaubte ich, unter ihnen einige zu erkennen, die wir heute schon zweimal aus dem Aufzug »befreit« hatten.

Hm, dachte ich, ob diesmal vielleicht jemand anderes »Opfer« dieses vermaledeiten Aufzugs geworden war?

In der Tat, so war es.

Eine junge Frau steckte mit ihrem kranken Vater zwischen der vierten und fünften Etage fest. Nachdem der Aufzug stehen geblieben war, hatte der alte Mann panische Angst bekommen und litt unter akuter Luftnot.

»Mein Vater hat chronisches Asthma. Er benötigt dringend sein Spray!«, rief mir die junge Frau durch, mit der ich, das war meine Aufgabe, in ständigem Kontakt blieb.

»Hat er sein Spray nicht bei sich?«

»Nein, das hat er vergessen. Es liegt oben in der Wohnung. Bitte machen Sie schnell, es geht ihm ziemlich schlecht!«

Wir hatten schnell gemacht, sehr schnell sogar. Aber einige Minuten hatte es dennoch gedauert, bis wir den Aufzugsmaschinenraum geöffnet, die automatische Bremse gelöst und die Aufzugskabine von Hand bis vor die nächstgelegene Etagentür gefahren hatten. Sicherheitshalber hatte ich meinen Maschinisten, er ist der Einzige, den wir bei unserem Löschgruppenfahrzeug zurückgelassen hatten, über mein Handsprechfunkgerät angewiesen, die Rettungsleitstelle anzufunken, damit sie uns unverzüglich einen RTW schickte.

Zum Glück erwies sich diese Vorsichtsmaßnahme als nicht notwendig. Nachdem wir die beiden befreit hatten, erholte sich der Vater zusehends. Dennoch war meine Entscheidung richtig gewesen.

Als Feuerwehrmänner gehen wir lieber auf Nummer sicher, weil wir wissen: Zu früh nachfordern (wie in diesem Fall den RTW) ist allemal besser als einmal zu spät.

33. GRUND

Weil Feuerwehrmänner Höhenretter sind

Retten aus Höhen und Tiefen gehörte schon immer zu den gefährlichsten Aufgaben der Feuerwehren. Aber wer sonst, wenn nicht ein Feuerwehrmann, würde schon freiwillig zu einem lebensmüden Menschen auf einen mehr als 40 Meter hohen Baukran klettern? Zumal in einer stürmischen Nacht, in der es wie aus Eimern schüttet.

Das Erdreich in der Baugrube war von den starken Regenfällen der letzten Stunden völlig aufgeweicht und schlammig. Vorsichtig bewegten sich die Feuerwehrmänner Wilfried und Mark über das matschige Terrain. Sie waren ausgebildete Höhenretter. Ihr Ziel war der Baukran, der inmitten der Baugrube in einem tief ins Erdreich eingegrabenen Betonfundament verankert war. Über 40 Meter ragte der Stahlkoloss in den sturmgepeitschten dunklen Nachthimmel, aus dem es immer noch wie aus Eimern goss. Bei jedem Schritt, den die beiden machten, quatschte und gluckste es unter ihren Spezialstiefeln. Endlich erreichten sie den Teil des gegossenen Fundaments, aus dem der Baukran hervorragte.

»Okay, wir sind jetzt da«, sagte Mark in sein Funkgerät. »Wir reinigen nur noch unsere Schuhsohlen und steigen dann auf. Kommen!«

»Hier Einsatzleiter. Ich habe verstanden. Viel Erfolg. Ende.«

Ihre Schuhsohlen vor dem Aufstieg vom Schlamm zu befreien war ungemein wichtig, da die beiden auf den stählernen Rundeisen, die als Sprossen dienten, sonst sehr leicht abrutschen konnten. Wilfried stieg vor, Mark folgte mit kleinem Abstand. Beide hatten ihre Höhenrucksäcke geschultert, die sämtliche für die Kletterpartie und die anschließende Menschenrettung benötigten Ausrüstungsteile enthielten.

Im Gegensatz zu Löscheinsätzen trugen sie nicht ihre übliche Feuerschutzbekleidung, sondern wetterfeste Overalls. Overalls hatten sich bei solchen Einsätzen als vorteilhafter erwiesen. Dazu trugen sie Helme mit Stirnlampen, wie sie auch von Bergsteigern verwendet werden, dazu einen kombinierten Brust- und Beckengurt und dünne Spezialhandschuhe, die sie nicht nur vor Verletzungen schützten, sondern ihnen auch das problemlose Öffnen der Karabinerhaken ermöglichten.

Aufmerksam vom Einsatzleiter durch ein Fernglas beobachtet, stiegen die beiden zügig, aber nicht überhastet Meter um Meter höher, bis sie die Stelle erreichten, von wo sich der riesige Ausleger rechtwinklig über die Baugrube erstreckte. Zu dessen Spitze führte ein höchstens eineinhalb Fuß breiter, aus Gitterosten bestehender Weg, der für Monteure und Wartungsarbeiten vorgesehen ist. Über ihn war der Lebensmüde vorangekrochen. Jetzt saß er, die Beine zwischen das Rohgestänge geklemmt, in regloser Starre an der vordersten Spitze des Auslegers. Ein junger Mann, der offensichtlich noch nicht mitbekommen hatte, was um ihn herum geschah.

Bei hellem Tageslicht und ohne widrige Wetterverhältnisse hätten die beiden erfahrenen Höhenretter den schmalen Gitterweg ohne zusätzliche Sicherung zurückgelegt. Nicht jedoch in einer Nacht, in der der Ausleger, von starken Böen erfasst, ständig gefährlich hin und her schwankte und wo der Regen alle Metallteile nass und somit glatt gemacht hatte. Wilfried entschied daher, auf Nummer sicher zu gehen und den Ausleger nur mit einer Seilsicherung zu betreten. Die beiden waren ein eingespieltes Team, das schon etliche ähnliche Situationen erfolgreich gemeistert hatte. Eine genaue Absprache, wie sie vorgehen wollten, erübrigte sich daher, zumal sie die Aufgabenverteilung, wer hier oben was machen würde, bereits vor dem Aufstieg festgelegt hatten.

Mark wählte mehrere geeignete Festpunkte aus, an denen er reißfeste Bandschlaufen befestigte. Sie waren Teil ihres Sicherungssystems, in das er sich einband, um im Fall eines Absturzes seines Partners nicht mit in die Tiefe gerissen zu werden.

Wilfried, der jetzt in ein Seil gebunden war, das Mark sichern und nachführen musste, begab sich auf den gefährlichen Weg. Noch immer schien der lebensmüde junge Mann nichts von ihrer Rettungsaktion bemerkt zu haben. Auffällig war nur, dass sein Oberkörper unnatürlich schräg nach vorne geneigt war. Den Grund dafür sollte Wilfried erst feststellen, nachdem er ihn erreicht hatte. Aber noch befand er sich wenige Meter entfernt und wusste, jetzt kommt der besonders kritische Moment, wo er den Mann ansprechen musste. Unter anderen Umständen ein völlig harmloser Vorgang, nicht aber in dieser Extremsituation und besonders nicht in dieser Höhe. Nur zu leicht konnte der junge Mann erschrecken und dabei durch eine unbedachte Bewegung in die Tiefe stürzen. Dennoch musste es getan werden. Überraschenderweise zeigte der Mann keine Reaktion. Vorsichtig näherte sich Wilfried ihm jetzt so weit, bis er ihn mit der ausgestreckten Hand berühren konnte. Aber auch auf sein leichtes Antippen erfolgte keine Reaktion. Sekunden später gab er über Funk durch:

»Die Person ist männlich, zwischen 25 und 30 und bewusstlos. Atmung ist vorhanden. Äußere Verletzungen habe ich hier oben nicht feststellen können. Der Notarzt soll sich bereithalten. Ich werde mich jetzt mit ihm zusammen abseilen. Kommen!«

»Einsatzleiter hat verstanden. Notarzt und Rettungsteam stehen bereit. Ende.«

Was sich im Funkspruch so leicht als *mit ihm zusammen abseilen* durchgegeben wurde, bedeutete in der realen Ausführung ein körperlich höchst anstrengendes und für einen Ungeübten sehr gefährliches Unterfangen. Aber Wilfried hatte, wie alle Höhenretter, solche Rettungsaktionen immer und immer wieder trainiert. Die Handgriffe saßen, aber bei dem Sturm und Regen kam er mächtig ins Schwitzen. Endlich war es geschafft. An einem zweiten Seil ließ er sich, zusammen mit dem Bewusstlosen, den er in einem Gurtsystem gesichert und an sich gebunden hatte, langsam in die Tiefe gleiten.

Mark löste derweil alle eingesetzten Bandschlaufen und Karabiner und verstaute sie mit dem wieder eingeholten Sicherungsseil in seinem Höhenrucksack. Anschließend begab er sich über denselben Weg, den sie vorhin noch zu zweit genommen hatten, an den Abstieg.

34. GRUND

Weil Feuerwehrmänner Baggerfahrer sind

Einmal mit einen richtigen Bagger fahren dürfen, das ist (nicht nur) der Traum kleiner Jungs. Und wer ist nicht selber schon einmal vor einem Bauzaun stehen geblieben und hat zugesehen, wie die monströse Schaufel eines Baggers eine gewaltige Menge Erde packte, wie der stählerne Arm den tonnenschweren Aushub spielerisch in die Höhe hob, zur Seite schwenkte und in einen bereitstehenden

Muldenkipper leerte? Also ich finde das selbst heute, wo ich längst im Erwachsenenalter bin, immer noch faszinierend. Und oft stelle ich mir dabei vor, wie viel Zeit ich für die gleiche Arbeit benötigen würde, wenn mir dafür nur eine Kreuzhacke, eine Schaufel und eine Schubkarre zur Verfügung stünden.

Mein Kindheitstraum, auch einmal solch einen Bagger fahren zu dürfen, ist mir bei einem meiner zahllosen Einsätze jedoch zum Albtraum geworden.

Wir fuhren mit zuckenden Blaulichtern und eingeschaltetem Martinshorn durch das nächtliche Düsseldorf. Wir, das waren die Besatzungen des Rüstwagens und des Löschgruppenfahrzeugs der Feuerwache 6 an der Frankfurter Straße sowie die Spezialeinsatzkräfte des Kranwagens und seines dazugehörigen Begleitfahrzeugs von der Umweltschutzwache an der Posener Straße.

Angeblich sollte sich ein Bagger selbstständig gemacht haben, lautete die Alarmdurchsage, und jetzt rollte er führerlos über die Koblenzer Straße.

»Ist bestimmt wieder nur 'ne Fehlalarmierung von irgend so 'nem bekloppten Spinner«, sagte ich zu meinem Nachbarn. Fehlalarmierungen sind nichts Seltenes, und nachts hatten wir die natürlich besonders gerne.

Toni nickte nur stumm und starrte weiter hinaus in die Dunkelheit. Nach 02:00 Uhr ist halt nicht jeder Feuerwehrmann gesprächig. Davon abgesehen mochte eh keiner von uns an die Geschichte mit dem führerlosen Bagger glauben!

Die Koblenzer Straße liegt quasi parallel im Rücken unsrer Feuerwache, das bedeutete, dass wir nur einmal ums Karree fahren mussten, um zu unserem Einsatzort zu gelangen. Damit würden wir auf jeden Fall vor den Kollegen von der Umweltschutzwache eintreffen. Ein Gedanke, der mich, je näher wir kamen, immer nachdenklicher stimmte, denn falls da doch ein Bagger ...

Blödsinn!, sagte ich mir und versuchte, den absurden Gedanken zu verdrängen, aber bevor mir dies gelang, sahen wir das Unfassbare – den Bagger! Ja, es war tatsächlich ein Bagger, und er rollte in die Richtung des Benrather Krankenhauses.

Oh Mann! Das war keiner von der kleineren Sorte, sondern ein auf Ketten rollendes Riesenmonster!

Angeblich sollte ja niemand diesen tonnenschweren Stahlgiganten lenken. Ob das wirklich der Fall war, oder ob doch jemand in seiner Kabine saß, konnten wir noch nicht erkennen. Unser Zugführer wies deshalb den Maschinisten an, bis seitlich auf gleicher Höhe mit der Baggerkabine vorzufahren.

»Scheiße! Keiner drin!«

Und jetzt?

Ob einer meiner Kollegen schon mal einen Bagger gefahren hatte, wusste ich nicht. Also ich hatte das zumindest noch nie getan, und im Grundausbildungslehrgang für Feuerwehrmänner war Bagger fahren auch nicht vorgesehen. Trotzdem musste einer von uns da hinüber und das Monster zum Stillstand bringen, das war uns allen klar. Nur wer? Obwohl der Bagger nur Schritttempo und schnurgerade fuhr, drängte die Zeit, denn in einigen Hundert Metern machte die Straße eine Kurve. Bis dahin mussten wir den Bagger unbedingt gestoppt kriegen.

»Wer von euch hat schon mal so 'n Gerät gefahren, oder wer traut sich das zu?«, fragte unser Zugführer. Klaus, was ist mit dir? Hast du nicht vergangenes Jahr den Keller für dein Haus selber ausgebaggert?«

»Ja schon. Aber Mann, das war ein Minibagger und nicht so ein Koloss!«

»Egal, Bagger ist Bagger. Los, du schaffst das!«

Bereitwillig rückten wir anderen zur Seite und machten Klaus den Platz an der Tür frei.

»Ist wie im Wilden Westen, Klaus. Die Postkutschengäule sind durchgebrannt, der Kutscher ist erschossen, und du bist der Held, der auf das rasende Gefährt hinüberklettert und es kurz vor dem Abgrund zum Stehen bringt.«

»Ha ha! Sonst noch irgendwelche blöden Sprüche?«
Schweigen.
Wir fuhren immer noch mit gleichem Tempo, also mit Schrittgeschwindigkeit, neben dem Bagger her. Dadurch konnte Klaus zwar während der Fahrt aussteigen, aber trotzdem nicht einfach zu der Kabine des Baggers hinübergelangen, denn um die zu erreichen, musste er zunächst auf dessen riesige Ketten klettern. Aber das war nicht so einfach möglich. Schließlich befand sich der Bagger in Bewegung. Sein Einsatz war also höchst gefährlich und musste wohl überlegt sein.

»Okay, ich steige direkt von unserem LF ganz hinten auf die Kette. Breit genug ist die ja. Dann lasse ich mich bis zur Fahrerkabine vorrollen und klettere hinein. So müsste es gehen.«

Also doch die Variante Wild-West-Postkutsche, dachte ich.

»Und wenn die Tür verschlossen ist?«

»Passt schon. Da sind ja noch zwei Stufen, auf die ich mich stellen kann und an dem metallenen Handgriff kann ich mich festhalten.«

»Ja, so könnte es gehen.«

»So muss es gehen!«

»Und wenn ich drüben bin, muss mir einer von euch nur noch ein Brecheisen rüberreichen.«

»Weißt du denn auch, wie man bei so 'nem Bagger den Motor abschaltet?«

Klaus grinste uns schief an.

»Ne, keine Ahnung. Aber das wird schon nicht so schwer sein, hoffe ich.«

Klaus hatte es geschafft. Er hatte die Geisterfahrt des Baggers tatsächlich gestoppt.

Über die näheren Umstände, wieso das Baugerät sich selbstständig gemacht hatte und woher es kam, beziehungsweise wohin es gehörte, hatten wir in dieser Nacht nichts mehr erfahren. Darum, wie auch um die Absicherung dieses Ungetüms kümmerte sich die inzwischen eingetroffene Polizei.

35. GRUND

Weil Feuerwehrmänner Radladerfahrer sind

Was früher einfach nur als Müll bezeichnet wurde und vielerorts zu Umwelt schädigenden Deponien gekarrt wurde, landet heute meist in einer Müllverbrennungsanlage oder wird in Recyclinghöfen nach Wertstoffen getrennt, sortiert und gelagert.

Solche Recyclinghöfe gibt es mittlerweile in fast jeder Stadt. Wenn es dort zu einem Brand kommt, dauern die Einsätze der Feuerwehren meist über viele Stunden. Besonders belastend ist die Arbeit der Feuerwehrmänner, weil sie wegen der großen Qualmentwicklung und möglicher darin enthaltener giftiger Gase nur mit Atemschutzgeräten arbeiten können.

Brände in Recyclinghöfen sind daher fast immer Großeinsätze, die nicht nur sehr viel Personal, sondern auch sehr viel Löschwasser benötigen. Dabei muss jedes auch noch so kleine Glutnest restlos gelöscht werden. Arbeitet man da nicht gründlich, so rächt sich diese Nachlässigkeit sehr schnell, indem das Feuer nach dem Abrücken der Feuerwehr schon bald wieder genauso heftig brennt wie zuvor.

So etwas möchte natürlich keine Feuerwehr erleben, also gilt es, den gesamten Müllberg, bestehe er nun aus Altpapier, aus Kunststoffen oder anderen Materialien, komplett auseinanderzureißen und Stück für Stück gründlich abzulöschen.

Solange es sich dabei noch um überschaubare Mengen handelt, wie zum Beispiel bei den an Straßen aufgestellten Altpapier- oder Kleidercontainern, reichen den Feuerwehrmännern dazu einfache Handwerkzeuge wie Dungharken und Schaufeln.

In Recyclinghöfen haben sie es jedoch mit anderen Mengen zu tun. Da türmen sich die Abfall- und Wertstoffberge manchmal haushoch! Dann müssten Radlader her, welche die brennenden und kokelnden Massen abtragen und so verteilen, dass die Feuerwehrmänner sie ablöschen können.

Radlader besitzen alle Recyclinghöfe, das ist nicht das Problem. Den Radladerfahrer zu bekommen, das ist das Problem, insbesondere nachts, wenn der gute Mann Feierabend hat. Versuchen Sie dann mal, einen Radladerfahrer aus seinem Bett zu »scheuchen« und ihm klarzumachen, er müsse schnellstmöglich zu seiner Arbeitsstelle kommen. Das kann dauern. Aber dann gibt es noch ein zweites Problem. Der Radladerfahrer muss nämlich genau wie die Feuerwehrmänner ein Atemschutzgerät tragen. Und das durfte, konnte und wollte noch lange nicht jeder. Die Konsequenz daraus war, dass die Feuerwehren eigene Radladerfahrer ausbildeten. Feuerwehren wie Düsseldorf, die über das nötige Budget verfügen, haben heute sogar eigene Radlader in ihrem Fuhrpark stehen.

36. GRUND

Weil Feuerwehrmänner Straßenbahnfahrer sind

Wie glücklich dürfen sich all jene Städte schätzen, die über eine eigene Straßenbahn verfügen. Ich spreche hier wohlgemerkt nicht über einige wenige Gleise, die von antiquierten Bimmelbahnen befahren werden, sondern von einem zukunftsweisenden kundenfreundlichen Schienennetz mit modernen Straßenbahnen, welche die Städter im Minutentakt von A nach B bringen. Die Rheinbahn der Düsseldorfer Verkehrsbetriebe zählt meiner Meinung nach zu den positiven Beispielen. Während sich Autofahrer genervt durch die zahllosen innerstädtischen Staus quälen, bringt die Straßenbahn ihre Fahrgäste stressfrei und pünktlich an ihr Ziel. Zugegeben, wirklich billig ist Straßenbahnfahren auch nicht, aber preiswerter als die Fahrt mit dem eigenen Pkw allemal, besonders wenn man auch noch die nicht zu verachtenden Parkgebühren berücksichtigt.

So, hier könnte mein kostenloser Werbeblock für die Straßenbahn eigentlich enden, wenn es da nicht noch etwas Besonderes zu berichten gäbe: Wir Feuerwehrmänner sind nämlich nicht nur Fahrgäste, wir können die Straßenbahn auch selber fahren!

Aber der Reihe nach.

Das schrille Dauerläuten der Straßenbahn ließ die zahllosen Fußgänger, die an diesem sonnigen Samstagvormittag die Einkaufsstraße bevölkerten, zusammenzucken. Der alte Mann hingegen, der in seinem betagten 200er Diesel falsch über die Gleise abbog, hatte das laute Warnsignal nicht gehört. Kein Wunder, lag sein Hörgerät doch zu Hause auf dem Nachttisch neben seinem Bett. Aber vermutlich wäre der Zusammenstoß zwischen ihm und der Bahn auch mit Hörgerät nicht zu vermeiden gewesen. Das behaupteten später jedenfalls einige, die den Unfall mit angesehen hatten. Ihrer Aussage nach wäre der Wagen, um auf die andere Straßenseite zu kommen, ohne zu blinken und ohne zu bremsen einfach nach links auf die Gleise gefahren.

»Die herannahende Straßenbahn hat der alte blöde Trottel (Originalton eines Passanten) wohl total übersehen.«

Aufgrund mehrerer Anrufe, die fast zeitgleich in der Rettungsleitstelle auf der Hüttenstraße eingingen, schickte die Feuerwehr nicht nur die nächstgelegene Feuerwache aus Oberkassel und deren Rettungswagen zur Einsatzstelle, sondern alarmierte auch den Notarztwagen der Feuerwache 1 und den Rüstwagen von Feuerwache 3. Außerdem wurde umgehend die Rheinbahn über den Unfall informiert, die in solchen Fällen ein eigenes Hilfsfahrzeug mit Fachpersonal und einen Fahrdienstleiter zur Einsatzstelle schicken.

Diesmal sollte deren für gewöhnlich schnelle Unterstützung jedoch auf sich warten lassen. Der Fahrdienstleiter, der sich mit einem eigenen Pkw unverzüglich auf den Weg machte, wurde schon kurz nach Verlassen des Rheinbahndepots selber Opfer eines Unfalls. Ein unvorsichtiger Kleinlaster hatte ihm die Vorfahrt genommen und war seitlich in seine Beifahrertüre gekracht. Zum Glück hatte es dabei nur Blechschaden gegeben, aber an ein Weiterfahren war danach nicht mehr zu denken. Und das Hilfsfahrzeug der Rheinbahn, ein mit einem Scherengestell ausgestattetes Spezialfahrzeug, befand sich aufgrund einer dringenden technischen Reparatur in der Werkstatt. Wir waren also auf uns alleine gestellt, was prinzipiell kein Problem ist, denn als Feuerwehrmänner sind wir es ja gewohnt, auch ohne fremde Hilfe klarzukommen. Bei diesem Unfall hätten wir zumindest den Fahrdienstleiter ganz gerne bei uns gehabt, weil, was nur sehr selten vorkommt, die Straßenbahn unbedingt verfahren werden musste. Ein Vorgang, der bei verunfallten Personen unter der Bahn tabu ist.

Theoretisch waren mir die Abläufe und Handgriffe, die zum Fahren einer Straßenbahn nötig sind, bekannt, zumal es sich bei diesem Typ um einen GT8S handelte, den ich erst bei unserer letzten Unterweisung im Depot einige Meter hatte fahren dürfen. Aber im Depot und mit einem erfahrenen Rheinbahner an der Seite ist das natürlich etwas ganz anderes als nach einen Unfall im öffentlichen Schienennetz. Der Fahrer dieser Straßenbahn stand uns leider nicht mehr zur Verfügung. Als ich mich auf seinen Fahrersitz setzte und die Kladde mit den laminierten Anleitungen für Straßenbahnen auf das Fahrerpult legte, wurde er aufgrund seines neurogenen Schocks gerade im Notarztwagen behandelt.

Okay, dann wollen wir mal sehen. Ich überflog die langen Reihen von Schaltern und Knöpfen, von denen ich jetzt einige, und zwar unbedingt in der richtigen Reihenfolge, bedienen musste. Sicherheitshalber verglich ich sie noch einmal mit denen, die auf dem Blatt meiner jetzt aufgeschlagenen Kladde zu sehen waren – der gedruckten Ausgabe eines kompletten Fahrerstandes einer GT8S. Aber bevor meine leicht zitternde Hand (zitterte sie?) den ersten Schalter betätigen konnte, griff mir jemand von hinten hart auf die Schulter, und eine tief tönende Stimme herrschte mich an:

»Was machen Sie da! Dürfen Sie das überhaupt!?«

Erschreckt zuckte ich zusammen und drehte mich ruckartig um. Hinter mir stand mein Kollege Karl und grinste mich an.

»Na, wir sind wohl ein wenig schreckhaft, wie?«

»Mann, hast du mich erschreckt! Was willst du überhaupt hier?«
»Ich …?«, sagte er scheinheilig und lachte. »Ich soll nur aufpassen, dass du hier keinen Scheiß machst.«

Ich hatte natürlich keinen Scheiß gemacht und diese Straßenbahn, selbstverständlich alleine und ohne fremde Hilfe, sagenhafte zehn Meter!!!! zurückgefahren. Darüber hinaus möchte ich hier ausdrücklich betonen, dass meine schweißnassen Hände nicht vom Stress der langen Fahrzeit herrührten, sondern lediglich davon, dass ich während dieser Fahrt in der ständigen Angst leben musste, es könne ein Kontrolleur kommen und nach meinem Fahrschein fragen. Schwarzfahren in der Straßenbahn wird nämlich verdammt teuer geahndet.

37. GRUND

Weil Feuerwehrmänner Taucher sind

Um es gleich vorweg zu sagen, ich bin kein Taucher. Interesse an dieser Zusatzausbildung hatte ich schon gehabt, nur ging es mir so wie einigen anderen Feuerwehrmännern auch. Wir fielen bei der gesundheitlichen Tauglichkeitsprüfung durch. Nein, nicht weil wir solche Schlaffis waren, sondern weil unser Innenohr für die hohen Drücke unter Wasser nicht geeignet war. Schnorcheln im Baggersee oder im Mittelmeer ist eben doch etwas anderes als das, was einem professionellen Feuerwehrtaucher abverlangt wird.

Solch eine Professionalität muss natürlich erst erlernt und später immer wieder trainiert werden, denn Rettungs- und Bergeeinsätze unter Wasser sind alles andere als ein Zuckerschlecken und oft sehr gefährlich. Trotzdem habe ich meine tauchenden Kollegen beneidet, wenn sie bei schönem Sommerwetter ihre Trainingsstunden an einem heimischen Gewässer verbringen durften und, wie könnte es anders sein … einen Grill dabeihatten.

Na gut, sei's ihnen gegönnt, wir an Lande lebenden Feuerwehrmänner grillten an warmen Sommerabenden ja schließlich auch ab und zu auf unserer Wache.

38. GRUND

Weil Feuerwehrmänner manchmal Hebammen sind

»Einsatz für Florian 3-83-1! Ferdinand-von-Kochem-Straße 48, Geburt!«

Während uns einige Kollegen noch freundlich grinsend gratulierten, sprangen wir schon in unseren Rettungswagen und verließen mit eingeschalteten Sondersignalen die Wache. Unser Einsatzort lag in einem Wohngebiet im Süden der Stadt. Als wir mit Babynotfallkoffer, Entbindungsbesteck und Sauerstoffflasche ausgerüstet die geschätzten 40 bis 50 Klingelschilder des Hochhauses studierten, wurden wir von einer lärmenden Kinderschar umringt.

Aus der Sprechanlage drang ein verdächtiges Knacken.

»Hallo! Hier ist die Feuerwehr! Auf welcher Etage werden wir benötigt?«

»Kommen Sie schnell auf die dritte Etage zu meiner Mutti!«, rief ein zartes verängstigtes Stimmchen. »Wir bekommen gerade ein Schwesterchen!«

Begleitet von der anhänglichen Kinderschar, eilten wir auf die dritte Etage. An der geöffneten Wohnungstür erwartete uns ein süßes blondes Lockenköpfchen. Ich schätzte die Kleine auf höchstens acht Jahre. Hinter ihrem Rücken lugten weitere Augenpaare neugierig hervor, allesamt Mädchen, jedoch alle jünger als ihre kleine Wortführerin.

Die Straßenkinderschar war uns treu gefolgt, allerdings im respektvollen Abstand einer Armeslänge. Eindeutiges Indiz für einen Sicherheitsabstand aufgrund schmerzhafter Erfahrung. Sie drängten direkt hinter mir in die Wohnung. Intimsphäre, Datenschutz, Unverletzlichkeit der Wohnung, all das schien es hier nicht zu geben. Wie den gierigen Hund im Metzgerladen schob ich das Grüppchen wieder hinaus, dazu ein strenges Gesicht und die Worte: »Ihr müsst draußen bleiben.«

Aus einem hinteren Zimmer rief eine Frau.
»Angelika! Ist das der Doktor?«
»Ja Mutti, es sind sogar zwei!«
»Dann bring sie doch endlich zu mir, Kind! Schnell, schnell, Herr Doktor! Es ist gleich so weit!« Die Stimme der Frau verriet Angst und Panik.

Die Fruchtblase der hochschwangeren Frau war geplatzt, und die Presswehen hatten bereits eingesetzt. Ein Transport zu diesem späten Zeitpunkt war nicht mehr zu verantworten, insbesondere da diese Frau ihr fünftes Kind erwartete. Da in der Wohnung kein Telefon vorhanden war, eilte mein Kollege Heinrich wieder nach unten, um über unser Funkgerät den Notarzt nachzufordern. Als ich der Frau meinen Entschluss mitteilte, geriet sie in helle Aufregung. Sie wollte unbedingt ins Krankenhaus, anstatt ihr Kind hier zu Hause zu bekommen.

»Nein, Herr Doktor, auf keinen Fall. Ich gehe jetzt sofort hinunter.«

All mein Beteuern und Zureden half nichts, sie blieb nicht liegen. So ergab ich mich ins Unvermeidliche und bat sie, sich wenigstens von uns tragen zu lassen. Gott sei Dank willigte sie ein. Ich lief deshalb ins Treppenhaus und rief Heinrich zu, der gerade wieder hochkommen wollte: »Bring den Tragestuhl mit! Wir fahren doch!«

Plötzlich hörte ich hinter mir lautes Schnaufen.

Oh nein, das durfte doch nicht wahr sein! Durch den Wohnungseingang drängte sich unsere überdimensionale Schwangere in einem offenherzigen roséfarbenen Bademantel auf mich zu.

»Herr Doktor, Herr Doktor«, keuchte sie, »es geht schon wieder los.«

»Frau Behlemann, was machen Sie nur!? Ich sagte Ihnen doch, dass Sie nicht mehr laufen dürfen – in Ihrem Zustand. Kommen Sie, wir ...«

Ich konnte nicht mehr weitersprechen. Frau Behlemann stieß einen schrillen kurzen Schrei aus, stürzte zum Treppengeländer und packte den Handlauf mit beiden Händen, als wolle sie ihn erwürgen. Mit weit gespreizten Beinen stand sie starr wie ein Fels. Auf ihrer Stirn hatten sich dicke Schweißtropfen gebildet, ihre Atmung wurde kurz, hart und hechelnd.

»Lassen Sie das Geländer los! Sie müssen sich sofort hinlegen! Frau Behlemann!«

Ich schrie sie regelrecht an und versuchte, ihre Hände vom Geländer zu lösen. Sie reagierte überhaupt nicht auf mich, und ihre Hände verkrampften sich so fest, dass es mir unmöglich war, sie zu lösen. Mit stierem Blick erwartete sie die Geburt – im Stehen! Das durfte ich unmöglich zulassen, denn wenn das Kind jetzt kam, würde es unweigerlich auf die harten Fliesen des Hausflurs fallen.

»Heinrich! Schnell! Lass den Stuhl! Komm hoch! Frau Behlemann! Loslassen!« Ich zerrte mit aller Kraft an ihren Handgelenken – vergeblich. Plötzlich hatte ich eine Idee und stellte mich hinter sie. Dann drückte ich ihr meine Knie in ihre Kniekehlen und schlug gleichzeitig, von hinten um sie herum greifend, mit meinen zur Faust geballten Fingerknöcheln auf ihre Handrücken. Durch den kurzen heftigen Schmerz lockerten sich ihre Hände, und ich konnte die schwere Frau nach hinten reißen. Mit sanfter Gewalt zog ich sie vollends zu Boden. Keine Sekunde zu früh, oder besser, keine Sekunde zu spät, denn in dem Moment, als sie auf dem Rücken lag, gebar sie ihr Kind, blitzschnell und komplikationslos – ein Mädchen (was sonst?), rosig, herrlich zappelnd und sofort schreiend.

Heinrich, der die Stufen zu uns hinaufgehastet war, blickte auf uns drei herab, lächelte und sagte trocken: »Herzlichen Glückwunsch, Frau Behlemann. Sie haben gerade eine niedliche Tochter geboren.« Dann notierte er die genaue Uhrzeit, öffnete den Babynotfallkoffer, nahm das Entbindungsbesteck heraus und streifte sich sterile Handschuhe über.

Frau Behlemann hatte sich erstaunlich schnell wieder beruhigt. Um uns herum standen ihre anderen Töchter mit offenen Mündern und großen glänzenden Augen.

»So, wer holt denn für die Mutti mal schnell eine Decke? Wir wollen sie doch nicht hier draußen frieren lassen.«

Daraufhin eilten alle besorgt in die Wohnung, um mit Decken und Kissen beladen wieder zu erscheinen. Offensichtlich hatten wir es hier mit einer Mutter zu tun, die von ihren Töchtern sehr geliebt wurde.

Auf der Straße drang das Martinshorn des angeforderten Notarztwagens zu uns herauf. Es gab nicht mehr viel zu tun für unseren Arzt, und auf meine freundlichen Worte »So Frau Behlemann, jetzt kommt gleich unser Notarzt und schaut noch einmal nach, ob wir auch alles richtig gemacht haben« antwortete sie mit treuherzigem Blick: »Aber Herr Doktor, das haben Sie doch schon alles gemacht.«

39. GRUND

Weil Feuerwehrmänner halbe Ärzte sind

Wird über Ärzte, vornehmlich über Krankenhausärzte, geredet, so fiel besonders in der Vergangenheit der Begriff »Halbgötter in Weiß«. Eine negativ klischeehafte Betitelung, die der Realität dieses anstrengenden Berufsstandes (von wenigen Ausnahmen abgesehen) nicht gerecht wird. Im Übrigen wusste außerhalb der griechischen Mythologie wohl niemand sonst von halben Göttern zu berichten.

Halten wir also fest: Ärzte sind weder halbe Götter noch überhaupt Götter. Sie sind schlicht und ergreifend studierte Mediziner und ansonsten Menschen wie du und ich, denen leider auch Fehler unterlaufen können.

Speziell ausgebildete Feuerwehrmänner (Rettungsassistenten) hingegen sind längst zu »halben Ärzten« mutiert, da sie (im Rahmen der gesetzlichen Vorschriften) medizinische Tätigkeiten ausüben dürfen und müssen, die vor Jahren noch ausschließlich Ärzten vorbehalten waren. Was also einst als undenkbar galt und später nur im Rahmen der gesetzlich eingeschränkt legalisierten Notkompetenz erlaubt war, ist inzwischen gängige Praxis geworden. Unter anderem intubieren Feuerwehrmänner Menschen bei Atemstillständen, defibrillieren bei bestimmten Formen von Herzrhythmusstörungen und bei Herzstillständen, legen venöse Zugänge und geben Infusionen, und in bestimmten Fällen lebensbedrohlicher Krankheitszustände verabreichen sie auch Medikamente.

40. GRUND

Weil Feuerwehrmänner Sanitäter sind

Die Bezeichnung »Sanitäter« ist längst zum Synonym für viele geworden, die im Bereich der Ersten Hilfe tätig werden.

Über eine fundierte Grundausbildung in Erster Hilfe sollte jeder Feuerwehrmann verfügen, da er an Unfallstellen oft als Erster eintrifft und in Situationen, wo der medizinische Rettungsdienst ausbleibt oder erst zeitverzögert eintrifft, ganz auf sich alleine gestellt ist.

Die meisten Berufsfeuerwehrmänner sind aus diesen Gründen Rettungssanitäter oder machen sogar die hochwertig qualifiziertere Ausbildung zum Rettungsassistenten. Damit besitzen sie, neben ihrer vielseitig anspruchsvollen Tätigkeit als Feuerwehrmann, noch eine weitere vollwertige Berufsausbildung, die sie berechtigt, Rettungswagen und Notarztwagen zu fahren und als Assistent von Notärzten tätig zu werden.

41. GRUND

Weil Feuerwehrmänner oft Veterinäre sind

Feuerwehrmänner retten ja bekanntlich Katzen von Bäumen. Eigentlich eine ziemlich unnötige Aktion, denn selbst junge, noch verängstigte Katzen verlassen den Baum, den sie erklettert haben, spätestens wenn sie der Hunger plagt. Nun gut, so lange können wir natürlich nicht warten, außerdem haben wir eine gewisse Erwartungshaltung gegenüber den Katzenbesitzern zu erfüllen. Wir sagen ja auch keinem Hausbesitzer, dessen Heim in vollen Flammen steht: »Mein Gott, nun seien Sie doch nicht so ungeduldig! Und überhaupt, was regen Sie sich denn so auf. Warten Sie einfach noch ein paar Stunden, dann geht das Feuer ganz von alleine aus.«

Es gibt aber auch Menschen, vornehmlich Großstädter, die sind, zumindest was frei lebende Tiere angeht, nun sagen wir mal, etwas unbedarft. So wurden wir einmal zu einer älteren Dame geschickt, die die Feuerwehr angerufen hatte, weil sie glaubte, in ihrem Garten Tiere in Not gesehen zu haben. Der Leitstellendisponent, der diesen Notruf angenommen hatte, muss wohl noch etwas unerfahren gewesen sein, sonst hätte er uns sicher nicht alarmiert. So stand ich also etwas später mit meinem Kollegen vor diesem stattlichen Anwesen und betätigte die Klingel eines beeindruckenden Tores. Nachdem wir von einem Kameraauge für einlasswürdig befunden worden waren, schob sich das Tor geräuschlos zur Seite, und wir betraten einen parkähnlichen Garten. Die ältere Dame erwartete uns bereits vor der geöffneten Haustür. Ungeduldig rief sie: »Ich hatte eigentlich einen Veterinär bestellt und keine Feuerwehrmänner.«

Oh, Veterinär, dachte ich und war gespannt, was uns hier erwarten würde.

»Was soll's«, sagte sie und hob resignierend die Arme, »wenn Sie eh schon mal hier sind, dann kommen Sie eben mit. Aber beeilen Sie sich bitte, sonst passiert noch ein Unglück.«

Ein Unglück? Das möge Gott verhüten. Wie peinlich wäre denn das, besonders jetzt, wo wir vor Ort waren.

»Was ist denn überhaupt geschehen?«, fragte ich, da wir bis jetzt nichts Konkretes wussten, außer dass irgendwelche Tiere in Not sein sollten – und das konnte verdammt viel bedeuten.

»Jetzt kommen Sie erst einmal mit nach oben!«, forderte uns die resolute Dame auf und eilte, schneller als ich es ihr zugetraut hatte, auf die obere Etage. Wir wie zwei folgsame Jungs hinterher. Über einen flauschigen Teppich ging es zu einem weit geöffneten Fenster. Dort blieb sie stehen und streckte demonstrativ ihren Arm aus. »Da, sehen Sie nur«, sagte sie erschüttert.

»Ich seh nix«, sagte ich, wobei ich mir das Lachen kaum verkneifen konnte, denn ich sah natürlich genau, um was es hier ging. Auf dem begrünten Flachdach einer Doppelgarage stolzierte ein putzmunteres Entenpärchen umher.

»Ja du lieber Herr im Himmel, sehen Sie denn die beiden Enten nicht!? Wie leicht können diese armen Tiere da hinabstürzen.«

»Gute Frau«, sagte da mein Kollege, wobei ihm die Anrede »gute Frau« einen höchst missbilligenden Blick einbrachte. Davon unbeeindruckt, erklärte er: »Was meinen Sie, wie die dort hinaufgekommen sind … na?«

Es dauerte einen Moment, dann schien sich die ältere Dame irgendwie doch daran zu erinnern, dass Enten fliegen können. Etwas verlegen sah sie zuerst die Enten, dann mich und schließlich meinen Kollegen an.

»Tja, also das ist mir jetzt aber doch ein wenig peinlich.«

» Was? Dass Enten fliegen können? Machen Sie sich nichts draus.« Dann klatschte er in die Hände und rief laut: »Ksch Ksch Ksch!«, was das Entenpärchen vermutlich beleidigte und zum Abflug bewegte.

»So, gute Frau, das war's. Auftrag erledigt, und das obwohl wir keine Veterinäre sind. Und … äh ja, Sie werden sicher verstehen, wenn wir jetzt auch unseren Abflug machen.«

42. GRUND

Weil Feuerwehrmänner Reptilienfänger sind

Hunde, Katzen, Goldhamster, Kaninchen und meinetwegen auch noch Pferde, obwohl, so richtig große ... egal. Also ich behaupte einfach mal, das sind alles noch recht harmlose Tierchen. Na ja, natürlich nicht alle. Vielleicht gibt es ja neben einem zähnefletschenden Hund auch noch irgendwo einen blutrünstigen Goldhamster oder einen Frauen jagenden Rammler. 'Tschuldigung. Könnte doch sein, oder?

Was ich eigentlich damit zum Ausdruck bringen wollte, ist: Wie einfach die Welt für uns Feuerwehrmänner doch war, als sich die Menschen in unserem Lande neben den oben aufgeführten Tieren höchstens noch ein paar harmlose Fischlein hielten. Aber heute müssen es ja unbedingt giftige Spinnen und Skorpione, züngelnde Schlangen, Warane und anderes exotisches Getier sein.

Andererseits will ich nicht verhehlen, dass es schon ein besonderer Reiz ist, wenn man als Feuerwehrmann solch ein ausgebüxtes Tierchen wieder einfangen soll. Zumindest trifft das auf einige meiner Kollegen zu, die sich (nicht nur deshalb) zu Reptilienfachmännern ausbilden ließen. Mir war es zwar auch einmal vergönnt, eine Schlange, eine sogenannte Nordamerikanische Strumpfbandnatter, einzufangen, wobei ich aufgrund mangelnder Kenntnis nicht wusste, ob dieses Reptil nun giftig oder eher harmlos war. Aber, wie gesagt, für solche und ähnlich geartete Aufgaben haben wir ja jetzt unsere speziell geschulten Reptilienfänger.

Also, da war zum Beispiel diese große, dicke, fette haarige Spinne, die ...

Waaas!?

Ach so, Ihnen läuft es schon jetzt kalt den Rücken hinunter. Na gut, dann lasse ich das eben mit der Spinne. Ist mir gar nicht so unlieb, weil ich selber auch ... räusper räusper ... aber das lasse ich dann eben auch weg (will mir ja schließlich nicht mein mühsam aufgebautes Heldenimage verderben) und schreibe stattdessen über die Sache mit der Schlange.

Wieeeeee! Schlange auch? Tja ... also das tut mir wirklich leid, aber da müssen Sie jetzt durch. Sie können das Kapitel natürlich überspringen, allerdings würde Ihnen dann etwas entgehen, was Sie möglicherweise bereuen könnten.

»Nääää, 'ne Maus! Igitt!«

»Was denn«, sagte Tobias, ihr Nachbar. »das ist vollkommen harmlos. Du musst ihr auch nur ein Mal pro Woche 'ne Maus geben. Mehr nicht. Da ist alles. Jetzt guck schon hin! Ich will dir doch nur zeigen, wie das geht.«

Widerwillig sah Gerda zu, wie Tobias in das gläserne Terrarium griff, dessen Boden mit Sägemehl und Holzwolle bedeckt war. Darauf und dazwischen wuselten zahllose kleine weiße Mäuse hin und her.

Zack, hatte Tobias eine am Schwänzchen gepackt und hob das zappelnde Tierchen in die Höhe. »Siehst du, geht ganz einfach. Und daaaas, das bringst du jetzt da drüben zu dem Terrarium. Aber nicht das kleine, sondern das große, das, über dem die Wärmelampen hängen. Siehst du. Und jetzt schiebst du nur noch die Glasscheibe ein wenig zur Seite und ... Mäuschen rein ...«

Das Mäuschen landete mit einem Schwung in der Todeszelle.

So, Scheibe wieder zu und fertig.«

Gisela blickte entsetzt auf eine Schlange, die sich zeitlupenartig der Maus näherte. Ehe sie zuschlug, um ihre lebende Mahlzeit am Stück zu verschlingen, wandte sich Gisela schnell ab und spreizte abwehrend alle zehn Finger.

»Tut mir leid, Tobi. Tut mir wirklich echt leid. Ich bin gerne bereit, während du im Urlaub bist, nach der Post zu sehen und mich um deine Katze zu kümmern, aber deine Schlange füttern«, Gisela schüttelte sich, »ne, dafür musst du dir schon jemand anderen suchen.«

Eine Woche später. Die rosafarbenen Gummihandschuhe, die sie sich übergestreift hatte, reichten ihr fast bis zu den Ellenbogen. Den rechten Arm weit von sich gestreckt, zappelte, zwischen Daumen und Zeigefinger an seinem Schwänzchen hängend, eine kleine weiße Maus. Mit der freien Hand schob Gisela die Glasscheibe, so wie es ihr Nachbar ihr gezeigt hatte, gerade so weit zur Seite, dass die Maus, die sie vor die Öffnung hielt, hindurchschlüpfen konnte. Die Maus hatte jedoch keine Lust, in diesem modernen Circus Maximus ihr Leben auszuhauchen. Lieber riskierte sie den todesmutigen Sprung in die Tiefe. Gisela schrie erschreckt auf und sprang ebenfalls. Von der gesicherten, weil erhöhten Position ihres Sessel sah sie gerade noch, wie die Maus unter dem Wohnzimmerschrank verschwand.

Die Schlange, sie war vermutlich stinkig, weil sie um ihre einzige Wochenmahlzeit betrogen worden war, nutzte die Gelegenheit und schlängelte sich elegant durch die zur Seite geschobene Glasscheibe ihres Terrariums ins Freie. Als Gisela das bemerkte, sprang sie erneut mit einem Panther-ähnlichen Satz von ihrem sicher geglaubten Sessel und rannte kreischend aus der Wohnung.

Einige Minuten später, sie hatte sich wieder halbwegs von ihrem Schock erholt, tat Gisela das einzig Richtige – sie rief die Feuerwehr an.

Wiederum einige Minuten später klingelte Michael, ein erfahrener Reptilienfachmann der Berufsfeuerwehr Düsseldorf, an ihrer Tür. Sein souveränes Auftreten verbunden mit der Aussage, dass Schlangen und andere Exoten einfangen zu seinem Feuerwehralltag gehöre, verfehlte indes ihre Wirkung nicht. Gisela fasste Vertrauen und war sogar bereit, den Feuerwehrmann bis vor die Wohnungstür ihres Nachbarn zu begleiten. Wohlgemerkt, bis vor die Tür, nicht bis in die Wohnung, denn dort hätten sie keine zehn Pferde mehr hineingebracht!

Mit dem fachkundigen Wissen um ihr Verhalten hatte Michael die Schlange bereits nach wenigen Minuten aufgespürt. Sie hatte sich in die Dunkelheit unter der Couch zurückgezogen. Nachdem er sie mit einer speziell gebogenen Metallstange darunter hervorgezogen hatte, konnte er unschwer an der auffälligen Rundung ihres ansonsten schlanken Leibes erkennen, dass die Maus ihr nicht entkommen war.

»So, ihr zwei«, sagte Michael mehr zu sich selbst als zu der Schlange und der Maus, oder besser gesagt zu der Schlange mit der Maus, »ihr kommt jetzt wieder dahin, wo ihr hingehört.

Und so endete ihr kurzer Ausflug in demselben Terrarium, wo er auch begonnen hatte.

Für meinen Feuerwehrkollegen Michael war dies einer von seinen eher harmlosen Einsätzen als Reptilienfänger. Aber wer weiß, vielleicht schreibe ich in einem anderen Buch ja doch noch mal über seinen Einsatz mit der großen, dicken, fetten, haarigen Spinne.

43. GRUND

Weil Feuerwehrmänner Strahlenschutzfachleute sind

Spätestens seit den Reaktorkatastrophen von Tschernobyl und Fukushima sollte auch dem Letzten klar geworden sein, dass die Nutzung der Kernenergie zur Stromgewinnung im großen Stil erhebliche Risiken birgt, die der Mensch trotz all seines technischen Aufwands noch nicht in den Griff bekommen hat. Dennoch ist der Nutzen der radioaktiven Strahlung für friedliche Zwecke aus unserem Leben nicht mehr wegzudenken.

Denken Sie nur an die vielen Einsatzmöglichkeiten innerhalb der modernen Medizin wie die Bestrahlung von Krebszellen in der Tumorbehandlung, die Untersuchung wuchernder Schilddrüsen mit radioaktivem Jod oder an die Computertomografie, um nur einige zu nennen. Aber auch die Industrie mag auf den Nutzen strahlender Substanzen nicht mehr verzichten. So gibt es längst keine Pipeline mehr, deren Schweißnähte nicht mittels radioaktiver Messungen auf ihre Dichtigkeit hin überprüft wurden, keine Papierherstellung, deren gleichmäßige Dicke nicht durch Strahler überwacht und gemessen werden, und und und.

Eine Vielzahl radioaktiver und strahlender Stoffe und Substanzen werden ständig in unserem Land von A nach B transportiert. Apotheken, Arztpraxen, Röntgeninstitute, Krankenhäuser, Industriebetriebe, Laboratorien und viele andere benötigen sie. Solche Transporte unterliegen den besonderen Vorschriften der Gefahrgutverordnung. Diese Fahrzeuge müssen, außen gut sichtbar angebracht, das Gefahrensymbol für radioaktive Stoffe, ein gelbes Dreieck mit schwarzem Flügelrad, aufweisen.

Für Feuerwehrmänner ist diese Kennzeichnung von eminenter Bedeutung, da man radioaktive Strahlung weder sehen, riechen, fühlen noch schmecken kann – nur messen. Bei Unfällen mit solchen Fahrzeugen gelten daher besondere Vorsichtsmaßnahmen. Da freigewordene Strahlung im Quadrat zur Entfernung abnimmt, bieten weite Abstände sowie möglichst kurz gehaltene Aufenthalte im Bereich der verstrahlten Gebiete den besten Schutz vor den tückischen Gefahren einer Kontamination.

Wir Feuerwehrmänner können ja schon viel, aber einen verletzten Fahrer aus einem verunfallten Gefahrguttransporter aus gesicherter Distanz herauszuzaubern ist selbst uns nicht möglich, also müssen wir uns während seiner Rettung in dem gefährdeten Bereich aufhalten. Dabei zeigen uns besondere Strahlenmessgeräte die Intensität der unter Umständen freigesetzten Strahlung an. Entsprechende Tabellen geben genaue Richtwerte vor, wie lange wir uns der radioaktiven Strahlung aussetzen dürfen. So gibt es zum Beispiel unterschiedliche Obergrenzen für den Schutz von Sachwerten, für die Abwehr von Gefahren für Menschen und für die Verhinderung einer wesentlichen Schadenausweitung sowie die Rettung von Menschenleben.

Wie solch eine Rettung vonstatten geht können Sie bei Grund 54 nachlesen.

Übrigens – wenn ich seit Neuestem in die strahlenden Augen meines ersten Enkelkindes sehe, so geschieht das völlig gefahrlos, macht glücklich und kann zeitlich beliebig lange vollkommen unbedenklich fortgesetzt werden!

44. GRUND

Weil Feuerwehrmänner Psychologen sind

Der überwiegend weiße Raum strahlte Geborgenheit aus. Die darin frei stehende, körperbetonte, geschwungene Ledercouch war, abgesehen von ihrem sicher sündhaften Preis, an Bequemlichkeit kaum mehr zu überbieten.

»Möchten Sie jetzt schon darüber reden, was Sie veranlasst hatte, springen zu wollen?«, fragte der Psychologe, der mit übereinandergeschlagenen Beinen seitlich auf einem nicht minder bequemen Sessel saß. Von seiner wohltönend sanften Stimme ging eine beruhigende Wirkung aus. »Oder wäre es Ihnen lieber, wenn wir zunächst ...«

Möchten Sie jetzt schon darüber reden, oder wäre es Ihnen lieber, wenn wir zunächst ...!? Nicht schlecht, die Frage, aber dem Mann, der gerade in 18 Metern Höhe nur zwei Armlängen von mir entfernt saß, war nicht nach Psychogequatsche. Er lag auch nicht auf solch einer bequemen Couch, sondern saß in der feuchten Dachrinne dieses mehrgeschossigen Miethauses. Und in seinen Augen stand die nackte Angst – die Angst vor dem Sterben, die Angst vor dem Tod und die Angst vor dem Sprung in die Tiefe, obwohl er mit der festen Absicht aus dem Dachfenster geklettert war, hier und jetzt seinem Leben ein Ende zu bereiten. Das war vor nunmehr fast zwei Stunden gewesen. Und jetzt saß ich bereits verdammt lange neben ihm und fror mir auf gut Deutsch den Arsch ab, denn die Novembernacht war saukalt, und ich saß, wie bereits erwähnt, ebenfalls in dieser feuchten Dachrinne und nicht in solch einem bequemen Ledersessel. Ich war allerdings auch kein Psychologe, der seine Patienten in der Geborgenheit einer gut beheizten Praxis empfangen konnte, sondern »nur« ein Feuerwehrmann, der wieder einmal sein eigenes Leben riskierte.

Wie war ich überhaupt in diese gefährliche Situation geraten?

Mein Kollege Raimund und ich bildeten für diese Woche ein Team auf dem Rettungswagen unserer Feuerwache, als uns die Rettungsleitstelle gegen Mitternacht alarmierte. Die Einsatzsituation war unklar. Angeblich sollte es sich um einen möglichen häuslichen Notfall handeln. Der Notruf kam von einem Nachbarn, der gehört haben wollte, wie sich das junge Paar über ihm zunächst lautstark gestritten habe. Dann hätte er einen fürchterlichen Schrei und einen dumpfen Schlag vernommen, wie wenn jemand umgefallen wäre. Kurz darauf hätte jemand die Wohnungstüre laut zugeschlagen und sei die Treppe hinuntergerannt.

Nach dieser beunruhigenden Schilderung informierte der Leitstellendisponent vorsorglich die Polizei, die ihrerseits einen Streifenwagen zu der angegebenen Adresse schickte.

Normalerweise fahren wir als Rettungswagenbesatzung zu solchen Einsätzen nicht alleine, sondern in Begleitung unseres KEF, da möglicherweise eine Tür geöffnet werden muss. In diesem Fall erübrigte sich das jedoch, denn der Nachbar, der den Notruf getätigt hatte, hatte mitgeteilt, dass er einen Zweitschlüssel besäße.

Raimund und ich trafen als Erste ein. Der besorgte Nachbar erwartete uns bereits mit dem besagten Schlüssel im Treppenhaus. Er hätte bereits mehrmals vergeblich an der Tür geklingelt, sagte er uns. Auf sein lautes Klopfen hätte niemand reagiert. Selber in die Wohnung hineinzugehen, hatte er sich jedoch nicht getraut.

Raimund schloss die Wohnungstür auf, und ich rief in den erleuchteten Flur: »Hallo, hier ist die Feuerwehr! Ist jemand zu

Hause?« Daraufhin hörten wir ein Geräusch, und eine weinerliche Stimme rief: »Gehen Sie! Gehen Sie weg! Ich brauche niemanden!«

Wir waren natürlich nicht gegangen, sondern schauten in den Raum, aus dem die Stimme gekommen war.

»Nein! Bitte! Tun Sie das nicht!«

Aber der junge Mann war nicht mehr von seinem Vorhaben abzubringen. Hilflos musste ich mit ansehen, wie er aus dem Fenster seiner Dachgaube auf das steil zur Straße abfallende Dach hinauskletterte.

Raimund und ich schauten uns betroffen an. Und jetzt?

Nachdem wir die Schrecksekunde überwunden, hatten handelten wir. Während Raimund über Funk die Leitstelle in Kenntnis setzte, lief ich zum geöffneten Fenster. Der Mann stand, einige Meter entfernt, schräg gegen die Dachpfannen gelehnt in der Regenrinne. Nachdem ich vergeblich versucht hatte, ihn zum Zurückkehren zu bewegen, kletterte ich ebenfalls hinaus. Allerdings hütete ich mich davor, ihm so nahe zu kommen, dass er mich fassen und mit in die Tiefe reißen konnte.

Später, die Feuerwehr hatte inzwischen eine Drehleiter in Stellung gebracht und den Sprungretter aufgebaut, standen wir nicht mehr, sondern saßen in der Dachrinne.

Neben gemeinsamen Phasen des Schweigens gab es auch solche, in denen ich lange auf ihn einredete. Es wäre allerdings vermessen zu behaupten, dass ich mir während dieser Zeit auch nur ein einziges Mal sicher gewesen wäre, den Mann retten zu können. Das Ganze war ein schier endlos langes Auf und Ab der Gefühle. Was ihn dann letztlich doch dazu bewegt hatte, wieder mit mir in seine Wohnung zurückzukehren, vermag ich nicht zu sagen.

Sicher ist nur – ich hatte verdammt viel riskiert, und obwohl ich dem Mann vermutlich sein Leben gerettet hatte, wollte und konnte sich danach bei mir kein Hochgefühl wie nach anderen gelungenen Rettungsaktionen einstellen.

45. GRUND

Weil Feuerwehrmänner Köche sind

Wer hat den wichtigsten Job auf der Feuerwache? Nein, es ist nicht der Chef der Feuerwache, es ist der Koch! Der Koch?!, mögen sich jetzt vielleicht einige fragen, dabei liegt die Erklärung doch auf der Hand. Schon die Philosophen im alten Griechenland wussten: Essen hält Leib und Seele zusammen. Etwas weniger eleganter ausgedrückt, aber genauso treffend heißt es im Volksmund: Ohne Mampf kein Kampf. Das trifft auf Feuerwehrmänner genauso zu wie auf alle, die ebenfalls hohe körperliche Leistungen vollbringen müssen. Spontan fallen mir dazu Hochleistungssportler wie Gewichtheber ein. Also was die jeden Tag so verdrücken … dagegen sind Feuerwehrmänner (und die essen schon verdammt viel) die reinsten Waisenknaben.

Apropos viel: Ich schließe hier (selbstverständlich völlig unrepräsentativ) von mir und den meisten mir bekannten Kollegen auf alle Feuerwehrmänner. Wie gesagt, völlig unrepräsentativ!

So, jetzt aber zum Koch. Er ist in aller Regel kein gelernter Koch, zumindest nicht auf meiner Feuerwache. Aber er ist wie Rest der Mannschaft ein Feuerwehrmann. Das bedeutet, dass er bei Alarm genau wie wir seine Küche verlassen muss. Da Feuerwehrmänner grundsätzlich ein gutes Herz haben, erlauben wir dem Koch auch schon mal, auf der Wache zu bleiben, damit er die begonnene Mittagsmahlzeit fertigstellen kann. Solche Ausnahmen gelten natürlich nur bei kleineren Einsätzen und auch nur dann, wenn wir personell auf einen Mann verzichten können.

Kochen für über 20 hungrige Mäuler ist für einen Hobbykoch schon eine Herausforderung. Abgesehen davon, dass es allen schmecken soll, geht es nicht nur ums Kochen, sondern auch um die Logistik des Einkaufens und um die richtige Lagerung der Lebensmittel.

Es versteht sich wohl von selbst, dass diese gewaltige Aufgabe einer alleine nicht schaffen kann, deshalb stehen dem Koch Küchenhelfer zur Verfügung. Die Küchenhelfer (es sind natürlich auch Feuerwehrmänner) verrichten die »niederen« Arbeiten wie Kartoffeln schälen, Gemüse putzen und solche Dinge. Sie helfen aber auch bei der Zubereitung des morgendlichen Frühstücks, also Brötchen aufschneiden und belegen.

Es war irgendwann an einem Wochentag, da wurde uns eine Ernährungsberaterin angekündigt, die unsere Koch- und Essgewohnheiten verbessern sollte. An höherer Stelle war man nämlich der Meinung, wir Feuerwehrmänner würden zu fettig kochen, zu viel Fleisch und eh überhaupt zu große Portionen essen, was angeblich nicht gesund sein sollte.

Kurz bevor die Ernährungsberaterin erschien, hatten wir uns, gespannt wie die Flitzbogen, in unserem Tagesraum versammelt.

»Bestimmt ist das so 'ne alte verknöcherte Veganerin, die mir meine zwei leckeren fetten Bratwürste verleiden will.«

»Oder die uns die Cola streichen soll!«, rief ein anderer.

Lautes Gelächter.

»Genau, und ab der nächsten Schicht dürfen wir dann nur noch Reisplätzchen und Körnerfutter fressen!«

»Seid mal still, ich glaube, sie kommt!«

Ja, sie kam, aber es war keine alte verknöcherte Veganerin, sondern eine Junge, Hübsche mit frischen Ideen, die unsere Küche keineswegs total revolutionieren wollte, sondern tolle Essensvorschläge unterbreitete, die nicht nur unseren Koch, sondern uns alle überzeugten.

Nachdem sie wieder gegangen war, hielt unsere Euphorie bezüglich Auswahl, Art und Menge des Essens und der Getränke grob geschätzt höchstens 14 Tage an. Danach ebbte sie mehr und mehr ab, bis wir schließlich wieder zu unseren alten Essgewohnheiten zurückgekehrt waren. Das hieß: Ich aß morgens wieder meine zwei halben Brötchen mit frischem Mett und Zwiebeln und noch eins mit Käse und eins mit Schinken. Und mittags schlugen wir uns genussvoll den Wanst mit all den guten Sachen voll, die angeblich so ungesund sein sollten, aber hervorragend schmeckten.

Ich habe übrigens in all den 35 Jahren als Feuerwehrmann kaum ein Gramm Fett angesetzt! Aber jetzt, wo ich inzwischen nur noch das ruhige Leben eines Bücherschreibers führe (okay, ich treibe auch noch etwas Sport), ist da, wo sich angeblich ja die Mitte des Lebens befinden soll, ein Bauch entstanden.

Mann! Ich muss unbedingt weniger essen!

Feuerwehrmänner sind technisch perfekt ausgerüstet

46. GRUND

Weil Feuerwehrmänner Taschenlampen haben

Kennen Sie noch die geradezu legendären Daimon-Taschenlampen aus schwarz gelacktem dünnen Blech mit dem am oberen Ende klappbaren, geschlitzten, spitz zulaufenden Lederstück, womit man sie am Knopf seiner Jacke befestigen konnte? Die mit dem kleinen, funzeligen Birnchen und dem runden Schraubgewinde? Der Clou dieser Taschenlampe bestand in einem rot und grün eingefärbten Glas, das man vor den runden Reflektor schieben konnte. Gespeist wurde die Lampe von einer 1,5-Volt-Flachbatterie mit zwei dünnen, goldfarbenen Messinglaschen, von denen die längere um 180 Grad abgebogen wurde. Um die Batterie einzulegen, musste man lediglich den hinteren Deckel wie eine Tür aufklappen. Als ich 1975 meinen Dienst bei der Berufsfeuerwehr Düsseldorf begann, gehörten diese Taschenlampen bei allen Polizisten und Feuerwehrmännern zur Grundausstattung.

Im Laufe der Jahre wurden die Lampen immer besser und leistungsstärker. Heutzutage gehören wieder aufladbare, spritzwasser- und explosionsgeschützte Handscheinwerfer zum Standard.

47. GRUND

Weil Feuerwehrmänner einen Schutzpatron haben und weibliche Funkgeräte

Der heilige St. Florian gilt als der Schutzheilige aller Feuerwehren. Im alpenländischen Raum, wo die Lüftelmalerei besonders verbreitet ist, finden sich an vielen Häusern Sprüche wie: *Heiliger St. Florian beschütze dieses Haus und alle die da gehen ein und aus.* Oft ist dazu auch noch ein Bildnis des Florian gemalt, wie er, einen Wassereimer über einem brennenden Haus ausgießend, das Feuer löscht.

Diesem Schutzpatron zu Ehren beginnen die Funkrufnamen aller Feuerwehrfahrzeuge immer mit Florian, dem nachfolgend eine fahrzeugspezifische Nummer zugeordnet ist. In Anlehnung an den heiligen St. Florian haben Feuerwehrmänner ihren Handsprechfunkgeräten daher auch die Bezeichnung Florentine verpasst.

Wenn ein Feuerwehrmann also von seiner Florentine spricht, so ist damit weder seine Freundin, eine Geliebte, seine Schwester noch seine Tante gemeint, und ebenfalls nicht seine Ehefrau. Es sei denn, eines dieser femininen Wesen trüge solch einen liebreizenden Namen.

Übrigens, der Name Florentine wird im aktiven Funkverkehr nicht verwendet.

48. GRUND

Weil Feuerwehrmänner Feuerwehräxte und Kettensägen haben

Wer kennt nicht das martialisch anmutende Bild eines verschwitzten Feuerwehrmannes vor der brennenden Kulisse aus Flammen und Rauch. Abgekämpft und dennoch vor Manneskraft strotzend, das Gesicht mit dem markanten Kinn und den stahlhart blickenden blauen Augen rußgeschwärzt, trägt er über der breiten Schulter den in Buchten gelegten Feuerwehrschlauch, während seine linke behandschuhte Hand den langen Stiel der unverzichtbaren roten Feuerwehraxt fest umschlossen hält.

So sieht uns zumindest Hollywood. Und wie sieht die Realität aus?

Klar, dass einige Feuerwehrmänner ein markantes Kinn und blaue Augen haben, aber der stahlharte Blick ... hahaha, also das ist nun wirklich Quatsch. Und wenn wir abgekämpft aus einer Einsatzstelle kommen und uns die Atemschutzmaske vom verschwitzten Gesicht herunterreißen, dann ist von der strotzenden Manneskraft meist auch nicht mehr viel übrig. Aber das Bild mit der langstieligen Feuerwehraxt, das stimmt schon, denn auf dieses universell einsetzbare Handwerkszeug können und möchten Feuerwehrmänner nicht verzichten.

Es gibt aber auch Einsätze, da ist eine motorbetriebene Kettensäge der guten alten Feuerwehraxt haushoch überlegen. Also wenn ich mir vorstelle, wie in früheren Zeiten Feuerwehrmänner vom Sturm beschädigte Bäume noch mühsam mit Äxten und Handsägen fällen mussten ... da gewinnt das Bild vom eingangs genannten verschwitzten Feuerwehrmann doch wieder an Bedeutung. Wobei das mit dem stahlharten Blick natürlich immer noch Quatsch ist. Und ob von der strotzenden Manneskraft nach solch einer Fällaktion noch die Rede sein kann, möchte ich ebenfalls bezweifeln.

49. GRUND

Weil Feuerwehrmänner hydraulische Rettungsgeräte haben

Mit der fortschreitenden Technisierung unseres Lebens haben auch die Feuerwehren gewaltig aufgerüstet. Das trifft besonders auf die Entwicklung neuerer und oder leistungsstärkerer Werkzeuge wie hydraulische Spreizer, hydraulische Scheren sowie hydraulische Heber und Rettungszylinder zu. Als unverzichtbare Ausrüstungen sollten sie heute auf keinem gut ausgestatteten Löschgruppenfahrzeug mehr fehlen.

Feuerwehrmänner lieben diese Rettungsgeräte, da sie gigantische Kräfte entwickeln, die ihnen bei aufwendigen technischen Hilfeleistungen Arbeiten ermöglichen, an die früher nie zu denken war. Besonders bei Einsätzen nach Unfällen im Straßen- und Schienenverkehr sind hydraulische Werkzeuge wie Spreizer nicht mehr wegzudenken.

Ein Spreizer wird aber nicht nur (wie der Name sagt) zum Spreizen verwendet, sondern ebenso zum Zusammenpressen von Blechen und Verbundwerkstoffen, wie sie im modernen Fahrzeugbau Verwendung finden. Außerdem kann der geöffnete Spreizer im Schließvorgang zum Ziehen und Fortbewegen schwerster Gegenstände eingesetzt werden.

Gewöhnlich sind Feuerwehrfahrzeuge mit einer Kombination von Spreizer und hydraulischer Schere ausgestattet. Näheres zur diesem mobilen Schneidgerät lesen Sie unter Grund 90: Weil Feuerwehrmänner normale Autos in Cabriolets verwandeln.

Technische Daten zu einem bei Feuerwehren weit verbreiteten Spreizer:
- Spreizkraft: 62 bis 230 kN (Kilonewton) Damit lassen sich Stahlwände bis ca. 4 Millimetern Stärke aufschälen und Rettungsöffnungen von 80 x 80 Zentimetern schaffen.

- Maximaler Spreizweg (Öffnungsbereich): 800 Millimeter
- Quetschkraft (an der Spitze): bis 70,4 kN
- Zugkraft: bis 55 kN
- Zugweg: bis 655 Millimeter

50. GRUND

Weil Feuerwehrmänner pneumatische Hebekissen haben

Eine ähnlich rasante Entwicklung wie die hydraulischen Rettungsgeräte haben pneumatisch arbeitende Hebe- und Dichtkissen aufzuweisen.

Der Schock unter den Bauarbeitern saß tief. Keiner konnte sich erklären, wieso die fünf Meter hohe und über acht Meter breite Betonwand umkippen konnte. Aber sie war umgekippt und hatte zwei ihrer Kollegen unter sich begraben. Dass sie überhaupt noch lebten, verdankten sie nur einer 40 Zentimeter tief in das Fundament eingelassenen Rinne, in die sie sich geistesgegenwärtig hineingeworfen hatten. Dabei musste sich zumindest einer von ihnen verletzt haben. Wie schwer seine Verletzungen waren, konnte er den außen stehenden Kollegen nicht mitteilen, denn auf ihr Zurufen reagierte er nur mit schmerzhaftem Stöhnen. Von dem zweiten unter der tonnenschweren Betonwand liegenden Kollegen war dazu auch nichts zu erfahren. Zum einen, weil beide in der Rinne hintereinanderlagen, zum anderen, weil die Rinne so schmal war, dass sie sich darin kaum rühren konnten.

Nach ersten hektischen, jedoch vergeblichen Versuchen, die Kollegen selber zu befreien, rief endlich einer die 112 an.

Bereits sechs Minuten später trafen die Feuerwache 4 und der Notarzt der Feuerwache 3 an der Unfallstelle ein. Nach einer ersten Lageerkundung gab der Einsatzleiter der Wache 4 über Funk eine erste Rückmeldung an die Rettungsleitstelle, wobei er den Bauunfallzug der Umweltschutzwache zur Verstärkung nachforderte. Bis zu deren Eintreffen blieben die Feuerwehrmänner jedoch nicht untätig, denn niemand konnte mit Sicherheit sagen, wie lange die Atemluft für die beiden Eingeschlossenen unter der fast hermetisch abschließenden Betonplatte reichte.

Da sich der Unfall in einer mehrere Meter tiefen Baugrube ereignet hatte, in die die Feuerwehrfahrzeuge nicht hineinfahren konnten, mussten alle Geräte, die zur Rettung der eingeschlossenen Männer benötigt wurden, von Hand herangeschafft werden. Hierbei wurden die Feuerwehrmänner von den Bauarbeitern unterstützt.

Nach nur zwei Minuten lieferte der tragbare Stromerzeuger Strom für das Hydraulikaggregat, an dessen ausgerollten Hochdruckschläuchen ein leistungsstarker Spreizer angeschlossen war.

»Angriffstrupp! Habt ihr den Spreizer einsatzbereit!?«
»Alles klar, Chef! Wir sind so weit!« Der Angriffstruppführer hob den Daumen.
»Was ist mit den Hebekissen!?«
»Linke Seite fertig!«
»Rechte Seite ebenfalls fertig!«
»Gut, dann hoch mit dem Ding!«

Der Angriffstruppmann hatte die Spitze des noch geschlossenen Spreizers an einer Stelle des Fundamentes, an der sich eine leichte Vertiefung gebildet hatte, angesetzt und betätigte die Daumendrucksteuerung. Sofort öffnete sich ein Ventil für das angeschlossene Hydraulikaggregat, welches das Hydrauliköl in den Spreizer presste. Ein ächzendes Geräusch wie von einer alten schweren Eisentüre, die nach Jahren zum ersten Mal wieder geöffnet wurde, ertönte. Hoffentlich schafft unser Spreizer das, bangte der Einsatzleiter, da niemand zuvor eine genaue Berechnung angestellt hatte, wie viel die riesige Betonplatte wog. Hoffentlich war sie nicht zu schwer. Drei Zentimeter, nur drei Zentimeter fieberte er, denn diese wenigen Zentimeter würden ihnen schon genügen, um die pneumatischen Hebekissen unter die über einen halben Meter dicke mit Moniereisen bewehrte Platte zu schieben.

Es gelang! Der Spreizer leistete die Herkulesaufgabe mit Bravour.

»Los! Sofort die Hebekissen darunter!«

Hebekissen wie die, die wir bei der Feuerwehr benutzen, haben mit unseren Sofakissen nichts gemein. Einzig ihre Form in aufgeblasenem Zustand erinnert an ein Kissen, daher der Name. Aber sie sind weder mit kuscheligen Daunen noch mit weichen Kunstfasern gefüllt wie die in unseren heimischen Betten, sondern bestehen aus einem gummierten Material mit Spezialstahleinlagen, die härtesten Druckbelastungen standhalten müssen. Zwei dieser bereitliegenden Hebekissen wurden jetzt jeweils rechts und links vom Spreizer in den Spalt zwischen Fundament und Betonplatte geschoben. Jedes Hebekissen war über eine Hochdruckleitung mit einem Steuerorgan verbunden, welches seinerseits an einer Pressluftflasche angeschlossen war. Auf Kommando ließen die Feuerwehrmänner die Kissen gleichzeitig aufblasen. Wie von Geisterhand hob sich die tonnenschwere Betonplatte Zentimeter um Zentimeter in die Höhe.

Inzwischen war auch der Bauunfallzug der Umweltschutzwache eingetroffen. Gemeinsam sicherten die Feuerwehrmänner die nunmehr schräg liegende Betonplatte gegen Verrutschen und unterbauten den mithilfe der Hebekissen erzeugten Freiraum, sodass einer von ihnen bäuchlings bis zu den Eingeschlossenen vorrobben konnte. Um die Männer jedoch aus der Rinne befreien zu können musste die Betonplatte insgesamt um weitere 20 Zentimeter angehoben werden. Das gelang mit zusätzlichen hydraulischen Hebern des Bauunfallzuges. Danach konnten die Feuerwehrmänner beide Bauarbeiter aus ihrer misslichen Lage befreien. Der anwesende Notarzt diagnostizierte bei dem Verletzten eine schwere Schädelprellung und einen Bruch des linken Schulterblatts. Der andere Bauarbeiter hatte mehr Glück gehabt und lediglich einige leichte Prellungen und Hautabschürfungen abbekommen. Beide standen jedoch unter Schock und wurden mit Rettungswagen in die Uniklinik gefahren.

Technische Daten zu einem bei vielen Feuerwehren eingesetzten pneumatischen Hebekissen:
- Hubkraft: 82,7 Tonnen
- Hubhöhe maximal: 46,6 Zentimeter
- Größe: 86 x 86 Zentimeter
- Luftbedarf bei Betriebsdruck: 2,301 Liter
- Gewicht: ca. 19,1 Kilogramm

51. GRUND

Weil Feuerwehrmänner Sprungpolster haben

Zu den dramatischsten Feuerwehreinsätzen gehören solche, bei denen sich Menschen in Panik und aus Angst vor dem Flammentod aus Fenstern oder von Balkonen in die Tiefe stürzen. Unzählige Menschen haben Feuerwehrmänner, oft noch im allerletzten Moment, durch den Einsatz eines Sprungtuches retten können.

Mindestens 16 Feuerwehrmänner wurden zum Halten des 3,5 mal 3,5 Meter großen Sprungtuchs benötigt. Dabei war die Vornahme dieses, aus stabilem Segeltuch gefertigten Rettungsgerätes nicht nur für den Springenden, sondern auch für die Haltemannschaft gefährlich. So kam es bei den Springenden immer wieder zu Verletzungen, teils weil sie aus zu großen Höhen sprangen, teils weil sie selber sehr schwergewichtig waren oder schlichtweg nicht die richtige Sprungtechnik beherrschten. Aber welcher Feuerwehrmann konnte dies schon einem Menschen verübeln, der nur die Wahl zwischen im Brandrauch zu ersticken, im Feuer zu verbrennen oder zu springen hatte! Also stellten sie sich unter das Fenster oder unter den Balkon, hielten das aufgefaltete Sprungtuch mit angewinkelten Armen stramm und hofften inständig, dass alles gut ginge und nicht, wie schon geschehen, jemand das Sprungtuch verfehlte und ihnen auf den Kopf sprang. Erst die Entwicklung des Sprungpolsters brachte da Abhilfe. Die Vorteile lagen auf der Hand.

Das ebenfalls 3,5 mal 3,5 Meter große und 1,7 Meter hohe Sprungpolster wiegt circa 55 Kilogramm und richtet sich mittels einer angeschlossenen Pressluftflasche, wie sie auch für Atemschutzgeräte verendet werden, in nur 30 Sekunden selbsttätig auf. Zwei Feuerwehrmänner genügen, um es in Stellung zu bringen.

»Angriffstrupp! Sprungpolster vornehmen!«, befahl der Zugführer mit lauter Stimme und schob höchstpersönlich das entsprechende Rollo unseres Löschgruppenfahrzeugs in die Höhe, hinter dem sich das zusammengerollte Sprungpolster befand.

Achim und ich waren heute im Angriffstrupp, daher hatten wir auf der Anfahrt zu dieser Einsatzstelle schon die Atemschutzgeräte angelegt. Aufgrund des kurzen Weges waren wir aber noch nicht vollständig ausgerüstet. Als wir ausstiegen, hing uns deshalb die Atemschutzmaske noch an ihrem Gummiriemen vor der Brust. Unwichtig, denn noch mussten wir nicht löschen. Menschenrettung war vordringlicher!

Verzweifelte Hilferufe vom Feuer bedrohter Menschen drangen gellend in unsere Ohren und ließen Schlimmstes befürchten. Eilig liefen wir zu unserem Zugführer und rissen das eingerollte Sprungpolster aus dem Fach. Es ging buchstäblich wieder einmal um jede Sekunde.

»Nicht unter dem Fenster ausrollen!«, rief uns der Zugführer warnend hinterher, wie wir im Laufschritt, das 55 Kilogramm schwere Paket in unserer Mitte tragend, auf das brennende Haus zurannten. Das ist doch wohl klar, dachte ich, schließlich waren wir ja keine Anfänger mehr denen solch ein gravierender Fehler unterlaufen könnte. Das Sprungpolster musste nämlich immer weit genug von der Stelle wo es eingesetzt werden soll vorbereitet werden, weil es immer wieder Menschen gibt, die in ihrer Panik bereits springen könnten, bevor es aufgeblasen ist oder seine vollständige Höhe von 1,70

Metern erreicht hat. War alles schon vorgekommen. Wir stoppten daher mitten auf der Straße, ließen das Sprungpolster fallen. Während ich mit fliegenden Fingern die Klettverschlüsse löste, die das Sprungpolster bislang zusammengehalten hatten, kuppelte Achim eine mit 300 Bar Druck gefüllte sechs Liter fassende Pressluftflasche an und öffnete deren Ventil. Unter dem Druck der einströmenden Luft entrollte sich das Sprungpolster selbsttätig und richtete sich innerhalb von nur 30 Sekunden zur vollen Höhe auf. Sofort zogen wir es an den dafür vorgesehenen Schlaufen unter ein uns zugewiesenes Fenster. Einige Meter neben uns brachten die Kollegen der mit eingetroffenen Feuerwache 7 ihr Sprungpolster ebenfalls gerade in Stellung. Laut Herstellerangabe dürfen Sprungpolster nur bis zu Sprüngen aus der maximal vierten Etage eingesetzt werden. Ich habe es aber auch schon erlebt, dass Menschen aus darüber liegenden Etagen gesprungen waren. Hier war dies Gott sei Dank nicht der Fall, da das Mehrfamilienwohnhaus, in dem es brannte, nur drei Etagen besaß. Aus der dritten Etage in ein nur 3,5 mal 3,5 Meter groß aufgeblasenes Polster springen – dazu gehörte schon eine gehörige Portion Mut. Ich blickte in die Höhe. Eingehüllt in dunklen Brandrauch, erkannte ich das angstverzerrte Gesicht einer Frau.

»Springen Sie!«, rief ich ihr zu. Sekunden später flackerten Flammen hinter ihr auf, dann stürzte sie sich aus dem Fenster. Neben uns sprang ein höchstens zwölfjähriges Mädchen, ihr folgte ein junger Mann, der nur mit einem Schlafanzug bekleidet war.

»Sind noch weitere Personen da oben?«, hörte ich meine Kollegen fragen, als sie ihm aus dem eingesunkenen Sprungpolster halfen. Was der Mann zu ihnen sagte, bekam ich nicht mehr mit, da wir unser Sprungpolster zu einem anderen Fenster ziehen mussten, aus dem ebenfalls jemand in höchster Not um Hilfe schrie und zu springen drohte. Wir hatten das Sprungpolster nicht schnell genug in die richtige Position ziehen können, da sprang der Mann auch schon. Den Zuschauern auf der gegenüberliegenden Straßenseite stockte der Atem.

Scheiße! Der Mann traf nicht die Mitte, sondern schlug seitlich auf den dicken, mit Luft gefüllten Gummiwulst, der unter seinem Gewicht einknickte. Dann krachte er auf die Gehwegplatte. Zwei Sekunden, schoss es mir durch den Kopf. Wir waren nur zwei Sekunden zu spät gewesen. Hoffentlich hatte das Sprungpolster das Schlimmste noch verhindern können.

Der Mann blutete am Kopf, war aber bei Bewusstsein. Zwei Rettungsassistenten kamen mit einer Vakuummatratze und einer Schaufeltrage angelaufen. Nach einer kurzen Untersuchung legten wir ihn gemeinsam auf die Vakuummatratze. Später erfuhren wir, dass er sich durch den Sturz lediglich eine Beckenprellung zugezogen hatte. Ich war erleichtert, dass sein missglückter Sprung noch einmal so glimpflich abgelaufen war, denn unterschwellig machte ich mir selber Vorwürfe und fragte mich, ob wir nicht doch zwei Sekunden schneller hätten sein können.

52. GRUND

Weil Feuerwehrmänner Atemschutzgeräte haben

Wem ist nicht auch schon solch ein Missgeschick passiert? Da klingelt im Wohnzimmer das Telefon, und man quatscht und quatscht und vergisst dabei völlig den Topf mit den Kartoffeln auf der Herdplatte, bis ... ja bis einem ein seltsam stinkender Geruch in die Nase sticht. Während man seinem Gesprächspartner noch mitteilt, dass es hier auf einmal so verdächtig riecht, kommt einem plötzlich die grausame Erkenntnis: Oh Scheiße, die Kartoffeln!

Mit hektischer Stimme hört man sich sagen: »Doris, ich muss aufhören. Ich ruf dich später noch mal an.« In Gedanken ist man natürlich längst schon in der Küche, deren Tür man sich nun mit unheilschwangeren Gedanken nähert.

Irgendwas in deinem Innern rät dir, die Tür besser nicht zu öffnen, und du zögerst. Aber dann sagst du dir: Stell dich nicht so an, du Angsthase, was da so stinkt ist schließlich kein Feuer, sondern das sind nur deine angebrannten Kartoffeln. Und dann öffnest du und zuckst erschreckt zusammen, denn in der ganzen Küche wabert dichter dunkler Brandrauch.

Entsetzt prallst du einige Meter zurück. Dabei vergisst du, die Küchentür zu schließen – ein verhängnisvoller Fehler! So etwas geschieht sehr oft, und nicht jeder traut sich danach in seine Küche, um das Fenster zu öffnen und den Topf mit den schwarz verkohlten Kartoffeln vom Herd zu nehmen. In solchen Fällen werden meist die Feuerwehren oder die Nachbarn um Hilfe gerufen.

Wenn wir kommen, sagt uns der typische Geruch zwar, dass es sich wahrscheinlich wirklich nur um angebranntes Essen handelt, aber man kann ja nie wissen. Es wäre nicht das erste Mal, dass sich aus einem angebrannten Essen ein handfester Küchenbrand entwickelt hätte. Also gehen wir zur Sicherheit mit umluftunabhängigen Atemschutzgeräten vor. Dabei benutzen wir den gleichen Pressluftatmer, den wir auch bei den meisten anderen Brandeinsätzen tragen.

Nur um Missverständnissen vorzubeugen. Dies hier ist weder ein Aufruf an die unzähligen Köchinnen und Köche in unserem Land noch an alle Hobby-Bratkartoffel-Bruzzler oder Gelegenheits-ich-mach-mir-mal'n Spiegelei-Brater, wenn mal was anbrennt, die Feuerwehr zu rufen.

Wenn der Qualm in Ihrer Küche aber schon so dicht ist, dass Sie ihn nur noch mit dem großen Fleischermesser zerteilen können, oder wenn Ihnen bereits die Flammen entgegenlodern, dann legen Sie bitte keinen falschen Heldenmut an den Tag (es könnte nämlich Ihr letzter sein), sondern schließen die Tür und rufen sofort die 112 an!

Im schlimmsten Fall, also dem, wo tatsächlich nicht nur Ihr Essen angebrannt ist, sondern die Küche brennt, enthält der Brandrauch jede Menge hochgiftiger Gase. Das ist nicht anders als bei anderen Bränden auch. Denken Sie nur mal darüber nach, wie viele Materialien in Ihrer Küche aus Kunststoff bestehen oder Kunststoffe enthalten. Und viele setzen im Brandfall hochtoxische (giftige) Gase frei. Da genügen oft wenige Atemzüge, und man hat sein nettes kleines Leben ausgehaucht. Aber selbst wenn es nicht dazu kommen sollte, bestehen durch das Einatmen von Brandrauch andere erhebliche gesundheitliche Risiken. Außerdem kann Brandrauch verdammt heiß werden, sehr heiß sogar. So können bei einem ausgedehnten Zimmerbrand Temperaturen von weit über 600 Grad Celsius entstehen. Bei Bränden im Keller werden sogar noch weit höhere Temperaturen erreicht. Wenn man die einatmet, bekommt man ein (möglicherweise lebensgefährliches) Inhalationstrauma, und das ist mal 'ne ganz andere Hausnummer, als sich mittags an der heißen Suppe die Zunge zu verbrühen.

Deshalb nochmals ganz eindringlich: Bei Feuer keinen falschen Heldenmut!

Rufen Sie lieber sofort Ihre Feuerwehr, denn Feuerwehrmänner wissen nicht nur, wie man Brände löscht, sie tragen auch Atemschutzgeräte.

53. GRUND

Weil Feuerwehrmänner Wärmebildkameras haben

Die hohen Temperaturen und die Belastung des Brandrauchs mit giftigen Gasen sind zwei Gründe, warum Feuerwehrmänner bei ihren Brandeinsätzen Atemschutzgeräte tragen müssen. Es gibt aber auch noch einen weiteren gewichtigen Grund: Brandrauch enthält meist große Mengen von Schwebstoffen wie Rußpartikel und andere, die, abgesehen davon, dass sie gesundheitsschädlich sind, unsere Atmung erheblich einschränken können oder je nach

Konzentration diese sogar völlig unmöglich machen. Schon leichte Rauch- und Qualmbelastungen führen innerhalb kürzester Zeit zu Hustenreiz und tränenden Augen, mit der Folge, dass wir diese Atmosphäre so schnell wie möglich verlassen.

Feuerwehrmänner haben darüber hinaus mit noch einem ganz anderen Problem zu kämpfen. Brandrauch schränkt erheblich die Sicht ein. Das gilt besonders für Brände innerhalb geschlossener Räume, trifft also auf sämtliche Zimmer-, Wohnungs-, Haus- und Kellerbrände genauso zu wie auf Brände von gewerblichen Objekten, Lagerhallen und Fabrikanlagen. Ich könnte diese Aufzählung noch auf U-Bahnhöfe, Züge, Flugzeuge und vieles mehr erweitern, aber ich denke, es reicht zu schreiben, dass Menschen retten und Feuer löschen unter Sichtbedingungen, die oft gegen null gehen, für jeden Feuerwehrmann extrem schwer und höchst belastend sind.

So schnell wie möglich wieder für gute Sicht zu sorgen, ist also ein Schwerpunkt in der modernen Löschtechnik. Nur gelingt dies nicht immer, und wenn, dann meist erst nach einer längeren Zeit. Der Zeit, in der die vorgehenden Trupps sich oft nur mühsam vorantasten können. Gerade wenn es um das Auffinden vermisster Personen in vom Feuer und Brandrauch betroffenen Objekten geht, können dabei Wärmebildkameras eine große Hilfe sein.

Während von vorne mehrere Feuerwehrmänner den Löschangriff mit zwei leistungsstarken B-Rohren durch den Haupteingang der riesigen Lagerhalle vornahmen, standen wir an deren Rückwand vor einer verschlossenen Tür. Wir, das waren meine Kollegen Helmut, Roberto und ich. Unsere Aufgabe lautete, diese Tür aufzubrechen und den hinteren Bereich der Lagerhalle nach einem vermissten Arbeiter abzusuchen, der dort vermutet wurde.

Sollte er sich tatsächlich noch dort befinden, durften wir uns mit der Tür nicht lange aufhalten, denn seine Chancen, im Brandrauch zu überleben, sanken mit jeder Minute.

Wir öffneten die Flaschenventile unserer Atemschutzgeräte und drehten uns gegenseitig die Anschlussgewinde unserer Lungenautomaten in die das ganze Gesicht bedeckenden Atemschutzmasken. Ich kontrollierte die Druckmanometer.

»Alles klar?«

»Alles klar!«

»Dann los!«

Roberto machte kein langes Federlesen und rammte das Halligan-Tool in den Spalt zwischen Türblatt und Zarge. Dem Spezialstahl unseres multifunktionalen Aufbruchwerkzeugs hatte das Türschloss nichts entgegenzusetzen. Tief geduckt, seitlich neben der Tür hockend, zog Helmut die Tür auf. Roberto kniete einige Meter davor. Er hatte das Halligan abgelegt und zielte mit einem unter Druck stehen Hohlstrahlrohr auf die sich öffnende Tür. Wir hatten zwar keinen Flash-Over befürchtet, da das Türblatt bei unserer vorherigen Kontrolle keine erhöhte Temperatur aufgewiesen hatte, aber man konnte nie vorsichtig genug sein. Sicher ist sicher.

Nachdem uns keine Flammen entgegengeschossen waren, entspannte sich Roberto wieder. Ich schaltete die Wärmebildkamera ein, und wir rückten im Gänsemarsch in die stockfinstere Halle vor. Von dem Feuer im vorderen Bereich war hier hinten nichts zu sehen, dafür gab es jede Menge Brandrauch, der bis zum Boden reichte und uns komplett die Sicht raubte. Ohne die Wärmebildkamera hätten wir uns nur auf allen vieren weiter fortbewegen können. Das ist zwar überaus anstrengend, aber weit weniger gefährlich als bei null Sicht Gefahr zu laufen, über alles Mögliche zu stolpern und der Länge nach hinzuschlagen.

Die Wärmebildkamera ermöglichte uns ein aufrechtes Gehen. Das verdankten wir allerdings nur dem Umstand, dass der Brandrauch noch nicht die ganz hohen Temperaturen aufwies, die uns Feuerwehrmänner oft, Wärmebildkamera hin, Wärmebildkamera her, tief an den Boden zwingen. Der Wasserschlauch und die mitgeführte Schleifkorbtrage behinderten unser zügiges Vorankommen, dennoch durften wir weder auf die Trage noch auf den Schlauch verzichten. Zu leicht konnte uns das vorne wütende Feuer auch hier erreichen. Dem wären wir dann ohne Wasser am Rohr schutzlos ausgeliefert. Außerdem diente uns der Schlauch als Rückzugshilfe. An ihm würden wir später, nach der hoffentlich erfolgreichen Suche, wieder den Weg ins Freie finden.

Die Wärmebildkamera langsam von rechts nach links schwenkend, ging ich, den Blick starr auf den kleinen, grünlich fluoreszierenden Monitor gerichtet, voran. Nach ungefähr 20 Metern leuchtete vor mir etwas auf. Es war der Motor eines Gabelstaplers. Als wir um ihn herum gingen, erkannte ich anhand der sichtbar gemachten Körperwärme im Monitor die Umrisse eines am Boden liegenden Menschen. Es war der vermisste Arbeiter. Sofort kniete ich neben ihm, streifte meine Handschuhe ab und überprüfte seine Vitalfunktionen. Er atmete noch. Während ich über Funk die Rückmeldung gab: »Vermisste Person gefunden, wir kommen raus. Notarzt soll sich bereithalten«, hatten Roberto und Helmut den Mann bereits in die Schleifkorbtrage gehoben und ihm eine Fluchthaube über den Kopf gezogen. Jetzt musste alles ganz schnell gehen, denn für den Arbeiter ging es um jede Sekunde. Wir hatten also keine Zeit zu verlieren. Die Schleifkorbtrage hinter uns herziehend, ging es am prall gefüllten Wasserschlauch zurück. Nur zwei Minuten später waren wir draußen. Sofort kümmerte sich der bereitstehende Notarzt um den bewusstlosen Mann.

Wie wir später erfahren hatten, hatte der Mann eine lebensgefährliche Rauchgasintoxikation erhalten, konnte von den Medizinern im Krankenhaus aber gerettet werden.

Ohne die Hilfe der Wärmebildkamera wäre uns diese schnelle Rettung allerdings nicht möglich gewesen.

54. GRUND

Weil Feuerwehrmänner Strahlenmessgeräte haben

»Einsatz für 7-46-1 und den Rettungswagen 4-83-2 von Feuerwache 4. Verunfallter Lieferwagen Auffahrt Holthausen zur A 46, stadtauswärts!«

Ich warf einen kurzen Blick auf die Wanduhr in meinem Zimmer. 02:53 Uhr, dann rannte ich in die Fahrzeughalle. Die Auffahrt Holthausen befindet sich in unmittelbarer Nähe unserer Feuerwache. Wir würden also als Erste dort eintreffen.

Der Lieferwagen lag auf seiner linken Seite. Vermutlich war er mit überhöhter Geschwindigkeit in die Auffahrt gefahren und deshalb umgestürzt. Durch den Unfall war die hintere Tür zum Laderaum aufgesprungen, wobei mehrere Frachtstücke herausgefallen waren. Sie lagen teils aufgerissen über die gesamte Fahrbahnbreite der Auffahrt verstreut. Im Scheinwerferlicht unseres Löschgruppenfahrzeugs erkannte ich auf einem dieser Pakete einen dreieckigen gelben Aufkleber mit dem schwarzen Flügelrad. Dieses Gefahrensymbol kennt jeder Feuerwehrmann. Bei diesem Anblick schrillten bei mir alle Alarmglocken.

»Sofort anhalten!«, befahl ich meinem Maschinisten und riss den Funkhörer aus der Halterung.

»Florian Düsseldorf für 7-46-1 kommen!«

Die Rettungsleitstelle meldete sich umgehend.

»Unfallstelle an. Umgekippter Gefahrguttransporter mit radioaktiver Ladung. Dreieinhalb-Tonner Lieferwagen. Keine weiteren Fahrzeuge involviert. Kommen.«

»Können Sie die Gefahrnummer erkennen? Kommen.«

»Negativ. Die Warntafel befindet sich unter der aufgeschlagenen Hecktüre. Ich erkenne lediglich Aufkleber für radioaktive Versandstücke auf der herausgefallenen Ladung. Ich schicke einen Trupp unter PA (Pressluftatmer) zur Erkundung vor. Kommen.«

»Verstanden, 7-46-1. Halten Sie Sicherheitsabstand und leiten Sie Absperrmaßnahmen ein. Wir schicken Ihnen Verstärkung. Florian Düsseldorf Ende.«

Was Verstärkung bedeutete, wussten wir alle. Bei einem verunfallten Gefahrguttransporter mit radioaktiven Stoffen würde gleich eine ganze Armada von Sonderfahrzeugen hier anrollen. Bis dahin galt es für uns aber nicht, die Hände in den Schoß zu legen. Im Gegenteil, es gab jede Menge zu tun. Ich drehte mich daher nach hinten zu meiner Mannschaft um und sagte: »Okay, Leute, ihr wisst alle, was das bedeutet. Angriffstrupp, ihr beide rüstet euch als Erstes gemäß den Sicherheitsvorschriften für Strahlenschutzeinsätze aus. Mike, du auch. Danach geht ihr zu dritt vor und erkundet, wie es um den Fahrer steht. Notfalls macht ihr eine Crashrettung. Alle anderen bekommen zunächst nur die Strahlenmessplakette. Ihr macht die Auffahrt dicht, damit uns hier niemand mehr in die Unfallstelle fährt. Danach brauche ich euch hier für weitere Absperrmaßnahmen. So weit alles klar?«

Die Männer nickten. Jeder wusste, das hier war eine ganz besondere Unfallsituation. Eine die wir zwar schon x-mal theoretisch durchgespielt und geübt hatten, aber so in der Realität noch nicht erlebt hatten.

Eine erste Messung mit dem Dosisleistungswarngerät ergab, dass wir mit unserem Löschgruppenfahrzeug noch außerhalb des Gefahrenbereichs standen. Ich atmete erleichtert auf, denn wenn wir in eine verstrahlte Zone geraten wären, hätte das nicht nur unseren Handlungsspielraum eingeschränkt, sondern möglicherweise auch uns und unser Fahrzeug kontaminiert. Dass der Rettungswagen von der weiter entfernten Nachbarwache kam, war in diesem Falle ein glücklicher Umstand. Denn so waren wir die ersten vor Ort und konnten die Kollegen warnen, nicht bis an den verunfallten Lieferwagen heranzufahren. Wären sie jedoch vor uns hier eingetroffen und hätten den gelben Warnaufkleber möglicherweise übersehen, wäre ihr kompletter RTW nicht mehr einsatzfähig gewesen, da niemand den Strahlungsbereich wegen der Gefahr einer Kontaminationsverschleppung verlassen durfte.

Jochen, unser Maschinist, händigte jedem von uns eine Strahlenmessplakette, auch Filmdosimeter genannt, aus. Wir quittierten den Erhalt mit unserer Unterschrift. So verlangt es das Gesetz. Das amtliche Filmdosimeter dient lediglich zur späteren Auswertung einer aufgenommenen Strahlendosis. Es kann also weder warnen, noch sonst wie aufzeigen, wie hoch und wie gefährlich eine Strahlung ist, der man sich möglicherweise gerade aussetzt. Dafür haben wir Strahlenmessgeräte.

Der Angriffstrupp hatte sich inzwischen komplett ausgerüstet. Wegen der Gefahr einer möglichen Inkorporation von radioaktiven Teilchen, die durch Alpha- und Betastrahlung erzeugt werden, trugen alle drei Atemschutzgeräte. Gegen eine mögliche Gammastrahlung konnten sie aber weder ihre Feuerschutzbekleidung noch ihr Pressluftatmer schützen. Gammastrahlung ist, ähnlich Röntgenstrahlen, elektromagnetische Wellenstrahlung, die fast alles durchdringt. Den einzigen Schutz bieten große Abstände zur Strahlenquelle und gute Abschirmung. Zum Beispiel hinter dicken Betonwänden oder Bleiplatten, und so kurz wie nur irgend möglich gehaltene Einsatzzeiten.

Nun, Bleiplatten, hinter denen wir in Deckung gehen konnten, hatten wir nicht, und sich hinter dicken Betonwänden verstecken, selbst wenn es hier welche gäbe, kam für den Angriffstrupp auch nicht infrage, denn seine erste Aufgabe war es, den mit großer Wahrscheinlichkeit verletzten Fahrer zu retten.

Beamen wie Scotti von der Enterprise ist uns leider noch nicht möglich, also mussten meine Männer ganz nah ran an die unsichtbare Gefahr. Auf ihrem Weg dorthin legten sie mit einem Dosisleistungswarngerät die Grenze fest, bis wohin sich alle anderen Rettungskräfte noch gefahrlos nähern konnten. Jeder, der diese Grenze überschritt, durfte den Bereich danach nur noch zu einem noch aufzubauenden Dekontaminationsplatz verlassen. Das galt auch für die drei.

Im Klartext bedeutete das vorerst: Wer einmal drin ist, darf erst wieder hinaus, nachdem der Dekonplatz aufgebaut ist.

Ich hatte den Angriffstrupp nur so weit begleitet, bis das Dosisleistungswarngerät ansprach. Dort hatte ich das Gerät übernommen und die imaginäre Grenze mit einer ausgelegten Feuerwehrleine provisorisch gekennzeichnet. Mein Angriffstrupp hatte derweil den Unfallwagen erreicht.

Laut Gesetz darf ein Feuerwehrmann zum Schutz von Sachwerten 15 mSv (Millisievert) je Einsatz aufnehmen. Bei Einsätzen von Gefahren für Menschen und zur Verhinderung einer größeren Schadensausweitung sind es 100 mSv pro Einsatz und Jahr. Und bei Einsätzen zur Rettung von Menschenleben sind es 250 mSv je Einsatz und Leben. Das heißt, wer einmal in seinem Leben 250 mSv aufgenommen hat, darf danach für weitere Strahlenschutzeinsätze nicht mehr verwendet werden. Um zu wissen, wann sie diese drei Intensitätsgrößen erreicht hatten, führte der Angriffstrupp ein weiteres Strahlenmessgerät, den Dosiswarner, mit.

Wieder zurück am LF, drückte mir mein Maschinist die Tabelle in die Hand, an der ich ablesen konnte, wie lange sich mein Trupp bei den laufend gemessenen Werten im Strahlungsbereich aufhalten durfte. Dazu standen wir über unsere Florentinen in ständigem Kontakt. Die Strahlenwerte, die er mir durchgab, waren besorgniserregend, ein klares Indiz dafür, dass zumindest mehrere Verpackungen der radioaktiven Versandstücke den Unfall nicht überstanden hatten.

»Was ist mit dem Fahrer?«, fragte ich.

»Kann ich noch nicht genau sagen. Er scheint bewusstlos. Hat eine blutende Kopfverletzung an seiner linken Schläfe. Mike klettert gerade über die Beifahrertür zu ihm ins Fahrerhaus. Wie viel Zeit bleibt uns?«

»Habt ihr immer noch die gleich hohen Strahlenwerte?«

»Nein, hier vorne sind sie etwas schwächer als hinten bei der herausgefallenen Ladung.«

»Wie hoch?«

Der Angriffstruppführer gab mir den Wert durch, den ich mit meiner Tabelle verglich.

»Okay, ihr habt genau sechs Minuten und 30 Sekunden.«

»Sechseinhalb Minuten. Super! Und ich dachte schon, wir müssten uns beeilen.«

»He, das ist aber kein Grund, leichtsinnig zu werden, verstanden!?«

»Keine Sorge, wir passen schon auf.«

»Also beeilt euch, und seht zu, dass ihr auch die Frachtpapiere findet.«

»Geht klar, Chef.«

55. GRUND

Weil Feuerwehrmänner Spezialfahrzeuge haben

Spezialfahrzeuge nennen Feuerwehrmänner auch Sonderfahrzeuge. Einige dieser Sonderfahrzeuge trafen gerade an unserer Unfallstelle ein. Unter ihnen befand sich der Kranwagen der Umweltschutzwache, der zum Aufrichten des auf der Seite liegenden Lieferwagens benötigt wurde. Aber bis er zum Einsatz kam, sollten noch einige Stunden vergehen.

Um 02:53 Uhr waren wir zeitgleich mit dem RTW der Feuerwache 7 alarmiert worden.

Bereits um 02:54 Uhr verließ ich zusammen mit fünf Feuerwehrmännern in unserem Löschgruppenfahrzeug, einem HLF 20/16, die Feuerwache.

Um 02:59 Uhr trafen wir als Erste an der Unfallstelle ein. Das war exakt die Zeit, in der ich der Rettungsleitstelle über Funk mitgeteilt hatte, dass es sich bei dem verunfallten Lieferwagen um einen Gefahrguttransporter handelte.

Gemäß Alarm- und Ausrückeordnung für solche Schadensereignisse löste ich damit eine Kette von weiteren Alarmierungen aus.

Der Leitstellendisponent, der meine Rückmeldung entgegengenommen hatte, informierte umgehend seinen Lagedienstleiter der wiederum den A-Dienst von Feuerwache 1 (das ist ein Feuerwehrbeamter des höheren Dienstes) in Kenntnis setzte. Parallel dazu wurden gleich mehrere Feuerwachen, die Autobahnmeisterei und die Autobahnpolizei alarmiert.

An Feuerwache U, der Umweltschutzwache an der Posener Straße, verließen um 03:01 Uhr mehrere Sonderfahrzeuge mit zuckenden Blaulichtern und eingeschaltetem Martinshorn den Hof. Unter ihnen befanden sich der Kranwagen, die Wechsellader mit den Abrollbehältern Strahlenschutz und Atemschutz sowie der ABC-Erkundungswagen.

Ein Unfall mit radioaktiver Strahlung zwingt immer zum weiträumigen Absperren in alle Richtungen. In unserem Fall bedeutete dies, dass nicht nur die unmittelbar betroffene Autobahnauffahrt für den nachfolgenden Verkehr gesperrt werden musste, sondern auch die komplette A46 in beiden Richtungen. Dabei hätte es noch schlimmer kommen können, denn wenn wir es nicht nur mit einer kleinen Auffahrt, sondern mit einem Autobahnkreuz zu tun gehabt hätten, hätten wir auch alle Brücken, alle Unter- und Überführungen sperren müssen.

Das bedeutete jedoch nicht, dass wir hier sorgloser vorgehen durften. Zum einen war die gemessene Strahlung ziemlich hoch, und zum anderen konnte ich ohne Einsicht in die Frachtpapiere nicht sagen, von welchen Materialien die radioaktive Strahlung ausging. Im günstigsten Fall, so hoffte ich, handelte es sich dabei um feste Stoffe. Aber zwischen den aufgerissenen Kartonagen hatte ich auch einige blaue Kunststofffässer mit den gelb-schwarzen Warnaufklebern entdeckt, die Schlimmstes befürchten ließen.

Fässer enthalten gewöhnlich flüssige oder staubförmige Substanzen. Sollte auch nur eins dieser Fässer leckgeschlagen sein und sein

Inhalt vom Wind verweht werden, könnte dies zu einer schlimmen Kontaminationsausweitung führen. Eine Vorstellung, die mir überhaupt nicht behagte.

Um 03:05 Uhr trafen zwei weitere Feuerwachen gefolgt von den Sonderfahrzeugen bei uns ein. Zu diesem Zeitpunkt hatte mein Angriffstrupp aufgrund der Zeitnot kurzerhand die Frontscheibe des Lkw eingeschlagen und sich so eine Zugangsöffnung geschaffen, über die sie den bewusstlosen Fahrer befreit hatten.

Den gesamten weiteren Einsatzablauf zu schildern würde den Rahmen dieses Buches sprengen, deshalb nur so viel: Der verunfallte Fahrer hatte einen Schädelbasisbruch erlitten. Er wurde mit einem RTW in die Uniklinik gefahren. Die beschädigten Versandstücke wurden von der Feuerwehr in eigens dafür vorgesehene Behältnisse gepackt. Eine Kontaminationsausbreitung konnte verhindert werden. Um 04:48 Uhr konnte die Polizei die Vollsperrung der A46 wieder aufheben. Der auf die Seite gekippte Lieferwagen wurde mithilfe des Feuerwehrkrans wieder aufgerichtet und konnte, nachdem Messungen zuvor ergeben hatten, dass von ihm keine radioaktive Strahlung ausging, von einem privaten Abschleppunternehmen abtransportiert werden. Um 05:10 Uhr konnten die ersten Sonderfahrzeuge bereits wieder abrücken. Um 05:30 Uhr fuhren auch wir wieder zurück auf die Feuerwache. Um 06:10 Uhr hatten wir unser Fahrzeug wieder einsatzbereit und standen frisch geduscht in der Küche, wo wir uns den ersten Kaffee des neu angebrochenen Tages gönnten.

56. GRUND

Weil Feuerwehrmänner die längsten Schläuche und die stärksten Pumpen haben

Die von Feuerwehrmännern im Löscheinsatz am häufigsten verwendeten Schläuche heißen C- und B-Schläuche. C-Schläuche haben einen Durchmesser von 55 Millimetern und sind meistens 15 Meter lang. B-Schläuche haben einen Durchmesser von 75 Millimetern und sind meist 20 Meter lang. Beide Schlaucharten besitzen an ihren jeweiligen Enden Kupplungen aus Aluminium, mit denen man sie miteinander zu langen Leitungen verbinden kann.

In Städten und Gemeinden gibt es ein weit verzweigtes unterirdisches Rohrnetzsystem für unser Brauch- und Trinkwasser. Die Feuerwehren nutzen diese Rohrleitungen, indem sie die Hydrantenanschlüsse anzapfen und das so entnommene Wasser mit B-Schläuchen in die Feuerlöschkreiselpumpen ihrer Löschfahrzeuge leiten. In den Pumpen wird der Wasserdruck verstärkt und über einen weiteren B-Schlauch zu einem Verteiler gepresst, der drei Abgänge aufweist. Während der mittlere wiederum eine Kupplung für einen B-Schlauch besitzt, haben die beiden äußeren Anschlüsse C-Kupplungen für C-Schläuche. Alle drei werden zur Brandbekämpfung genutzt.

Unter normalen Umständen reichen für Löscharbeiten eines Zimmerbrandes die Schlauchvorräte eines einzigen Löschfahrzeugs. In einigen Bereichen, wo das Hydrantennetz nicht so dicht oder gar nicht vorhanden ist, muss die Feuerwehr ihr Löschwasser mühsam über viele aneinandergekuppelte Feuerwehrschläuche zur Brandstelle leiten. Wir nennen das Löschwasserförderung über lange Wegestrecken. Für den schnellen Aufbau solcher Leitungsstrecken verwenden die Feuerwehren Sonderfahrzeuge. Zum Beispiel einen SW- 2000. Das ist ein Schlauchwagen mit 2.000 Metern B-Schläuchen, die bereits aneinandergekuppelt sind und während der Fahrt abgerollt werden können. Damit am Ende einer solch langen Leitung aber nicht nur ein müdes Rinnsal ankommt, werden auf dieser langen Wegstrecke in bestimmten Abständen Feuerwehrpumpen zwischengeschaltet, denn für eine effektive Brandbekämpfung benötigen wir meist einen Wasserdruck von zehn Bar.

Schon von Weitem erhellten die hoch auflodernden Flammen den nächtlichen Himmel.

»Ach du Scheiße!«, fluchte unser Maschinist, als er das Löschfahrzeug auf den Stoppelacker lenkte und direkt Kurs auf die brennenden Strohballen nahm. Wäre der Boden durch den seit Tagen anhaltenden Frost nicht so hart gefrorenen, hätten wir diese Abkürzung garantiert nicht nehmen dürfen.

In der Alarmdurchsage, die uns vor wenigen Minuten erst aus den Betten gescheucht hatte, hatte es lediglich Brand auf einem Stoppelacker geheißen. Da hatte ich noch gedacht: Boah, 'n blöder Stoppelacker. Na ja, wird schon nicht so schlimm werden, in einer Stunde sind wir bestimmt wieder drin. Aber jetzt, wo ich vor mir drei Lagen haushoch übereinandergestapelter Strohballen auf einer Länge von geschätzt gut 80 Metern brennen sah, hatte ich das mulmige Gefühl, auf eine gigantische Feuerfront zuzufahren, die uns noch verdammt lange beschäftigen würde.

Unser Gruppenführer schien von der neuen Lage auch nicht gerade angetan zu sein, denn er bellte in den Funkhörer: »Wo bleibt denn die freiwillige Feuerwehr!? Hier brennen einige Hundert gerollte Strohballen. Wir brauchen dringend massive Verstärkung!«

»Zu Ihrer Information«, meldete sich die Leitstelle, »die freiwillige Feuerwehr ist bereits in einem anderen Einsatz gebunden. Wir schicken Ihnen Löschzug 8 und ein Tanklöschfahrzeuge. Kommen.«

»Ein TLF ist zu wenig Wir brauchen mindestens zwei, um einen Pendelverkehr aufrechterhalten zu können. Kommen!«

»Verstanden, 6-46-1.«

Grimmig presste unser Gruppenführer den Funkhörer zurück in seine Halterung und sah Jochen, unseren Maschinisten, an. »Schöne Bescherung, was? Die Kameraden von der Freiwilligen können wir also vergessen und mit unseren lächerlichen 1.800 Litern Wasser im Tank ... Verdammt, wir müssen unbedingt einen Hydranten finden, sonst sind wir hier im Arsch.«

»Also weiter zum Bauernhof?«

»Ja. Der liegt, soweit ich mich erinnere, irgendwo dahinter. Und da muss es ja schließlich einen Hydranten geben.«

Nachdem wir die brennenden Strohballen wegen der enormen Wärmestrahlung in gebührender Entfernung umrundet hatten, sahen wir erst das ganze Ausmaß des Brandes. Eine circa 50 Meter entfernt stehende Scheune stand ebenfalls in hellen Flammen.

Falls bis jetzt auch nur einer von uns noch nicht an Brandstiftung geglaubt hatte, jetzt glaubte er es, denn das Feuer der Scheune konnte unmöglich von der Wärmestrahlung der brennenden Strohballen herrühren, dafür stand sie einfach zu weit entfernt. Und der Nachtwind war zu schwach, um emporgewirbelte Brandfetzen bis hierher zu tragen. Außerdem wehte er aus der entgegengesetzten Richtung.

»Oh oh! Da habe ich mich, was die Entfernung des Bauernhauses betrifft, wohl ein wenig verschätzt«, ächzte unser Gruppenführer, denn das Hauptgebäude stand nur wenige Meter von der brennenden Scheune entfernt. Damit hatten wir ein massives Problem!

»Angriffstrupp! Sofort Riegelstellung aufbauen!«, befahl er. »Alle anderen suchen diesen verdammten Hydranten und bauen die Wasserversorgung auf. Und macht Tempo, verstanden!«

Klar hatten wir verstanden. Wir waren ja schließlich nicht blöd. Aber ich denke, aus der Äußerung unseres Gruppenführers sprach nur die Sorge, dass wir das hier alleine nicht schaffen könnten.

Die Sorge war durchaus berechtigt, denn von der fast schon im Vollbrand stehenden Scheune ging eine enorme Wärmestrahlung aus. Einige der aus Kunststoff bestehenden Fensterrahmen warfen bereits dicke Blasen.

In höchster Eile rollten Frank und ich den Düsenschlauch aus, der für die Riegelstellung am besten geeignet war, dabei wunderte ich mich, dass sich bisher weder der Bauer noch irgendwer sonst hatte blicken lassen. Wie wir später erfuhren, war der Bauer Mitglied der freiwilligen Feuerwehr. Etwa eine Stunde bevor bei ihm hier das Feuer ausgebrochen war, hatte der vermutete Brandstifter (eine Annahme, die sich übrigens später bestätigte) auf einem Nachbarhof gezündet. Der Bauer, dessen Frau die Nacht bei einer schwangeren Freundin verbrachte, war über seinen Funkmeldeempfänger alarmiert worden und daraufhin unverzüglich mit seinem Sohn und seinem Knecht zum Brandeinsatz gefahren.

Während meine Kollegen noch den Hydranten suchten und wir die Riegelstellung zwischen der berennenden Scheune und dem akut gefährdeten Wohngebäude aufbauten, funkte unser Gruppenführer erneut die Leitstelle an und gab eine Rückmeldung über die vollkommen neue Lage. Daraufhin alarmierte die Leitstelle aufgrund der dramatischen Situation eine andere, weiter entfernte freiwillige Feuerwehr und zwei zusätzliche Tanklöschfahrzeuge der Berufsfeuerwehr. Und weil es in einiger Entfernung einen kleinen Teich gab, schickten sie uns vorsichtshalber auch noch einen SW 1000 zum Aufbau einer Löschwasserförderung über lange Wegestrecken.

Solange wir noch mit den vorbereitenden Arbeiten beschäftigt waren, konnte natürlich keiner von uns die Feuer löschen. Das war vorbei, nachdem unsere Schlauchleitung stand und der Maschinist die im Heck seines LF eingebaute Feuerlöschkreiselpumpe angeworfen hatte.

»Wasser Marsch!«, rief ich.

Mit acht Bar Druck schoss das Wasser in den zwischen dem Haupthaus und der brennenden Scheune ausgelegten Düsenschlauch. Der bildete daraufhin sofort eine 20 Meter lange und 14 Meter hohe Wasserwand, die jegliche Wärmestrahlung abhielt.

Geschafft! Wir atmeten auf. Nur allzu lange würde unsere schöne Wasserwand nicht halten. Immerhin verschlang der Düsenschlauch bei acht Bar Druck pro Minute 1.230 Liter Löschwasser, und unser Tankvorrat belief sich nur auf 1.800 Liter. Wir brauchten also dringend Nachschub, und der musste von dem aufgestellten Hydrantenstandrohr und der daran angekuppelten B-Leitung meiner Kollegen kommen. Das sollte allerdings möglichst bald geschehen, sonst würde unsere schöne Wasserwand ganz schnell wieder in sich zusammenbrechen.

»Sehr gut«, nickte unser Gruppenführer mit Blick auf die perfekt funktionierende Riegelstellung. »Und was ist mit dem Hydrantenanschluss!?«

»Kommt schon!«, rief Thorsten, der alleine mit der zweirädrigen Schlauchhaspel angerannt kam. »Hier, los, ankuppeln.« Er drückte Jochen das Ende des gerade abgerollten B-Schlauchs in die Hand und erklärte: »Der Uwe wartet am Hydrantenstandrohr. Kannst ihm sofort durchgeben, dass er aufdrehen soll.«

»Wie groß ist die Leitung?«, fragte ihn unser Maschinist, der anhand des Querschnitts errechnen konnte, wie viel Wasser ihm gleich zur Verfügung stand.

»'Ne 100er.«

»Mist, nur 'ne 100er.« Jochen rechnete laut: »Bei einem Zufluss von 900 Litern pro Minute können wir entweder den Düsenschlauch drei Minuten lang halten, oder wir setzen Strahlrohre ein. Beides zusammen geht nicht.«

»Und wenn du den Druck etwas weiter runterfährst? Reicht uns das dann nicht wenigstens für ein zusätzliches C-Rohr?«

Jochen schüttelte den Kopf: »Ich fahre eh schon mit nur acht Bar. Wenn ich noch weiter runtergehe, kannst du den Düsenschlauch vergessen.«

»Der Düsenschlauch bleibt«, entschied der Gruppenführer. »Ein zusätzliches C-Rohr rettet uns jetzt auch nicht. Wir könnten nur darauf hoffen, dass die angeforderte Verstärkung möglichst schnell hier eintrifft.«

Er hatte recht. Für einen umfassenden Löschangriff war ein einzelnes C-Rohr nicht ausreichend, da hätte es mindestens zwei, aber dann besser gleich drei B-Rohre gebraucht. Nur dafür hätten wir den Düsenschlauch aufgeben müssen. Keine einfache Entscheidung.

Einige Minuten später hörten wir die Martinshörner mehrerer anrückender Feuerwehrfahrzeuge – sie kamen!

Die Löscharbeiten dauerten bis in die frühen Morgenstunden. Die Strohballen, die wir mit einem Radlader auseinandergerissen hatten, kokelten zum Teil immer noch. Die Scheune war komplett niedergebrannt, aber das Haupthaus und die angrenzenden Stallungen hatten wir retten können. Sie waren unversehrt geblieben. Zum Teil war das ein Verdienst des eingesetzten Düsenschlauchs. Aber ohne die gerade noch rechtzeitig eingetroffene Verstärkung wäre dieser Einsatz sicher höchst tragisch ausgegangen.

Ein ganz großes Kompliment möchte ich deshalb hier meinen Kameraden von der freiwilligen Feuerwehr machen. So schnell wie sie die Löschwasserversorgung zwischen dem mehrere Hundert Meter entfernt liegenden Teich und der Brandstelle aufgebaut hatten, hätte das keiner von uns geschafft. Das hatten wir alle neidlos anerkannt.

Wochen später. Der Winter war vorüber, und die Schneeschmelze hatte, zusammen mit tagelang anhaltenden Regenfällen, den Rheinpegel kritisch ansteigen lassen. Dann kam der Tag, an dem die angekündigte Hochwasserwelle ihren Scheitelpunkt erreichen sollte. In einigen flussnahen Gebieten hieß es bald darauf Land unter. So auch in Düsseldorf.

In der Rettungsleitstelle an der Hüttenstraße schrillten daraufhin ununterbrochen die Telefone. Verzweifelte Hausbesitzer klagten über vollgelaufene Keller und Garagen, anderen drang das Wasser in die Wohnungen oder hatte ihre Gärten überschwemmt. Campingplatzbetreiber berichteten von kniehohem Wasser und darin treibenden Wohnwagen, deren Besitzer es versäumt hatten, ihre Gefährte rechtzeitig in Sicherheit zu bringen. Mehrere leichtsinnige Autofahrer riefen aus ihren Pkw an, mit denen sie in überfluteten

Unterführungen festsaßen. Andere Notrufe kamen von Firmen, deren Tiefgaragen abgesoffenen waren. Kurz darauf waren sämtliche Feuerwachen mit allem, was vier Räder und eine Pumpe besaß, im Einsatz. Überall wurde unsere Hilfe benötigt, und jeder wollte möglichst der Erste sein, zu dem wir kommen sollten. Da dies natürlich völlig unmöglich war, hatte die Leitstelle eine Prioritätenliste angefertigt, nachdem die zahllosen Einsätze abgearbeitet wurden. Viele Anrufer zeigten Verständnis, wenn ihnen am Telefon mitgeteilt wurde: »Wir sind momentan mit allen Fahrzeugen im Einsatz. Ich habe Sie vorgemerkt, aber Sie müssen sich bitte noch etwas gedulden, da wir zuerst die gefährlichen Einätze abarbeiten müssen. Es kann daher noch einige Stunden dauern, bis wir bei Ihnen sind.«

Einige Anrufer, besonders die, bei denen die Nerven eh schon blank lagen, reagierten wenig verständnisvoll. In Extremfällen kam es sogar zu wüsten Beschimpfungen. Aber auch denen wurde geholfen, nur ... es dauerte halt. Schließlich konnten wir auch nicht hexen.

»Frag doch mal nach, wo die mit den Brötchen bleiben!«, rief ich unserem Maschinisten zu.

»Und 'n Kaffee könnte ich auch vertragen«, klagte Uli, der in einer Wathose bis zum Bauch im Wasser dieser vollgelaufenen Unterführung stand, aus der wir einen Pkw herausziehen wollten. Seit fast vier Stunden befanden wir uns jetzt schon draußen, und so langsam hing mir der Magen in den Kniekehlen. Meinen Kollegen ging es nicht anders, da Frühstück auf der Feuerwache wegen Dauereinsatz gestrichen worden war.

Weil auch ein Feuerwehrmann mit leerem Magen aber irgendwann schlappmacht, hatte die einsichtige Direktion der BF-Düsseldorf die Freiwillige-Feuerwehr-Logistik aktivieren lassen, die seit einiger Zeit sämtliche Einsatzstellen abklapperte, um die Kollegen mit belegten Brötchen und heißen Kaffee zu versorgen. Sie konnten natürlich auch nicht überall zugleich sein, daher ging es uns gerade nicht anders als den vielen Anrufern, denen das Wasser »bis zum Hals« stand – wir mussten uns ebenfalls gedulden.

»Das ist doch Scheiße!«, rief Uli und hob genervt die Arme in die Höhe.

»Was gibt's denn?«

»Was gibt's denn, was gibt's denn?! Ich komme nicht an diese verdammte Abschleppöse ran. Das gibt's!«

»Musst dich halt bücken!«

»Ja klar, und dann läuft mir das ganze Dreckswasser in die Wathose!«

»Soll vorkommen«, sagte ich und wendete mich grinsend ab.

»Scheiß Job!«, hörte ich Uli fluchen. Fünf Minuten später zogen wir den Pkw samt seinem zerknirschten Fahrer mit unserem LF aus der überfluteten Unterführung.

»Pumpt ihr das Wasser nicht ab?«, fragte mich einer der Polizisten, die die Unterführung vor weiteren Blödmännern abgesichert hatten.

»Ne«, sagte ich und schüttelte den Kopf. »Wir haben schon wieder 'nen neuen Einsatz. Ihr könnt das Ding hier also dicht machen.«

»Und was machst du mit dem?« Er deutet auf meinen Kollegen Uli, der pladdernass in der Kälte neben unserem Löschfahrzeug stand und das restliche Wasser aus der soeben ausgezogenen Wathose kippte. Ich zuckte mit den Schultern. »Werd ihn wohl zurück zur Wache schicken müssen. So nass kann ich ihn jedenfalls nicht mehr einsetzen.«

Nachdem Uli in den geheizten Mannschaftsraum gestiegen war und mir mein Maschinist »fertig zum Abmarsch« signalisierte, kam der Brötchenexpress. Wie die ausgehungerten Wölfe fielen wir über die Beute her. Natürlich reichte es auch für unsere Kollegen von der Polizei, die sich nicht lange zierten und ebenfalls kräftig zulangten.

»Ohne Mampf kein Kampf«, verkündete Uli mit vollen Backen und kippte seine bereits dritte Tasse Kaffee hinterher.

»Ja, aber für dich ist der Kampf hier vorbei«, sagte ich. »Du kannst dich gleich von den Kollegen der FF zurück auf die Wache fahren lassen.«

»Wieso das denn?«

»Na hör mal, so nass wie du bist.«

Uli sah mich entrüstet an. »Hältst du mich etwa für 'n Weichei, das wegen etwas Wasser gleich losheult?«

»Quatsch, natürlich nicht. Aber bei fünf Grad Celsius Außentemperatur holst du dir schneller 'ne Erkältung, als dir lieb ist.«

»Freu dich doch«, sagte Helmut und stieß seinen Freund in die Seite. »Während wir gleich in der Kälte weiter Wasser pumpen müssen, darfst du gemütlich duschen gehen. Also ich würde sofort mit dir tauschen.«

»Okay, Männer, das war's. Die Arbeit ruft. Frühstückspause zu Ende. Jochen, wo geht's als Nächstes hin?«

Jochen sah auf seine Liste. »Tiefgarage Törensenweg 24–26, Firma Weber und Co. Da soll angeblich schon ein Fahrzeug von 'ner anderen Wache sein, aber die schaffen das alleine nicht.«

»Gut, dann los.«

Einige Minuten später erreichten wir, einen Mann weniger, den Törensenweg. Der riesige Bürokomplex der Firma Weber befand sich über einer Tiefgarage mit zwei Parkebenen, von der die untere bereits komplett voll gelaufen war. Obwohl hier eine Wache mit zwei Tiefsaugern im Einsatz war, stieg das Wasser unaufhörlich weiter. Wenn wir hier nicht verstärkt abpumpen, würden über 400 weitere geparkten Pkw ebenfalls bald unter Wasser stehen. Aber das vollständige Abpumpen einer Fläche von mehreren Hundert Quadratmetern ist nicht so schnell zu bewerkstelligen.

Die Tiefgarage besaß eine Ein- und eine Ausfahrt. Vor der Einfahrt stand das Löschgruppenfahrzeug der Feuerwache 8. Ich sprach kurz mit deren Gruppenführer, der ernste Bedenken äußerte, ob es uns gelingen würde, diese 400 Pkw zu retten, zumal, wie er mir erklärte, niemand mehr dort hinunter durfte, um die Autos herauszufahren.

Drei Minuten später trugen zwei meiner Männer die erste Tauchpumpe, eine TP 8-1, die stark geneigte Ausfahrt hinunter. Die 39

Kilogramm schwere Pumpe arbeitete mit 400 Volt Drehstrom und konnte 1.300 Liter Wasser pro Minute abpumpen.

»Los, Leute, die zweite gleich hinterher.«

Unsere zweite, etwas kleinere Tauchpumpe schaffte immerhin auch noch beachtliche 900 Liter pro Minute. Zusammen ergaben das jetzt 2.200 Liter. Das war schon eine verdammt ordentliche Leistung, aber noch lieber hätte ich es gesehen, wenn wir hier Lenzpumpen einsetzen könnten.

Mein Maschinist schien Ähnliches zu denken, als er mir sagte: »Besser wär's, wir bekämen hier 'ne LP 32/8 her, die schafft noch 1.000 Liter mehr. Ich könnte ja mal bei der Leitstelle anfragen. Soll ich?«

»Versuch's«, sagte ich, »ich rechne allerdings nicht damit, dass du Erfolg haben wirst.«

»Weil die alle schon woanders im Einsatz sind?«

»Wahrscheinlich.«

»Egal, ich mach's trotzdem. Wenn ich denen sage, was hier auf dem Spiel steht ... vielleicht haben wir ja Glück.«

Eine viertel Stunde später staunten wir nicht schlecht, als ein großes blaues Einsatzfahrzeug des Technischen Hilfswerk samt Anhänger bei uns stoppte.

»Hallo Martin!«, winkte mir der Kollege des THW zu und sprang aus seinem Fahrerhaus. »Ich habe gehört, dass ihr mit euren kleinen Spielzeugpumpen hier nicht so richtig vorankommt, deshalb sollen wir euch unterstützen.«

»Von wegen Spielzeugpumpen«, lachte ich, wobei ich die frisch eingetroffenen THW-Kollegen erfreut begrüßte. Männer wie sie konnten wir immer gut gebrauchen. Das waren keine, die nur dumme Sprüche klopften oder sich nicht gerne die Hände schmutzig machten.

Nein, die vom THW verstanden nicht nur ihr Handwerk, die packten auch sofort mit an. Außerdem verfügten sie über ein hervorragendes Equipment. Eine bessere Unterstützung konnte es gar nicht geben!

Ich schilderte kurz die Lage und erklärte: »Wir arbeiten hier mit zwei Tiefsaugern. Die Wache 8 vorne hat ebenfalls ihre Tiefsauger eingesetzt. Damit lutschen wir jede Minute 4.400 Liter pro Minute heraus.« Ich sah mein Gegenüber erwartungsvoll an.

»Na ja, geht so.«

»Geht so!? Mann Gerhard ... 4.400 Liter! Und du sagst geht so. Was hast du denn zu bieten?«

Gerhard legte lächelnd seinen Arm auf meine Schulter und rief: »Jungs, öffnet mal den Anhänger und zeigt unserem Feuerwehrfreund, was wir zu bieten haben!«

»BOAH!«

Das war zunächst alles, was ich bei dem Anblick der gigantischen Pumpe herausbrachte.

»Gestatten, Hannibal. Unsere zweitstärkste Schmutzwasserkreiselpumpe mit eigenem Dieselmotor. Gewicht zwei Tonnen. Fördervolumen 5.000 Liter pro Minute. Das ist ein wahres Kraftpaket. Die schafft sogar Steine von Tennisballgröße. Na, was sagt du jetzt?«

Ich war beeindruckt.

»Und das soll nur eure zweitstärkste sein? Wie viel schafft denn dann eure Nummer eins?«

»15.000 Liter.«

»Wahnsinn. Und ich hatte immer geglaubt, wir hätten die längsten Schläuche und die stärksten Pumpen.«

»Na, jetzt hast du ja eine. Komm, lass uns loslegen!«

Feuerwehrmänner sind immer top gekleidet

57. GRUND

Weil Feuerwehrmänner Uniformen tragen

Dass die Wirkung einer Uniform auf die überwiegend zivil gekleidete Menschheit recht unterschiedlich ausfällt, dürfte wohl nicht erst seit dem Hauptmann von Köpenick bekannt sein. Während sie den einen Respekt vor der Staats- oder Ordnungsmacht einflößt, löst sie bei anderen Rebellion und Widerstand aus.

Wir waren eine Gruppe von 36 enthusiastischen jungen Männern, die 1975 ihre Ausbildung zum Feuerwehrmann begannen, und jeder von uns war stolz, als er zum ersten Mal die blaue Uniform mit den silbrigen Knöpfen trug.

Ich weiß nicht mehr, wer in unserem Grundausbildungslehrgang damit angefangen hatte, und im Grunde genommen tut es auch nichts zur Sache. Fakt ist jedenfalls, dass wir irgendwann kurz vor Ende des Lehrgangs darüber gefachsimpelt hatten, welche Wirkung Uniformen speziell auf Frauen ausüben – erotische Wirkung wohlgemerkt. Auf jeden Fall schossen in unserem reinen Männerklub sehr schnell die abenteuerlichsten Fantasien ins Kraut. Und was die bereits verheirateten Kollegen anging, die machten da keine Ausnahme.

»Was denkst du, Martin, bist du auch der Meinung, dass uns die Frauen, wenn wir die Uniform tragen, nur so zufliegen?«

Ich hatte mich bislang zu dem Thema noch etwas zurückgehalten – noch. Aber jetzt, direkt angesprochen, sahen mich alle erwartungsvoll an.

»Hm«, druckste ich herum, jedoch ohne mich zu äußern.
»Hm. Ist das etwa alles, was dir dazu einfällt!? Mann, überleg doch mal – all die ganzen Weiber da draußen und wir in Uniform. Da geht doch bestimmt was, oder?«
»Hm.«
Wir hatten unseren Grundausbildungslehrgang beendet und waren auf die Feuerwachen der Stadt verteilt worden, da schickte mich der Tagesdienst mit dem VW-Käfer (so was gab es damals noch) für einen Einkauf in die Innenstadt. Ich sollte für unseren Aufenthaltsraum ein Schachspiel kaufen. Einen Parkplatz in der Innenstadt zu finden ist ziemlich aussichtslos. Gut, dachte ich mir, fährst du am besten in eines der großen Kaufhäuser, da kannst du ins Parkhaus, und außerdem haben die alle eine große Spielwarenabteilung, wo es bestimmt auch Schachbretter gibt. Da ich im Dienst war, fuhr ich natürlich in Uniform.

Es fing schon im Parkhaus an. Kaum den Käfer geparkt und ausgestiegen, spürte ich, wie mich eine Frau förmlich mit ihren Blicken auszog. Aber hallo, nicht irgendeine, sondern eine, die 99 von 100 Männern als heißes Geschoss bezeichnet hätten.

Musste natürlich ein Irrtum sein, also dieser Blick von dem Geschoss, sagte ich mir, denn wieso sollte mich so eine überhaupt beachten. Aber dann begegneten wir uns wie zufällig ein zweites Mal, und zwar auf der Rolltreppe. Sie stand unmittelbar vor mir. Endlos lange Beine, dann ein schwarzer, verdammt knapper Rock, hauteng über einem supergei... na ja, Sie wissen schon. Und dann dreht sich dieses Vollweib doch tatsächlich zu mir um und fragt mit einer rauchigen Stimme, die Eis zum Schmelzen bringen könnte: »Fahren Sie auch in die Dessousabteilung?« Dabei strich ihre schlanke Hand so provokant über die Brust meiner Uniformjacke, dass ich beinahe rückwärts die Rolltreppe hinuntergefallen wäre. Gott sei Dank stand hinter mir eine wohlbeleibte ältere Dame, die mich mit ihrem weichen nachgiebigen Körper auffing und so vor ernstem Schaden bewahrte.

»Kommen Sie, mein männlicher erotischer Uniformträger«, flötete das Vollweib vor mir und fasste meine noch immer in der Luft nach Halt fuchtelnden Hände. Widerstandslos ließ ich mich in die Umkleidekabine der Dessousabteilung führen. Als sie sich zu entkleiden begann, glaubte ich, ersticken zu müssen, und schnappte verzweifelt nach Luft.

Plötzlich wurde ich von einer Hand sanft geschüttelt. Im Licht der eingeschalteten Nachttischlampe blinzelte ich verwirrt in das Gesicht meiner hübschen jungen Frau.

»Aufwachen, Schatz, aufwachen! Was ist denn? Hast du wieder mal schlecht geträumt?«

Nö, so wirklich schlecht war der Traum eigentlich nicht, aber natürlich völlig unrealistisch.

Übrigens, unsere damalige Uniform eignete sich im Grunde genommen mehr zum Repräsentieren, denn sie war alles andere als eine echte Feuerschutzkleidung. Aber etwas Besseres gab es noch nicht, also wurden wir in diesem »Konfirmationsanzug«, bestehend lediglich aus einer dünnen schwarzen Tuchhose und einem dunkelblauen Jackett mit Hemd und Krawatte!, tatsächlich ins Feuer geschickt. Aus heutiger Sicht geradezu grotesk!

Heute tragen wir eine dem Feuerwehreinsatz angepasste HuPF-Bekleidung. HuPF ist die Herstellungs- und Prüfbeschreibung für eine Feuerschutzbekleidung nach DIN EN 469.

Dieser Feuerwehranzug, der dank seiner Reflexstreifen gleichzeitig die Funktion einer Warnweste erfüllt, besteht aus einer Einsatzjacke und einer Einsatzhose, die sogar einer kurzfristigen Vollbeflammung standhält. Jacke und Hose werden über der normalen Arbeitskleidung getragen und schützen vor diversen Gefahren, wie sie im täglichen Feuerwehreinsatz auftreten. Darüber hinaus verfügen wir auch noch über einige Spezialanzüge für besondere Einsätze, doch davon später mehr.

Jahre später: Ich hatte inzwischen mehrere Feuerwehrbücher geschrieben, da lud mich der Fernsehsender SAT 1 zum Frühstücksfernsehen in sein Hauptstadtstudio ein. Ich sollte aber bitte in Uniform kommen, hieß es.

Kein Problem für mich, sagte ich mir, als ich einige Tage später in voller Kampfmontur samt Feuerwehrhelm, Feuerwehrhandschuhen und Feuerwehrstiefeln am Düsseldorfer Flughafen den Flieger nach Berlin bestieg. Meine martialische Erscheinung erregte unter den (man beachte!) weiblichen Fluggästen tatsächlich einiges Aufsehen, was ich eindeutig meiner Uniform, oder treffender ausgedrückt: meiner Feuerschutzbekleidung, zuzuschreiben hatte. Während mir einige vermutlich langjährige Ehefrauen wegen ihrer sie begleitenden (ebenfalls vermuteten) Ehemänner nur verhohlen neugierige Blicke zuwarfen, taxierten mich andere mit einem geradezu aufreizenden Lächeln. In dem Moment konnte ich am eigenen Leib spüren, wie sich manche Frauen fühlen müssen, wenn wir Männer sie schamlos angrinsen oder gar mit unseren Blicken ausziehen. Hallo! Das war völlig wertfrei! Ich hab's nämlich genossen. Die männlichen Mitflieger hingegen (egal ob mit oder ohne weibliche Begleitung) straften mich entweder durch geflissentliche Nichtbeachtung oder bedachten mich mit geringschätzig abfälligen Blicken – klar, wenn ein fremder Platzhirsch die Bühne betritt, will man den ja nicht auch noch hofieren.

58. GRUND

Weil Feuerwehrmänner Helme tragen

In Deutschland ist bekanntlich alles genormt, auch und besonders technische Geräte und Schutzbekleidungen. Bevor diese auf den Markt kommen, werden sie allen möglichen Belastungen und Tests unterzogen. Unsere Feuerwehrhelme bilden da keine Ausnahme, wobei in Frankreich, genauer gesagt in Paris, ein neuer ungewöhnlicher Test durchgeführt worden sein soll. Angeblich hatte man einen herkömmlichen Feuerwehrhelm und eine Pudelmütze vom Eiffelturm fallen lassen. Der Feuerwehrhelm soll den tiefen Sturz nicht überlebt haben, die Pudelmütze hingegen, hieß es, sei unbeschädigt geblieben, womit erwiesen wäre, dass die Pudelmütze dem Feuerwehrhelm überlegen sei.

Wir haben uns in Deutschland dennoch dafür entschieden, bei unseren Einsätzen weiterhin den bewährten, althergebrachten Feuerwehrhelm zu tragen.

59. GRUND

Weil Feuerwehrmänner Stiefel tragen

Können Sie sich einen Feuerwehrmann vorstellen, der im Sommer in Sandalen oder in Flip-Flops zum Einsatz käme? Undenkbar! Das geht ja gar nicht, sagen Sie.

Stimmt. Ein richtiger Feuerwehrmann muss natürlich Feuerwehrstiefel tragen – und schwarz müssen sie sein mit hohen Schäften aus echtem Leder, und mit einer soliden Ledersohle. Das sind echte Feuerwehrstiefel, wie sie Feuerwehrmänner seit jeher im Einsatz getragen haben, bis … ja bis die moderne Chemie neuere Materialien und die Hersteller verbesserte Fertigungsmethoden für Feuerwehrstiefel entwickelt haben, die die Bezeichnung »Sicherheitsschuhwerk« wirklich verdienen.

Soll das etwa heißen, dass Generationen von Feuerwehrmännern vorher keine gescheiten Stiefel getragen hätten?

Nein, natürlich nicht, aber vergleicht man einen ganz aus Leder gefertigten Feuerwehrstiefel früherer Jahre (solche hatte ich auch noch getragen) mit dem, was heute auf dem Markt zu haben ist, so unterscheiden sie sich durch einige signifikante Merkmale.

So kann der Feuerwehrmann in modernen Feuerwehrstiefeln heute zum Beispiel stundenlang durch Schlamm und Wasser laufen, ohne nasse Füße zu bekommen. Der Grund: Das Leder ist hydrophobiert (also wasserundurchlässig), oder es ist gar kein Leder mehr, sondern ein synthetisches wasserundurchlässiges Material. Beides gab es früher leider nicht, da musste man seine Stiefel permanent mit schwarzer Schuhcreme einschmieren und bekam irgendwann dennoch kalte nasse Füße. Noch unangenehmer war ein rostiger durchgetretener Nagel, an Brand- und Einsatzstellen nichts Seltenes. Abgesehen davon, dass die Verletzung sauwehtat, konnte sich die Stelle entzünden und im schlimmsten Fall sogar zu einer Blutvergiftung führen. Das ist bei heutigen Feuerwehrstiefeln nicht mehr möglich, denn ihre Sohlen bestehen längst nicht mehr aus Leder, sondern aus einem säurebeständigen Material mit einer durchtrittsicheren Metalleinlage und Stahlkappen, bei denen einem schon mal was auf den Fuß fallen darf, ohne dass die Zehen brechen.

Ich kann mich aber auch noch an zwei Paar Feuerwehrstiefel der ganz besonderen Art erinnern – absolute Prototypen, die es trotz, oder ich sollte wohl eher sagen: wegen, ihrer Besonderheiten nie zur Serienreife geschafft hatten. In dem einen Paar ging man wie auf Eiern, und in dem anderen bekam man spätestens nach fünf Minuten nasse Füße. Aber der Reihe nach:

Mein Kollege Henry saß auf einem dreibeinigen Schemel in der kleinen Schusterwerkstatt unserer Feuerwache. Henry war genau wie ich ein Feuerwehrmann. Allerdings war er schon Brandmeister und ich sozusagen noch ein Frischling. Bevor Henry bei der Feuerwehr angefangen hatte, hatte er das Handwerk des Schuhmachers gelernt. Zu jener Zeit hatte die Feuerwehr Düsseldorf fast 600 Feuerwehrmänner, und alle besaßen zwei Paar der oben beschriebenen alten Stiefel, die ständig neu besohlt und geflickt werden mussten. Es rechnete sich daher, wenn die Feuerwehren eigene Schusterwerkstätten unterhielten, in denen Männer wie Henry gebraucht wurden.

Als ich bei ihm eintrat, verleimte er neue Sohlen unter ein Paar Feuerwehrstiefel. Henry zählt für mich noch heute zu den umgänglichsten und nettesten Kollegen, die ich im Laufe meiner vielen Jahre kennengelernt hatte. Umso verwunderter war ich über seine mehr als untypische Begrüßung.

»Ich kann eigentlich gerade keinen hier gebrauchen.«

»Soll ich wieder gehen?«

Henry winkte mürrisch ab. »Na ja, ... wenn du schon mal hier bist, meinetwegen komm rein. Ich hoffe nur, du kannst schweigen.«

»Klar kann ich, wieso?«

»Weil das hier«, er hielt mir den Stiefel, den er gerade bearbeitete, entgegen, »eine Sonderanfertigung für meinen ganz speziellen Freund Kurt ist. Du verstehst?«

»Nö«, sagte ich und schüttelte den Kopf, denn ich verstand gar nichts. Daraufhin setzte Henry sein mir vertrautes Lächeln auf und erklärte verschmitzt:

»Das, mein Lieber«, sagte er und klopfte mit dem Zeigefinger auf die frisch verleimte Sohle, »das ist Pappe.«

»Pappe!«, echote ich und zog ein wohl recht dümmliches Gesicht.

»Genau. Und das darfst du niemandem verraten, klar?«

Ich nickte, konnte mir die Frage des Wieso aber nicht verkneifen.

»Wieso, wieso?«, ereiferte sich Henry. »Da fragst du noch! Wer, glaubst du wohl, hat mir letzte Woche die Eier in meine Stiefel gesteckt – rohe Eier! Na?

»Der Kurt?«

»Ja klar, der Kurt. Wer auf unserer Wache käme sonst auf so eine bescheuerte Idee? Nur der. Der macht doch ständig irgendwelchen Scheiß. Aber diesmal zahle ich es ihm heim. Ich freue mich schon jetzt darauf zu sehen, wie blöd der guckt, wenn sich seine Pappsohlen bei Regen oder im Löschwasser auflösen. Ha!«

Henry klatschte sich in Vorfreude auf die Schenkel.

»Aber ist das nicht etwas zu riskant? Ich meine nur, weil ...«

»Vergiss es! Nachts mit rohen Eiern in den Stiefeln zum Einsatz fahren zu müssen ist auch kein Vergnügen gewesen, kannste mir glauben. Ne ne, der kriegt seine Lektion. Hauptsache, du hältst dicht.«

Ich hatte dichtgehalten, aber es kam anders, als wir beide es erwarteten. In der gleichen Nacht, als Kurt tagsüber seine neu besohlten Feuerwehrstiefel zurückerhielt, gab es einen Großbrand im Hafen. Eine Speditionshalle stand in hellen Flammen, und wie der Zufall es so wollte, war ich zusammen mit Kurt als Wassertrupp eingeteilt. Unsere Aufgabe bestand darin, mit einem B-Rohr das Übergreifen der Flammen auf einen riesigen Palettenstapel mit irgendwelchen Konserven zu verhindern. Was die Konserven enthielten, konnten wir nicht erkennen. Auf jeden Fall dauerte es nicht lange, und wir standen knöcheltief im lauwarmen Löschwasser. Während Kurts Pappsohlen sich schon nach weniger als fünf Minuten in Wohlgefallen aufgelöst hatten, drang das inzwischen bestialisch nach Fisch stinkende Löschwasser nach einer Stunde auch durch meine Stiefel. Offensichtlich hatten wir es hier mit Fischkonserven zu tun, von denen eine nicht unerhebliche Menge in der Hitze des Brandes geplatzt waren. Kurt fluchte wie ein Rohrspatz. Er wäre nur zu gerne losgezogen, um sich aus unserem Löschgruppenfahrzeug ein Paar Gummistiefel zu holen, aber da man ein B-Rohr nicht alleine halten konnte, war er gezwungen, bis zum bittern Ende bei mir zu bleiben.

Und die Moral von der Geschichte: Während ich meine völlig durchweichten Stiefel, die noch ewig nach Fisch stanken, weiterhin tragen musste, wurde ihm ein Paar neue genehmigt.

So ungerecht ist die Welt!

60. GRUND

Weil Feuerwehrmänner Handschuhe tragen

Handschuh ist noch lange nicht Handschuh und Feuerwehrhandschuhe erst recht nicht. Vor etlichen Jahren besuchte ich die A + A. Das ist eine der großen, in Düsseldorf regelmäßig stattfindenden

Fachmessen für Arbeitssicherheit und Arbeitsschutz. Unter anderem sind dort alle namhaften Hersteller von Schutz- und Arbeitshandschuhen vertreten, die in gestylten Hochglanzprospekten die absolute Einsatztauglichkeit und Qualität ihrer hochwertigen Produkte anpreisen.

Nun, es wäre verlogen, wenn ich hier schreiben würde, dass ich von den angebotenen Feuerwehrhandschuhen nicht angetan gewesen wäre, besonders wenn ich an die Zeit zurückdenke, als ich bei der Feuerwehr angefangen hatte – oh Mann, von solchen Handschuhen, wie es sie hier gab, konnten wir damals nicht einmal träumen.

Das einzige Paar, das wir für alle Arbeiten besaßen, waren Rohrführerhandschuhe aus billigstem Spaltleder. Bei Nässe wurden sie so flutschig, dass man kaum sein Strahlrohr halten, geschweige denn sicher die Sprossen beim Leitersteigen greifen konnte.

In den späteren Jahren erhielten wir aber immer neuere und bessere Handschuhe. Die letzten, die ich im Einsatz getragen, aber dank meiner Position als Dienstgruppenleiter nicht mehr verschlissen hatte, waren hochwertige Feuerwehrhandschuhe aus Elchleder. Sie hängen heute, zusammen mit meinem ersten Hakengurt und meinem letzten Feuerwehrhelm, zu Hause an einer Wand meines Arbeitszimmers.

Aber ich möchte noch einmal auf die Messe zurückkommen, wo mich ein Stand besonders fasziniert hatte, an welchem schnittfeste Handschuhe aus KEFLAR nicht nur angeboten, sondern auch eindrucksvoll vorgeführt wurden. KEFLAR, eine synthetische Faser mit besonderen Eigenschaften, war damals noch nicht so verbreitet wie heute und mir bislang unbekannt.

Auf den ersten Blick sahen die Handschuhe aus wie aus einer gelblichen Wollfaser gestrickt, nur mit dem bedeutsamen Unterschied, dass sie erstens nicht aus Wolle, sondern aus ebendiesem KEFLAR hergestellt waren und angeblich schnittfest sein sollten.

Kaum zu glauben, dachte ich, während ich einer Demonstration beiwohnte, bei der sich der Vorführer einen dieser gelben Handschuhe überstreifte, dann ein scharfes Messer nahm und es durch die zur Faust geschlossene Hand zog, ohne sich dabei zu verletzen.

Von der Schärfe des Messers durfte sich jeder überzeugen, der irgendwelche Zweifel hegte.

Ich war einer der Zweifler, musste aber, nachdem ich mit diesem Messer die Finger herkömmlicher Lederhandschuhe abschneiden durfte, zugeben – hier wurde kein fauler Zauber getrieben, hier geschah alles mit rechten Dingen.

Wie oft kommt es im Einsatz vor, dass man sich als Feuerwehrmann trotz Schutzhandschuhen an Glasscherben, scharfen Blechkanten oder Ähnlichem verletzt. Mit diesen Handschuhen aus KEVLAR, die man sogar unter seinen Lederhandschuhen tragen konnte, würde es nie mehr Schnittverletzungen geben – genial!

Die Dinger musste ich unbedingt haben!

Zu meinem Bedauern gab es die Handschuhe hier am Messestand nicht zu kaufen. Man konnte nur ordern, und das nur in größeren Stückzahlen. Also versuchte ich dem guten Mann ein Paar umsonst abzuschwatzen. Nach einigem Hin und Her und der Beteuerung, dass ich von einer großen Feuerwehr käme, erhielt ich schließlich einen einzelnen Handschuh – einen linken. Natürlich hätte ich lieber ein Paar bekommen, aber das rückte der Mann leider nicht raus.

Bei meiner nächsten Dienstschicht hatte ich meinen Feuerwehrkollegen von diesen sensationellen Handschuhen vorgeschwärmt. Sie hörten aufmerksam zu und zeigten großes Interesse. Nachdem ich ihnen auch von der Demonstration mit dem Messer berichtete, erntete ich jedoch nicht nur skeptische Blicke, sondern auch spöttische Kommentare wie:

»Ist klar, mit 'nem Messer.«

Und: »Den Quatsch glaube ich erst, wenn ich das selber gesehen habe.«

»Okay, Leute, das könnt ihr haben. Soll ich den Handschuh holen? Er liegt unten in meinem Spind.«

»Ja los, hol ihn!«

Kurz darauf legte ich den Handschuh vor ihnen auf den Tisch. Dann klappte ich mein Taschenmesser auf, legte es demonstrativ dazu und fragte:

»Na, wer will?«

»Nein danke!«, wehrten meine Kollegen ab. »Das mach mal lieber selbst.«

»Meinetwegen«, sagte ich, streifte mir in stoischer Ruhe den Handschuh über, griff mein Taschenmesser und tat genau das Gleiche, was der Mann auf dem Messestand getan hatte und … schnitt mir, zur allgemeinen Erheiterung meiner Kollegen, trotz besagtem KEFLAR-Handschuh in den Finger.

61. GRUND

Weil Feuerwehrmänner keine Schlafanzüge tragen

1. Am Anfang schuf Gott Himmel und Erde. 2. Und die Erde war wüst und leer, und es war finster auf der Tiefe; und der Geist Gottes schwebte auf dem Wasser. 3. Und Gott sprach: »Es werde Licht!« und es ward Licht. 4. Und Gott sah, dass das Licht gut war. Da schied Gott das Licht von der Finsternis. 5. Und nannte das Licht Tag und die Finsternis Nacht. Da ward aus Abend und Morgen der erste Tag.

Nun, man mag an die Schöpfungsgeschichte, so wie sie in der Bibel geschrieben steht, glauben oder nicht – Fakt ist jedenfalls, dass es einen Tag und eine Nacht gibt und dass jeder Mensch einen Tag-Nacht-Rhythmus hat, der ihn veranlasst, abends schlafen zu gehen und morgens aufzustehen. Im Kulturkreis unserer westlichen Hemisphäre ist es dazu üblich, seine am Tag getragenen Kleider abzulegen und dafür ein Nachthemd oder einen Schlafanzug anzuziehen. Okay okay, es gibt natürlich auch Nacktschläfer und Frauen, die nur die Oberhemden (vornehmlich weiße) von Männern tragen und wer weiß was sonst noch. Die meisten jedoch, das hat meine nicht repräsentative Recherche ergeben, tragen Schlafanzüge. Männer gestreifte, Frauen geblümte. Fragen Sie mich bitte nicht, wie ich zu dieser Erkenntnis gelangt bin.

Feuerwehrmänner tragen keine Schlafanzüge, Das heißt alle, bis auf meinen Kollegen Frank, der damit vermutlich die bundesweite Ausnahme bildet. Die restlichen etwa 40.000 Berufsfeuerwehrmänner legen sich während ihres 24-stündigen Dienstes auf der Feuerwache in Unterwäsche ins Bett. Welches Nachtgewand sie außerhalb ihres Dienstes zu Hause anziehen, oder ob sie zu den Nacktschläfern zählen, oder zu denen im gestreiften Schlafanzug, vermag ich allerdings nicht zu sagen. Ist ja letztlich auch nicht von Bedeutung. Aber auf der Feuerwache, wo wir bei Alarm innerhalb von 90 Sekunden die Wache verlassen haben müssen, ist das schon wichtig. Wenn man dann erst vom Schlafanzug in die Unterwäsche wechseln müsste ... ich sehe, Sie verstehen. Frank lässt seinen Schlafanzug übrigens an, sonst käme er ja nie mit.

62. GRUND

**Weil Feuerwehrmänner
Chemikalienschutzanzüge tragen**

Der Seniorchef der Spedition schäumte vor Wut, als er erfuhr, dass einer seiner Gabelstaplerfahrer ein Fass mit einer flüssigen Chemikalie angestochen hatte. »Welcher Idiot hat den Schwachkopf überhaupt eingestellt!?«, brüllte Josef H. in den Hörer. Der Anrufer unterließ es vorsichtshalber, darauf hinzuweisen, dass sein Chef Neueinstellungen grundsätzlich selber entschied.

»Und dass mir jetzt bloß keiner auf die bescheuerte Idee kommt, deswegen die Feuerwehr zu rufen! Ist das klar! Macht die Scheiße weg, und gut ist, verstanden!? Ich hab nämlich keine Lust, dass wegen denen dann auch noch die Gewerbeaufsicht hier herumschnüffelt.«

»Äh ... Entschuldigung, Chef, aber ...«

»WAAAS!«

»Sorry, aber der äh ... also der Lagermeister hat bereits die Feuerwehr ...«

Gut, dass der Lagermeister die Feuerwehr gerufen hatte. Bei der auslaufenden Flüssigkeit handelte es sich nämlich um eine höchst aggressive Säure, die an der Luft giftige Dämpfe freisetzte. Der Versuch, die Scheiße, wie sein Chef sie nannte, von den Arbeitern selber aufnehmen zu lassen, hätte mit Sicherheit schlimme Folgen gehabt, möglicherweise hätte es sogar Tote gegeben.

Wenn wir, wie bei diesem Einsatz, gefährliche Stoffe aufnehmen oder neutralisieren müssen, arbeiten wir in Chemikalienschutzanzügen, unter denen wir unsere Umluft-unabhängigen Atemschutzgeräte, die Pressluftatmer, tragen. Diese chemikalienbeständigen Schutzanzüge sind luft- und wasserdicht und schützen vor staubartigen, gasförmigen und flüssigen Substanzen. Warum die Arbeit in diesen Ganzkörperkondomen (so nennen einige Scherzkekse bei uns die Chemikalienschutzanzüge) so belastend ist und wie dieser Einsatz ausging, können Sie unter Grund 88 weiterlesen.

Feuerwehrmänner wissen natürlich, warum ich dazu ausgerechnet den Grund 88 ausgewählt habe. Für alle anderen hier die Erklärung: Die Zahl 8 steht in der Kennzeichnung der Gefahrstoffverordnung für ätzende Stoffe, unter anderem also auch für Säuren. Eine Verdoppelung der Zahl, in diesem Fall wäre das eine 88, sagt aus, dass dieser Stoff besonders gefährlich ist. Ist in etwa so wie bei James Bond. Die Geheimagenten Ihrer Majestät, die den Doppel-Null-Status besitzen, sind ja auch besonders gefährlich.

63. GRUND

Weil Feuerwehrmänner Strahlenschutzanzüge tragen

Der Begriff »Strahlenschutzanzug« ist, Fachleute wissen das, natürlich Quatsch, da es keine wirklichen Strahlenschutzanzüge, sondern lediglich Kontaminationsschutzanzüge gibt.

Als Kontamination bezeichnet man allgemein die Verunreinigung durch radioaktive Teilchen der Alpha- und Betastrahlung. Während die atomaren Alphateilchen schon von einem Blatt Papier absorbiert werden, haben Betateilchen eine etwas höhere Durchdringungskraft. Die Gefahr, die von diesen beiden Teilchenstrahlungen ausgeht, ist die Inkorporation, also die Aufnahme radioaktiver Substanzen in den menschlichen Körper. Das geschieht über die Haut und die Schleimhäute oder durch das Einatmen, wodurch somatische und genetische Schäden entstehen. Somatische Schäden betreffen die inneren Organe, das Blut und die Knochen, genetische Schäden verändern unser Erbgut.

Vor beiden Strahlungsarten schützen wir uns, indem wir einen Kontaminationsschutzanzug in Kombination mit einem Atemschutzgerät tragen. Im Prinzip reichte genauso unsere normale Feuerwehrschutzbekleidung, nur müssen alle kontaminierten Gegenstände, dazu zählt auch unsere Bekleidung, nach dem Einsatz aufwendig dekontaminiert oder sogar vollständig entsorgt werden. Das ist mit einer der Gründe, weshalb wir im Strahlenschutzeinsatz den Overall-ähnlichen Kontaminationsschutzanzug tragen statt unsre in der Anschaffung wesentlich teurere Feuerschutzbekleidung.

Gegen Gammastrahlung hilft aber weder der Kontaminationsschutzanzug noch die hochwertigste Feuerschutzbekleidung. Man kann sich gegen diese elektromagnetische Wellenstrahlung nur durch kurze Einsatzzeiten und große Abstände schützen. Oder, da die Gammastrahlung ähnlich wie die Röntgenstrahlung wirkt, Schutz hinter extrem dicken Bleiplatten suchen.

Aus diesem Grund tragen Röntgenologen und Röntgenassistentinnen diese sauschweren Bleischürzen. Und jeder, der sich schon einmal die Hand, den Arm oder einen anderen seiner 206 Knochen gebrochen hat, kennt bestimmt den Lendenschutz aus kunststoffüberzogenem Blei, der männlichen Patienten ihre Zeugungsfähigkeit (so sie denn vorhanden ist) erhalten soll. Aber haben Sie jemals davon gehört, dass es eine Körperschutzkleidung komplett aus Blei gibt? Also ich nicht. Natürlich wäre das für uns Feuerwehrmänner toll, aber wenn es tatsächlich solch einen Anzug gäbe, dann wäre er garantiert so schwer, dass wir uns darin wohl kaum mehr bewegen könnten.

64. GRUND

Weil Feuerwehrmänner Hitzeschutzanzüge tragen

Die HuPF-Bekleidung, wie sie die meisten Feuerwehrmänner bei fast allen Standardeinsätzen tragen, ist mittlerweile so hochwertig verarbeitet, dass sie, in Kombination mit Feuerwehrhelm, Flammschutzhaube* und Hollandtuch** getragen, selbst einer kurzfristigen Vollbeflammung standhält. Wohlgemerkt einer kurzfristigen. Für besondere Einsätze, wie sie bei austretendem Heißdampf oder bei Arbeiten unter permanenter Feuereinwirkung vorkommen, reicht

---

* *Die* Flammschutzhaube *besteht aus einem schwer entflammbaren Gewebe und wird ähnlich einer dünnen Skimütze unter dem Feuerwehrhelm getragen. Sie bedeckt den gesamten Kopf und die Halspartie.*
** *Das* Hollandtuch *ersetzt das ehemalige Nackenleder, welches hinten am Feuerwehrhelm befestigt war. Es besteht ebenfalls aus einem schwer entflammbaren Gewebe und schützt nicht nur den Nacken des Feuerwehrmannes, sondern umschließt vorne mit Klettband geschlossen seinen gesamten Hals vor Flammeneinwirkung.*

die klassische Feuerschutzkleidung jedoch nicht mehr aus. In solchen extremen Situationen tragen wir einen Hitzeschutzanzug in Kombination mit einem Atemschutzgerät. In diesen silbrigen Spezialanzügen, in denen man wie ein Astronaut aussieht, kann man buchstäblich durchs Feuer gehen! Der Hitzeschutzanzug den die Feuerwehr Düsseldorf verwendet, bietet aber nicht nur Schutz vor Heißdampf und offenem Feuer, sondern auch vor extremer Kälte. Gleichzeitig ist er ein gasdichter Chemikalienschutzanzug von hoher mechanischer Belastbarkeit, dessen Außenseite permanent elektrisch leitfähig ist. Dieses Multitalent hält 20 Minuten einer Dampfaustrittstemperatur von 350 Grad Celsius stand. Sein 6-Lagen-Laminat aus einem KEFLAR-aluminierten, pre-oxidierten-PARA-ARAMID-Gewebe in Kombination mit einem 100-prozentigen PARA-ARAMID-Isolationsfutter lässt kurzfristige Arbeiten bei extremsten Temperaturen von minus 196 Grad Celsius bis plus 850 Grad Celsius, sowie in einer Dauerbeflammung von plus 255 Grad Celsius zu.

Der Angriffstrupp bestand aus zwei erfahrenen Feuerwehrmännern, die in den vielen Jahren ihrer Dienstzeit schon einige heftige Kellerbrände gelöscht hatten. Aber die mörderisch hohen Temperaturen, die ihnen bei diesem Brand bereits vor dem Kellerabgang entgegenschlugen, waren besonders extrem. Dennoch waren sie durch die heißen Brandgase, die der dichte Brandrauch mit sich führte, rückwärts auf allen vieren mit Wasser am Rohr die Kellertreppe hinuntergestiegen. Was sie dort unten jedoch zu spüren und zu sehen bekamen, übertraf alles, was sie bislang erlebt hatten. Eigentlich konnte von Sehen keine Rede sein, denn der tiefschwarze rußige Brandrauch reichte von der Decke bis an den Boden und war für ein menschliches Auge nicht zu durchdringen. Da half den beiden Feuerwehrmännern selbst die mitgeführte Wärmebildkamera nicht weiter. Deren Monitor spiegelte lediglich die im Brandrauch gespeicherte Wärme wider, indem wie bei einem Wetterleuchten kleine Blitze zuckten. Dieses ständige Aufblitzen in der ansonsten rabenschwarzen Wand war auch mit dem bloßen Auge zu erkennen und ein deutliches Zeichen für eine bevorstehende Rauchgasdurchzündung. Bei den Feuerwehrmännern schrillten daher sofort alle Alarmglocken, denn die Rauchgase konnten jeden Moment durchzünden, und dann würde sich der gesamte Kellerbereich in ein einziges flammendes Inferno verwandeln. Vor diesem Hintergrund hatte der Angriffstrupp keine Chance, die Löscharbeiten aufzunehmen. Wenn die beiden Feuerwehrmänner hier unten nicht bei lebendigem Leibe gegrillt werden wollten, mussten sie unverzüglich den Rückweg antreten.

Der Angriffstruppführer tippte deshalb seinem Angriffstruppmann auf die Schulter und gab dem ein unmissverständliches Zeichen zum Rückzug, dann betätigte er die Sprechtaste seines Funkgerätes.

»Akute Gefahr einer Rauchgasdurchzündung. Wir kommen raus.«

So schnell sie konnten, krochen die beiden Feuerwehrmänner die Treppe hinauf. Den unter Druck stehenden, prall gefüllten C-Schlauch ließen sie dabei zurück.

Draußen sahen sich der Zugführer und sein Gruppenführer betreten an. Und jetzt? Schließlich ging es hier um weit mehr, als nur diesen Kellerbrand zu löschen – hier ging in allererster Linie um die Rettung eines Menschen!

Die gefährdete Person, um die es sich dabei handelte, war der Besitzer dieses Einfamilienhauses. Er war selbstständiger Wirtschaftsprüfer und hatte den Keller zu seinem Büro umfunktioniert. Leider hatte er dabei die schlimmsten Fehler begangen, die man aus Sicht der Feuerwehr und des vorbeugenden Brandschutzes begehen konnte. Dieser Keller war ein riesiger Scheiterhaufen. So gab es von der Treppe bis zur Bürotür einen circa 15 Meter langen Kellergang. Auf beiden Seiten stand ein Holzregal an dem anderen. Sie verengten den Gang auf höchstens einen Meter und reichten bis unter die Decke. Und alle waren sie vollgestopft mit Aktenordnern und Kartons, die Unterlagen und Berge von Papier enthielten. Einen

Rauchmelder oder einen Feuerlöscher suchte man hier jedoch vergebens. So gesehen war das im hinteren Kellerbereich befindliche Büro die reinste Feuerfalle, zumal nur dieser extrem schmale Weg zwischen den Regalen nach oben führte.

Es hätte einen zweiten Rettungsweg geben können, da das Büro ein Fenster besaß, welches in einen Lichtschacht führte. Das Fenster war groß genug, um einen erwachsenen Mann hindurchkriechen zu lassen. Aber genau das war der Punkt, dieses Hindurchkriechen-Können. Aus Angst vor möglichen Einbrechern hatte der Hausbesitzer dieses Kellerfenster vergittern lassen. Nun, selbst das wäre nicht schlimm gewesen, wenn er ein schließbares Gitter gewählt hätte, aber er hatte sich für die starre, weil preiswertere Variante entschieden und damit seine eigene Feuerfalle perfektioniert.

All das hatten die Feuerwehrmänner von seiner Ehefrau erfahren, die völlig aufgelöst in einem Rettungswagen betreut wurde. Von ihr wussten sie auch, dass ihr Mann sich noch dort unten in seinem Büro befinden musste. Die Feuerwehrmänner mussten also alles daransetzen, ihn aus diesem Keller zu befreien, und zwar möglichst schnell. Falls er überhaupt noch lebte, verdankte er das nur dem Umstand, dass sein Büro eine metallene Feuerhemmschutztür besaß, wie sie auch für Heizungsräume vorgeschrieben sind.

»Okay, wir machen Folgendes: Ein Trupp geht mit Hitzeschutzanzügen in den Keller und nimmt die Brandbekämpfung auf. Zwei weitere Trupps begeben sich an die Rückseite des Hauses und dringen über den Kellerschacht in das Büro vor.«

»Und das Gitter?«, gab der Gruppenführer zu bedenken. »Das soll wohl ziemlich massiv sein, hatte seine Frau doch gemeint.«

»Na und, dann pressen wir es mit dem Hebkissen aus der Wand, oder hast du eine bessere Idee?«

Der Gruppenführer schüttelte den Kopf. Sie hätten das Gitter natürlich auch mit einer elektrischen Flex auftrennen können, aber der Einsatz des pneumatischen Hebekissens ging schneller. Im Übrigen stellte ein vergittertes Kellerfenster, selbst wenn es noch so massiv und solide im Mauerwerk verankert war, für ihr Hebekissen, das über 80 Tonnen anheben konnte, kein ernsthaftes Problem dar.

Unmittelbar nachdem die Entscheidung für das weitere Vorgehen getroffen war, begaben sich zwei Trupps mit dem Hebekissen samt Steuergerät, den Druckluftschläuchen und der dazugehörigen Pressluftflasche sowie weiteren schweren Brechwerkzeugen im Laufschritt zur hinteren Seite des Hauses. Gleichzeitig öffnete neben dem Löschfahrzeug der andere Trupp die Taschen, in denen die 7,4 Kilo schweren Hitzeschutzanzüge verpackt waren.

Die Feuerwehrmänner schulterten sich zunächst ein Atemschutzgerät auf den Rücken, anschließend halfen ihnen zwei Kollegen beim Anziehen des Hitzeschutzanzugs. Nachdem sie den Anzugträgern zuerst die Lungenautomaten in die Anschlussgewinde ihrer Atemschutzmasken eingedreht hatten, schlossen sie den seitlich angebrachten und bis über den Kopf reichenden 180 Zentimeter langen gas- und flüssigkeitsdichten Reißverschluss. Danach konnten sie die Gesichter ihrer im Anzug steckenden Kollegen hinter der goldbedampften Hitzeschutzscheibe nicht mehr erkennen. Von innen heraus war das Sehen natürlich weiterhin möglich. Zudem besaß die Innenscheibe ein sehr wichtiges Detail – eine Antibeschlagbeschichtung. Dadurch konnte die feuchte Atemluft des Geräteträgers die Sichtscheibe von innen nicht beschlagen, was die eh schon schwierigen Sichtverhältnisse sonst noch weiter beeinträchtigt hätte. Den Feuerwehrhelm mussten den die beiden natürlich anbehalten genau wie ihre Feuerwehrstiefel, über die ihnen ihre Kollegen jetzt zusätzliche chemiebeständige Hitzeschutz-Überschuhe anzogen.

Bevor alle vier gemeinsam zum Keller aufbrachen, testeten sie noch einmal die Funkverbindung. Dazu diente den Feuerwehrmännern im Hitzeschutzanzug eine am Helm befestigte Sprechgarnitur. Die Verständigung funktionierte einwandfrei, es konnte losgehen.

Vor dem Kellerabgang trennten sich ihre Wege. Während die Feuerwehrmänner in ihren silbern glänzenden Hitzeschutzanzügen durch den schwarzen Brandrauch die Kellertreppe hinunterstiegen, eilten die beiden anderen wieder zu ihrem Löschgruppenfahrzeug zurück, um sich ebenfalls mit Atemschutzgeräten auszurüsten.

Die Brandlast in dem Keller war enorm. In den vollgestopften Holzregalen hatte das Feuer reichlich Nahrung gefunden. Und da irgendwo ein Kellerfenster offen stand, erhielt das Feuer ständig neuen Sauerstoff. Inzwischen war die Temperatur hier unten auf fast 800 Grad Celsius gestiegen. Durch die hitzebeständigen Anzüge vor den hohen Brandtemperaturen geschützt, durften es sich die beiden Feuerwehrmänner jedoch erlauben, aufrecht zu gehen. Genau wie ihre Vorgänger, die noch auf allen vieren kriechen mussten, kamen sie trotzdem nur langsam voran. Das lag hauptsächlich daran, dass sie in dem dunklen Brandrauch quasi blind waren und, wenn sie nicht stürzen wollten, sich nur vorsichtig an der Wand des Ganges entlang vorantasten konnten. Hinzu kam, dass einige der Holzregale durch die Einwirkung des Feuers inzwischen in sich zusammengebrochen oder umgestürzt waren, was ihr mühsames Vorankommen zusätzlich erschwerte.

Den zurückgelassenen Feuerwehrschlauch hatten sie aufgenommen und zogen ihn hinter sich her. Die von ihren Kollegen befürchtete Rauchgasdurchzündung war bislang ausgeblieben, was jedoch keineswegs hieß, dass sie nicht kommen könnte, denn immer noch zuckten blitzartige kleine Flämmchen in dem tiefschwarzen Brandrauch auf. So ging das einige Meter, bis plötzlich vor ihnen ein weiteres Regal in sich zusammenbrach. Vor ihren Augen erhellte ein aufstiebendes Funkenmeer kurz die Dunkelheit. Unmittelbar darauf erhellte ein gleißendes Licht schlagartig den gesamten Gang – die Rauchgasdurchzündung!

Beide Feuerwehrmänner waren sofort instinktiv in die Hocke gegangen, dennoch wurden sie von dem Feuerball, der den gesamten Kellergang ausfüllte, erfasst und umhüllt.

Die Durchzündung erlosch genau so schnell, wie sie gekommen war, danach herrschte wieder die gleiche Finsternis. Dank ihres

Hitzeschutzanzuges war den Feuerwehrmännern nichts geschehen, dennoch kauerten sie noch mehrere Sekunden lang wie erstarrt am Boden.

Hinter dem Haus hatten ihre Kollegen mit der Kellerschachtabdeckung kurzen Prozess gemacht. Ihrem schweren Aufbruchwerkzeug hatte die in der Betonwand des Schachts eingedübelte Kette, die das Abdeckgitter sicherte, nicht viel entgegenzusetzen.

Kaum dass der Weg frei war, sprang auch schon einer in den etwa eineinhalb Meter tiefen Schacht hinunter. Die oben Stehenden reichten ihm sofort das Hebekissen an, welches er zwischen der Hauswand und dem im Mauerwerk eingelassenen Fenstergitter platzierte.

»Okay, sitzt. Aufdrehen!«

Einer der Feuerwehrmänner öffnete das Flaschenventil. Die Luft aus der mit 300 Bar Druck gefüllten Pressluftflasche strömte in das Steuergerät und von dort über einen weiteren fingerdicken Hochdruckschlauch in das Hebekissen, welches sich kontinuierlich aufblähte.

»Stopp!«, rief der Feuerwehrmann im Schacht, nachdem das Kissen stramm genug saß, sodass er es nicht mehr festhalten musste.

»Bevor ihr weitermacht, lasst mich erst wieder hier heraus. Nicht dass mir das Gitter in dem engen Schacht noch um die Ohren fliegt.«

Ganz so schlimm wurde es nicht, dennoch war seine Sorge nicht unbegründet. Nachdem sich das Kissen immer weiter aufblähte, platzten zuerst einige Mauersteine, wobei mehrere Bruchstücke herausgeschleudert wurden. Danach rissen auf einer Seite die Verankerungen des Gitters aus dem Mauerwerk. Sofort sprang der Feuerwehrmann wieder in den Schacht, reichte seinen Kollegen das Hebekissen an und befestigte eine Feuerwehrleine an dem Gitter, das sie mit vereinten Kräften, jetzt wo eine Seite frei war, wie ein Fenster aufziehen konnten. Danach galt es nur noch ein letztes Hindernis zu überwinden – das normale Kellerfenster. Eine Kleinigkeit, wenn man keine Vorsicht walten lassen musste und das Fenster gewaltsam aufbrechen durfte. Hier durften sie nicht nur, hier mussten sie sogar, denn ihr Einsatz war ein Wettlauf gegen die Zeit, Zeit, von der sie nichts zu verschenken hatten, besonders weil in dem dahinter befindlichen Büro bereits dunkler Brandrauch waberte.

Die Feuerschutztür hatte den Durchbruch der Flammen bis jetzt verhindern können, nicht aber das Eindringen des lebensgefährlichen Brandrauchs. Wieso der Mann, der bewusstlos am Boden lag, das Fenster nicht geöffnet hatte, konnten die Feuerwehrmänner nur mutmaßen. Später erfuhren sie, dass er zuerst versucht hatte, noch durch den Keller nach draußen zu gelangen. In dem Gang mit den Holzregalen hatte es aber schon so heftig gebrannt, dass er nur einige Meter weit gekommen war. Voller Panik und mit jeder Menge Brandrauch in den Lungen hatte er sich mit letzter Kraft gerade noch zurück in sein Büro flüchten können. Dort war er dann zusammengebrochen.

Als die beiden Feuerwehrmänner in ihren Hitzeschutzanzügen die Tür zum Büro erreichten, wurde der bewusstlose Mann von ihren Kollegen soeben aus dem Kellerschacht gehoben und an die bereitstehenden Rettungsassistenten übergeben. Er wurde kurz darauf mit einer schweren Rauchgasintoxikation mit Notarztbegleitung ins Krankenhaus gefahren.

Eine halbe Stunde später hatten die Feuerwehrmänner das Feuer gelöscht.

Einige Tage später wurde der Mann als geheilt entlassen.

Eine Woche später erhielt die Stadt eine Rechnung über die Reparatur eines aufgebrochenen Kellerschachtes, eines aufgebrochenen Kellergitters und Kellerfensters, sowie die Beseitigung von Schäden am Mauerwerk seines Hauses, verursacht durch die Feuerwehr. Absender und Unterzeichnender dieser Rechnung war der Mann, dem die Feuerwehr durch ihr rasches und umsichtiges Handel sein Leben gerettet hatte.

Einen Tag später erhielt die Branddirektion der Feuerwehr ein Schreiben von der Frau desselben Mannes. Darin bedankte sie sich für die Rettung ihres Mannes, der, wie sie betonte, sein Leben nur dem selbstlosen Einsatz der Feuerwehrmänner verdanke.

65. GRUND

Weil Feuerwehrmänner Taucheranzüge tragen

Offen gestanden fiel mir zu Taucheranzügen nichts Rechtes ein. Was also schreiben? Während ich mir vor dem Computer sitzend noch den Kopf zermarterte, kam mir plötzlich die Idee. Es war vielleicht das Gescheiteste, die Taucher selber zu fragen. Kurz entschlossen setzte ich mich in mein Auto und machte ich mich auf den Weg.

Es hätte wohl mehr Sinn gemacht, vorher einmal anzurufen, denn als ich auf der Feuerwache ankam, hieß es: »Da hast du jetzt aber Pech. Die Taucher sind im Einsatz.«

»Mist. Schon lange, oder meinst du, ich könnte hier auf sie warten?«

»Kann ich dir nicht sagen.«

»Und wo genau die hin sind, weißt du auch nicht, oder?«

Der Feuerwehrmann zuckte mit den Schultern. »Da fragst du am besten auf der Leitstelle nach. Die können dir da sicher mehr dazu sagen. Bist ja schließlich ein Kollege.«

Also auf zur Leitstelle wo ich mit Jürgen, einem Kollegen, sprach, mit dem ich einige Jahre zusammen im Alarm verbracht hatte.

»Du willst denen doch nicht etwa hinterherfahren, oder?«, fragte er mich mit vorwurfsvollem Ton. »Du weißt doch, Katastrophentouristen haben wir nicht so gerne.«

»Mann, Jürgen, ich bin doch keiner von den Gaffern. Ich benötige doch nur ein paar Informationen zu unseren Taucheranzügen. Mehr nicht.«

»Ja, aber dazu musst du die Jungs doch nicht an der Einsatzstelle befragen. Was willst du denn wissen?«

»Hm, offen gestanden weiß ich das selber noch nicht so genau. Ich brauche einfach nur ein paar interessante Gründe, warum Feuerwehrmänner Taucheranzüge tragen.«

Nachdem ich das gesagt hatte, lachte Jürgen so laut auf, dass sich die Disponenten an den anderen Tischen verwundert zu uns umdrehten.

»He Leute!«, rief Jürgen. »Weiß vielleicht einer von euch, warum unsere Taucher Taucheranzüge tragen? Also der Martin will das wissen, ich nicht!«

Die Kollegen an den Nachbartischen sahen sich grinsend an, und einer tippte sich gar in eindeutiger Geste an den Kopf und rief mit überschnappender Stimme: »Ist doch klar, damit die nicht nass werden, ihr Pfeifen!«

Etwas später fuhr ich mit dem gesicherten Wissen nach Hause, dass Feuerwehrmänner Taucheranzüge tragen, damit sie a) nicht nass werden und b) nicht frieren und c) sich vor Verletzungen schützen. Eigentlich hätte ich mit ein wenig Nachdenken auch selber darauf kommen können. Aber so war es auch gut, und ich sagte mir, wie toll es doch ist, so auskunftsfreudige Feuerwehrkameraden zu haben.

Hm ... Ich kratzte mich am Kinn, wäre das nicht ein noch weiterer Grund, Feuerwehrmann zu werden?

66. GRUND

Weil Feuerwehrmänner Schnittschutzhosen und -jacken tragen

Arbeiten mit der Motorkettensäge sind sehr gefährlich. Besonders wenn man den Umgang mit diesem Gerät nicht gewohnt ist oder seine Kettensäge nicht ordentlich pflegt und wartet. Zu dem ordnungsgemäßen Umgang mit der Kettensäge gehört aber auch eine entsprechende Schutzkleidung, wie sie von Wald- und Forstarbeitern und von uns Feuerwehrmännern getragen wird. Privatpersonen scheuen meist diese Ausgabe, weil sie entweder die Gefahren, die von einer Motorkettensäge ausgehen unterschätzen oder schlichtweg zu geizig sind, für diese Spezialschutzbekleidung auch noch Geld auszugeben.

Ein Kollege von mir berichtete von einem Einsatz, bei dem er mit dem Rettungswagen zu einem Mann gerufen wurde, der mit seiner Motorkettensäge Brennholz gesägt hatte. Weil er seine Sägekette aber viel zu stramm auf das Sägeschwert gespannt hatte und die Kette durch übermäßiges Nachschleifen der Zähne schon viel zu dünn geworden war, riss sie mitten im Sägevorgang und schleuderte ihm quer über das Gesicht. Hätte der Mann einen Schutzhelm mit Drahtvisier getragen, wäre es mit Sicherheit nicht zu seinen schweren Verletzungen gekommen. Ich denke, jeder hat genug Fantasie, um sich selber vorzustellen, wie der Mann danach aussah. Hübsch anzusehen war er jedenfalls nicht mehr, dabei konnte er noch von Glück reden, dass ihn dieser schlimme vermeidbare Unfall nicht auch noch sein Augenlicht gekostet hatte.

An diesen Einsatz musste ich denken, als wir heute selber mit dem Rettungswagen zu einem Unfall alarmiert wurden, bei dem sich ebenfalls ein Mann mit einer Motorkettensäge verletzt haben sollte.

Auf dem RTW fährt man immer zu zweit. In dieser Woche bildete ich mit Jochen ein Team. Es gab einige Notärzte die behaupteten, wenn sie mit Jochen fuhren, benötigten ihre Patienten keine Beruhigungsmittel. Nicht, dass das jetzt einer falsch versteht – mein Kollege Jochen wirkt keinesfalls wie ein Röllchen Schlaftabletten. Nein, von ihm ging irgendwie eine besonders beruhigende Wirkung aus – Charisma, ich sage nur Charisma.

Der Mann war so um die 30. Er lag schwer verletzt im Garten eines Zweifamilienhauses. Ganz offensichtlich hatte er sich mit der Kettensäge in den Oberschenkel gesägt. Das Corpus Delicti lag blutverschmiert neben ihm. Hier musste sofort gehandelt werden.

»Haben Sie uns gerufen?«, fragte ich eine alte Frau, die völlig aufgelöst neben dem am Boden Liegenden stand. Sie schien mich gar nicht zu beachten, hielt ihre Hände vors Gesicht geschlagen und jammerte in einem fort: »Oh Gott oh Gott oh Gott! Das Blut, das viele Blut. Oh Gott oh Gott oh Gott!« Möglicherweise war sie ja seine Mutter. Egal, das konnten wir später klären. Der verletzte Mann war wichtiger. Er hatte so viel Blut verloren, dass er bereits eingetrübt und nicht mehr ansprechbar war. Ich kniete mich neben ihn und tastete zunächst nach seinem Halspuls.

»Notarzt?«, fragte Jochen, der auf der anderen Seite kniete und unseren Alukoffer für chirurgische Notfälle bereits aufgeklappt hatte.

»Ja«, nickte ich, »Notarzt.«

»Oh Gott oh Gott oh Gott!«, jammerte die Frau wieder.

Der Verletzte trug eine Jeans. Unter dem aufgerissenen Stoff konnte ich deutlich eine circa 30 Zentimeter lange Wunde erkennen. Sie ging ziemlich tief, möglicherweise bis auf den Oberschenkelknochen, und noch immer suppte Blut aus ihr hervor.

Plötzlich kam ein junger Mann um die Hausecke geschossen. Mit einem Aufschrei warf er sich neben mir an den Boden.

»Abbinden! Da muss sofort abgebunden werden!«, schrie er und riss seinen Hosengürtel aus den Schlaufen, um dem Wahnsinn Taten folgen zu lassen. Dabei schubste er mich so heftig zur Seite, dass ich umkippte.

»Oh Gott oh Gott oh Gott!«

»JOCHEN!«

Nachdem Jochen den jungen Mann nicht gerade übermäßig zärtlich von dem Verletzten weggezogen hatte, sah er ihn streng an und erklärte: »Abbinden macht man heute nicht mehr, verstanden.«

Der Mann, der Sekunden zuvor noch wie von Sinnen gewesen war, nickte brav wie ein Lämmchen. Sag ich doch – Charisma.

Ich hatte mich derweil wieder aufgerappelt und die Verbandmaterialien für einen großen Druckverband aus unserem Notfallkoffer herausgenommen.

»Jochen, wir brauchen 'ne Infusion. Machst du eine fertig? Ich muss mich hier um den Druckverband kümmern.«

»Komm, da fasse ich erst mal mit an. Geht zu zweit besser.«

»Aber die Infusion ...«

»Muss warten. Lass uns erst die Blutung stillen, das ist wichtiger.«

Er hatte recht. Nachdem das geschafft war, wir hatten das verletzte Bein zusätzlich mit einer aufblasbaren Kammerschiene stabilisiert, konnten wir uns um die Infusion kümmern.

»Was war eigentlich mit dem Notarzt?«, fragte ich, als mir Jochen das Desinfektionsspray und die Infusionsnadel anreichte.

Ein Notarzt kommt nicht. Sind alle im Einsatz. Wir werden das hier alleine schaffen müssen.«

»Oh Gott oh Gott oh Gott!«, heulte die Alte auf.

»Mann, die geht die mir mit ihrem ›Oh Gott oh Gott oh Gott‹ ganz schön auf den Senkel«, zischte ich. »Kannst du die nicht auch ...«

»Klar«, raunte Jochen zurück und erhob sich.

In dem Moment, als ich die Infusionsnadel einstechen wollte, stimmte die Frau zu einem erneuten »Oh Gott oh Gott oh Gott« an. Jochen legte den Zeigefinger an seine Lippen.

»Pssssst.«

»Oh Gott oh Gott oh ...«

»Nein.«

Er schüttelte den Kopf, die Frau verstummte, und ich stach die Infusionsnadel (eine großvolumige braune Viggo) in die Unterarmvene der Ellenbeuge.

Nachdem wir die Kreislauf-stabilisierende Infusion angeschlossen hatten, ließen wir den Verletzten Sauerstoff inhalieren und fuhren ihn in das nächstgelegene Notfallkrankenhaus. Aufgrund seines hohen Blutverlustes hatte er bei der anschließenden erfolgreich verlaufenden Operation zwei Blutkonserven erhalten.

Bei der jammernden alten Frau hatte es sich, wie schon von mir vermutet, tatsächlich um die Mutter des Verletzten gehandelt. Für sie und für den verstörten jungen Mann, der, wie sich herausstellte, der Bruder des Verletzten war, hatten wir den psychologischen Dienst der Feuerwehr angefordert, da wir die beiden in ihrer momentanen Verfassung weder mitnehmen, noch so alleine zurücklassen konnten.

Da dies nicht mein einziger Unfall mit Motorkettensägen war und andere Feuerwehrmänner und Rettungsdienste immer wieder zu teils dramatisch verlaufenden Arbeitsunfällen mit dieser gefährlichen Säge alarmiert werden, gebe ich hier noch einige wichtige Hinweise zum sicheren Umgang mit Motorkettensägen:

- Nicht alle auf dem Markt angebotenen Kettensägen sind sicher und brauchbar.
- Sparen Sie deshalb nicht an der falschen Stelle und achten Sie beim Kauf auf die GS-, FPA- und DLG-Prüfzeichen.
- Besuchen Sie einen Motorsägekurs.
- Überlassen Sie Reparaturen und Wartungsarbeiten der Fachwerkstatt.
- Tragen Sie beim Arbeiten mit der Motorkettensäge immer vorschriftsmäßige Schutzkleidung. Dazu zählen professionelle Arbeitsschuhe mit hohem Schaft oder Stiefel mit Zehenschutzkappen. Eine Hose mit Schnittschutzeinlage. Eine entsprechende Arbeitsjacke.
- Einen Helm mit Gesichtsschutz.
- Übrigens: Jugendliche unter 16 Jahren dürfen nicht mit Motorsägen arbeiten.

67. GRUND

Weil Feuerwehrmänner Bienenschutzkleidung tragen

Die Biene, in der Fabel auch Imme genannt, ist bekanntermaßen eines der nützlichsten Insekten und steht daher unter Artenschutz. Wespen und Hornissen genießen übrigens das gleiche Privileg, und das, obwohl sie uns Menschen nicht zu dem köstlichem Honig verhelfen, den die sprichwörtlich fleißigen Bienen produzieren.

Leider haben alle diese netten kleinen Tierchen auch eine unangenehme Eigenschaft – sie können stechen. Normalerweise sind sie friedlich, aber manchmal reagieren sie aggressiv – besonders dann, wenn wir nach ihnen schlagen, und erst recht wenn wir ihre Nester entfernen wollen, was, wie eingangs erwähnt, aufgrund des Artenschutzes eigentlich strengstens verboten ist. Allerdings gibt es Ausnahmen. Zum Beispiel wenn sich ein Wespennest wie hier in einem Kindergartens befindet. In solchen und ähnlichen Fällen werden oft die Feuerwehren um Hilfe gerufen.

Als uns die Leitstelle zu diesem Kindergarten schickte, wussten mein Kollege und ich noch nicht, ob es sich bei diesem Einsatz tatsächlich um Wespen, Hornissen oder doch eher um Bienen handelte, die um diese Jahreszeit gerade ausschwärmten.

Angeblich würde es in der Nähe einer Tür, die zum Außengelände führte, nur so von Bienen wimmeln, meinte die Leiterin des Kindergartens, die uns schon ungeduldig auf der Straße erwartete. »Das ist ein einziges Brummen und Schwirren«, erklärte sie besorgt und betonte: »Das ist so was von gefährlich, da können wir die Kinder unmöglich nach draußen lassen.« Außerdem hätten die Kinder fürchterliche Angst, hinauszugehen.

Wir nickten verständnisvoll, und ich riss mich zu der unbedachten Äußerung hin: »Na, dann zeigen Sie uns mal Ihre kleinen wilden Bestien.«

Der gestrenge Blick, mit dem mich die Leiterin des Kindergartens daraufhin strafte, erinnerte mich sehr an eine meiner früheren Lehrerinnen und ließ darauf schließen, dass sie meine Äußerung wohl in die falsche Kehle bekommen hatte. So glaubte ich zumindest und versuchte, meinen schlechten Eindruck dadurch zu korrigieren, indem ich mich verbesserte und sagte: »Entschuldigung, nicht dass Sie mich jetzt falsch verstehen. Also das mit den wilden Bestien bezog sich lediglich auf die Insekten und keineswegs auf Ihre Kinder hier.«

Oh oh, ich biss mir auf die Unterlippe, denn das war jetzt erst recht in die Hose gegangen. Ihr erneuter Blick drückte unmissverständlich ihre ganze Bandbreite von Verachtung bis Missfallen aus. Es wäre wohl besser gewesen, ich hätte nichts weiter gesagt, sondern einfach geschwiegen. Ich war daher froh, als mein älterer erfahrener Kollege mich aus der Schusslinie brachte, indem er mir den Auftrag erteilte: »Martin, hol doch schon mal unsere Bienenschutzanzüge.«

Unsere Bienenschutzanzüge sind Overalls aus einem hellen Baumwollstoff. Zusammen mit dem speziellen Hut und Lederhandschuhen mit langen Stulpen bildet er die klassische Schutzkleidung wie sie auch von Imkern getragen wird. Natürlich besitzen wir auch Bienenkästen, in denen wir nicht selten riesige Trauben von mehreren Hundert Bienen einfangen, die dann an Imker übergeben werden. Nur diesen qualmenden Selbstraucher haben wir nicht und auch nicht die Rauch erzeugende Imkerpfeife. Wir versuchen, unsere Bienen mit dem Wassernebel aus einer Sprühflasche zu beruhigen, was einige Imker übrigens auch machen. Bisher funktionierte das auch ganz gut – nur heute nicht. Aber heute hatten wir es auch nicht mit Bienen zu tun, sondern mit Wespen. Und die, so hatte ich den Eindruck, waren überhaupt nicht kooperativ.

Die lieben Tierchen hatten sich für ihren Nestbau den Klassiker ausgesucht – den Jalousienkasten über der bewussten Tür, die in den Spielgarten führte.

»Martin. Schraubendreher und Klappleiter. Und bring auch 'n Kehrblech und einen Handfeger mit.«

»Alles klar, Peter.«

Ich ging also noch einmal zu unserem Fahrzeug, um die Leiter und das benötigte Werkzeug zu holen. Für den Rückweg nutzte ich ein seitliches Gartentor, das mir eine Kindergärtnerin aufschloss. Peter hatte seinen Imkeranzug bereits angezogen und stand draußen vor der Tür. Zahllose Wespen umschwirrten ihn. Innen an der Scheibe drückten sich die mutigsten Kinder ihre Nasen platt, um sich ja nichts entgehen zu lassen. Die ängstlicheren hatten sich vorsichtshalber in die Spielecken verzogen.

Weil ich zunächst in gebührender Entfernung zu meinem Kollegen stehen geblieben war, winkte mir Peter und rief. »Na los, worauf wartest du!? Bring die Sachen her!«

Ich winkte ihm auch, aber ab, und rief zurück. »Ohne den Bienenanzug!? Keinen Meter!«

Als er sah, dass ich tatsächlich keine Anstalten machte, näher zu kommen, brachte er mir den Anzug.

»Hier, du Feigling.«

Da ich mir schon einmal den Mund verbrannt hatte, sagte ich nichts dazu und zog schweigend den Overall über meine normale Einsatzkleidung. Anschließend setzte ich mir den Imkerhut auf, zog das daran befestigte Netz bis auf meine Schultern und verknotete dessen Bänder vor der Brust.

»Kannst du bitte mal nachsehen ob bei mir hinten auch alles dicht ist?«

»Ich glaube, ich sollte lieber mal nachsehen, ob bei dir überhaupt noch alles noch dicht ist«, frotzelte mein Kollege und stieß mich an. »Na los, komm schon. Die Arbeit macht sich schließlich nicht von alleine!«

Ich stellte die Klappleiter vor das besagte Fenster, wo es vor krabbelnden und fliegenden Wespen nur so wimmelte. Erwartungsvoll hielt ich Peter den Schraubendreher entgegen.

»Hier. Willst du, oder soll ich …«

»Nö nö, mach man ruhig selbst. Ich kenne das ja schon zur Genüge, aber du …«

Stimmt, das hier war zwar nicht mein erstes Wespennest, aber mein erstes im Jalousiekasten eines Kindergartens.

»Jetzt steig schon hoch«, forderte mein Kollege mich auf, als ich zögerte. »Die tun nix, die wollen nur spielen.«

»Ja, ist klar, Mann. Im Übrigen sagt man so was nur im Zusammenhang mit bissigen Hunden.«

»Umso besser. Dann brauchst du ja keine Angst zu haben, du Oberschlau. Die Summsemänner hier können nämlich nicht beißen.«

»Aber stechen.«

»Ja ja«, winkte Peter ab. »Jetzt mach schon und schraub endlich den Kasten auf!«

Oben auf der Leiter hörte sich das Brummen aus dem Kasten verdammt gefährlich an. Ich hatte kein gutes Gefühl. Zu Recht, denn kaum dass ich das vordere Brett des Kastens gelöst hatte, da fielen die wütenden Wespen auch schon über mich her.

Die Kinder, die das von drinnen mit ansahen, rannten schreiend davon.

Hätte ich am liebsten auch getan. Ging natürlich nicht, denn erstens war ich ein Feuerwehrmann, und zweitens: Wie hätte das ausgesehen, zumal ich doch diesen Bienenschutzanzug trug, der mich vor ihren Stichen schützte.

Peter reichte mir den Handfeger und das Kehrblech hoch.

»Hier nimm mal an.«

Dann stieg er mit einem größeren Pappkarton zu mir auf die Leiter.

»So, alles auffegen und hier hinein.«

Er hielt mir den Pappkarton entgegen, damit ich seiner Aufforderung gut nachkommen konnte. Dann folgte jener denkwürdige Moment, in dem sich die Wespen überhaupt nicht kooperativ zeigten und drei, oder waren es sogar vier, es irgendwie unter mein Netz schafften.

»Kein Problem, kein Problem«, versuchte mich Peter zu beruhigen, als er eine gewisse Panik in meinen Augen zu erkennen glaubte.

Wie war das doch gleich? Die wollen nur spielen. Ja, aber verdammt noch mal bitte nicht an meiner Nase!

»AHHHHH!!!«

»Was ist? Hat dich etwa eine gestochen?«

Was für eine bescheuerte Frage!

»AHHHHHH!!!«
»Noch mal?«
»AHHHHHH!!!«
»Schon wieder?«
Mir reichte es. Mit einem panterähnlichen Satz war ich von der Leiter und rannte, von einigen besonders treuen Anhängern verfolgt, in die Tiefen des Gartens, wo ich mir, mich halbwegs in Sicherheit wähnend, vor den Augen der Kinder hinter einem Gestrüpp verborgen hastig Hut und Netz vom Gesicht riss.

Mmmmmmm, wie das brannte. Besonders meine Nase. Ich glaube, da war ich sogar zwei Mal hineingestochen worden. Und in die Unterlippe, die zusehends anschwoll, bestimmt auch.

Auf einmal stand Peter bei mir.

»Komm, lass mal sehen.«

Ich schüttelte meine Hände und hampelte dazu von einem Bein auf das andere, als könne das den Schmerz betäuben.

»Mann, jetzt bleib doch mal ruhig. Du stellst dich ja an wie ein Mädchen.«

»Du hast gut reden, du bist ja auch nicht zig Mal gestochen worden«, jammerte ich, blieb jetzt aber ruhig stehen.

»Ja, Nase zwei ... Unterlippe ... schätze da nur einen.«

Nur einen! Sagte der nur einen?!

»Und wo noch?«

»Hinten im Nacken.«

»Ah ja. Da sind auch zwei. Sonst noch wo?«

»Reicht das nicht?«

»Doch, das reicht«, sagte Peter, wobei er sich das Lachen kaum verkneifen konnte.

Das Wespennest mitsamt Wespen, die wir in dem Karton eingefangen hatten, hatten wir später in einem kleinen Wäldchen ausgesetzt.

Zurück auf der Feuerwache, durfte ich mir den Rest des Tages die spöttischen Bemerkungen meiner lieben Kollegen anhören. Sprüche

wie: »Mann Martin, mit wem hast du denn rumgeknutscht« oder »Welcher Schönheitschirurg hat dir denn die Nase vergrößert?«
Und immer wieder: »Boooah, ist die dick!«
»Ja, und so schön rot.«
»Seine Unterlippe ist aber auch nicht zu verachten.«
»Bestimmt mit Botox aufgespritzt.«
»War sicher sündhaft teuer, oder …?«
Kollegen, ich hasse euch!

KAPITEL 3

DER ALLTAG AUF DER FEUERWACHE

Feuerwehrmänner machen alles gemeinsam

68. GRUND

Weil Feuerwehrmänner gemeinsam kochen und essen

Wie war das doch gleich? Ohne Mampf kein Kampf! Diese gesicherte Erkenntnis forderte unseren Köchen, die, wie Sie ja bereits lesen konnten, ebenfalls Feuerwehrmänner waren, immer wieder alles ab. Nicht nur, dass sie jede Dienstschicht ihre kulinarischen Fähigkeiten einer hungrigen Meute gegenüber neu unter Beweis stellen mussten, nein, sie mussten sich bei der Zubereitung manchmal auch noch mit unqualifiziertem Küchenpersonal herumschlagen.

Zugegeben, nicht jeder Küchenhelfer war unqualifiziert oder arbeitsunwillig. Nehmen Sie mich zum Beispiel – ich war, daran dürfte wohl niemand, der dieses Buch liest, zweifeln, ein geradezu begeisterter Kartoffelschäler. Die Virtuosität, mit der ich das in einem Gelenk bewegliche Kartoffelschälmesser beherrschte, hatte schon etwas Künstlerisches. Vielleicht erhielt ich deshalb von unseren Köchen auch oft solche wohlmeinenden Aufforderungen wie: »He du Künstler, du sollst die Kartoffeln schälen, nicht streicheln.« Oder: »Kann den lahmen Sack nicht mal einer ablösen, sonst bekommt heute nämlich keiner mehr was zu essen!«

Tja, Künstler werden halt nicht von jedem verstanden. Ich verstehe ja auch nicht, wieso der Kadaver einer Kuh, aus 40 Metern Höhe bei Walzerklängen und Feuerwerk von einem Hubschrauber auf einen öffentlichen Platz geworfen, Kunst sein sollte. Das hatte es im Juli 2001 tatsächlich gegeben! Der Typ, der sich das ausgedacht hatte nannte sich Performance-Künstler, und seine perverse Schweinerei wurde nicht nur amtlich genehmigt, sondern sogar noch von der Berliner Kunstsenatorin unterstützt!

Also wenn mir in unserer Feuerwehrküche ein Stück Gulasch auf den Fliesenboden gefallen wäre, hätte mir das höchstens einen Rüffel vom Koch eingebracht, aber niemals öffentliche Bewunderung. Davon abgesehen, hatte ich das Level Gulaschschneiden nie erreicht. Mein Maximum lag bei Möhrenschrubben und Zwiebelschälen.

Apropos Zwiebelschälen. Was das betrifft, da habe ich tatsächlich schon einige hartnäckige Arbeitsverweigerer erlebt. Ansonsten hoch geachtete Kollegen, die nach der Aufforderung »Und du schälst jetzt diese Zwiebeln hier« vehement in einen gewerkschaftlich nicht organisierten wilden Ein-Mann-Streik getreten waren.

Nach jahrelangen Recherchen in mehreren Feuerwehrküchen, wo ich überall das gleiche Phänomen feststellen konnte, bin ich heute in der Lage, dazu eine schlüssige Hypothese zu liefern. Fakt ist: Feuerwehrmänner sind harte Männer. Und Fakt ist ebenfalls: Harte Männer weinen nicht. Und genau da kommt die Zwiebel ins Spiel. Beim Schälen und beim anschließenden Zerkleinern, dabei spielt es keine Rolle, ob die Zwiebel in Ringe oder in Würfel zerkleinert wird (das haben etliche Selbstversuche bewiesen), kommen sogar den ganz harten Männern die Tränen. Ja, ich habe harte Männer weinen sehen! Feuerwehrmänner, die vor Küchenarbeitsplatten standen und wie Schlosshunde heulten, was, so meine Hypothese, der wahre Grund für ihre Arbeitsverweigerung war.

Als ich wie gewohnt eine halbe Stunde vor Dienstbeginn meine Feuerwache betrat, sah ich sofort, dass die Fahrzeughalle leer war. Also befanden sich die Kollegen der 2. Tour, die ich mit meinen Männern an diesem frühen Morgen ablösen sollte, noch in einem Einsatz. Ob es sich dabei um einen Brandeinsatz oder um eine technische Hilfeleistung oder was sonst immer handelte, konnte ich nur in Erfahrung bringen, indem ich auf der Leitstelle anrief und nachfragte. Das tat ich, nachdem ich mich umgezogen hatte, denn schließlich war ich der Dienstgruppenleiter und musste, falls es sich um einen länger dauernden Einsatz handelte, die Kollegen (die immerhin schon seit 24 Stunden im Dienst waren) mit meinen Männern vor Ort, also an der Einsatzstelle, ablösen.

»Ablösen ist nicht mehr nötig, Martin«, sagte der Leitstellendisponent am Telefon und meinte: »Die Jungs packen gerade zusammen und müssten in spätestens 20 Minuten wieder auf der Wache sein. Kannst ja so lange einen Kaffee trinken.«

Das mit dem Kaffee klappte nicht, denn bevor die eigentliche Schicht begann, hatte ich immer noch einigen Papierkram im Büro zu erledigen. Während ich an meinem Schreibtisch saß, schneiten ständig Kollegen herein und fragten: »Was Großes? Müssen wir ablösen?«

»Nein«, erwiderte ich, ohne aufzusehen. »War nur 'n Küchenbrand. Die kommen gleich zurück. Trink so lange 'nen Kaffee.«

Zur Erklärung: Jeder Brand in der eigenen Wohnung oder im eigenen Haus ist für die Betroffenen immer eine große Katastrophe. Für uns jedoch, die wir im Jahr mehrere Tausend Brände löschen, ist ein Küchenbrand nichts, worüber wir noch große Worte verlieren. Mein Telefon klingelte. Es war Jörg, er meldete sich krank. Nachdem ich ihm gute Besserung gewünscht hatte, rief ich umgehend den Verfügungsdienst an. Für jede Dienstschicht gibt es immer zwei Verfügungsdienste. Das sind Feuerwehrmänner, die ich im Bedarfsfall aktiviere, wenn, so wie jetzt, einer aus meiner regulären Mannschaft ausfällt. Allerdings funktioniert das nur bis 10:00 Uhr. So lange müssen die V-Dienste am Telefon erreichbar sein. Wenn danach noch jemand ausfallen sollte, habe ich Pech gehabt und muss zusehen, wie ich die Einsätze des Tages, und da gibt es immer welche, mit einem Mann weniger bewältige.

Ich hatte gerade den ersten V-Dienst aktiviert, da rief ein zweiter Kollege an und meldete sich ebenfalls krank. Also musste ich den zweiten V-Dienst auch aktivieren. Bis er hier eintraf, konnte allerdings einige Zeit vergehen, da der Kollege eine relativ weite Anfahrt hatte – er wohnte jenseits des Rheins in der Nähe der holländischen Grenze.

Eine Stunde später kam der Koch in mein Büro.

»Chef, ich müsste mal einen Mann zum Metzger schicken, geht das?«

»Tut mir leid, Jochen, aber solange die V-Dienste noch nicht eingetroffen sind, kann ich niemanden entbehren.«

»Na gut«, sagte Jochen, »dann gibt's heute Mittag eben nix zu beißen.«

Schon wollte er auf dem Absatz kehrtmachen, da rief ich: »Was heißt hier, dann gibt's heute Mittag nix zu beißen?«

»Genau das, was ich gesagt habe. Es gibt nix. Punkt, Aus, Ende.«

»Und wieso bitteschön?«

»Weil ich heute Gulasch machen wollte und der Koch von der anderen Tour vergessen hat, das Fleisch aus der Tiefkühlung zu nehmen. Deshalb«, schimpfte Jochen und erklärte: »Bis Mittag bekomme ich das Fleisch nämlich nicht mehr aufgetaut, so!«

»So!«, sagte ich ebenfalls. »Dann gibt es heute eben kein Gulasch, sondern etwas anderes. Das kann doch für dich nicht so schwer sein, oder?«

»Ja was meinst du, warum ich zu dir gekommen bin!«, sagte Jochen verärgert. »Ich will jetzt einen Mann zum Metzger schicken, damit er für heute Mittag Bratwürste holt. Klaro?«

»Ruhig, ganz ruhig, Jochen.« Ich hob beschwichtigend die Hände. »Sobald die V-Dienste da sind, kannst du selbstverständlich sofort jemanden losschicken. Aber bis dahin hältst du bitte die Hufe still. Klaro?«

Kurz nach diesem Gespräch traf der erste V-Dienst ein. Eine viertel Stunde später klingelte erneut mein Telefon. Es war Uli, mein zweiter V-Dienst. Er berichtete, dass er auf dem Weg zur Arbeit in einen Unfall verwickelt wäre.

»Ist dir was passiert?«, fragte ich besorgt.

»Nein, ich bin okay, aber mein Auto ist platt. Ich melde mich auch nur, weil das hier bestimmt noch bis Mittag dauert.«
»Gut, danke, dass du mich angerufen hast. Dann regele erst mal deinen Kram und mach heute frei. Oder sollen wir dir Hilfe schicken?«
»Ne ne, nicht nötig. Die Polizei ist vor Ort, und die Abschlepper müssten auch schon unterwegs sein.«
»Die Abschlepper?«
»Ja, hier sind insgesamt sechs Fahrzeuge betroffen. Lkw auf Stauende, du verstehst?«
»Und dir ist wirklich nicht passiert?«
»Ja, ich bin okay, und die anderen Fahrer haben auch alle Glück gehabt. Außer Blechschaden ist keinem was passiert.«
Ich hatte gerade erst aufgelegt, da erschien unser Koch erneut im Büro. Diesmal war er richtig verärgert und legte sogleich los:
»Hör zu, beide Rettungswagen sind raus!«
»Ich weiß.«
»Ja, die sollten mir aber die Kartoffeln schälen.«
»Rettungseinsätze haben nun mal Vorrang, Jochen.«
»Weiß ich auch, ich bin ja schließlich nicht blöd. Aber als ich den Tagesdienst darum bat, dass er mir zwei andere Männer in die Küche schicken sollte, sagte der doch glatt, heute sei Autowaschtag, und deshalb könne er niemanden entbehren. Der spinnt doch wohl!«
Ich atmete tief durch. »Okay, ich kümmere mich drum.«
»Na hoffentlich. Aber dann kannst du dem auch gleich sagen, dass ich noch jemanden für die Zwiebeln und die Möhren brauche.«
»Sonst noch was?«
Nachdem unser sonst so friedliebender Koch davongerauscht war, überlegte ich, was er eigentlich noch selber machte, wenn ihm schon jemand die Kartoffel schälte, die Möhren schrubbte und die Zwiebeln häutete.
»Ach, scheiß doch was drauf«, murmelte ich. Essen war schließlich wichtiger als Autowaschen. Schon nahm ich das Mikro, um

über die hauseigene Rundspruchanlage den Tagesdienst auszurufen, da ertönte der Vierfachgong – Feueralarm!

»Einsatz für die Feuerwachen 6 und 7 und den C-Dienst 6 zur Karl-Pullenbach-Straße 27 B, vermutlich Dachstuhlbrand! Es rücken aus: An Feuerwache 6 das LF, die Drehleiter und der RTW. An Feuerwache 7 der Löschzug und das TLF.«

»Möglicherweise ist es ja nur ein Fehlalarm«, versuchte ich, unseren Koch zu besänftigen, der nach dieser Einsatzmeldung natürlich seine Küche verlassen musste. Jetzt saß er neben mir als Maschinist hinter dem Steuer und lenkte unser erstes LF mit blitzenden Blaulichtern und eingeschaltetem Martinshorn über die innerstädtische Schnellstraße in Richtung Garath. Er knurrte etwas Unverständliches. Wir hatten die Einsatzstelle noch nicht erreicht, da sahen wir voraus schon den großen schwarzen Rauchpilz in den Himmel steigen.

Okay, das war's dann wohl, ihr Bratwürste, Zwiebeln, Möhren und Kartoffeln. Heute Mittag seid ihr noch einmal verschont geblieben, aber glaubt ja nicht, dass ihr uns endgültig davonkommen werdet. Spätestens nächste Dienstschicht werdet ihr garantiert aufgegessen!

Der Einsatz dauerte bis in den späten Nachmittag. Und wie so oft kreiste deshalb am Abend eine Liste, auf der jeder ankreuzen konnte, was er bestellen wollte. Was die Auswahl betraf, so waren wir total multikulti. Zur Wahl standen Pizza, Döner, Gyros Pita, halbes gebratenes Hähnchen oder der Klassiker, Currywurst mit Pommes Majo oder Pommes rot-weiß.

Ich hatte mich für den Klassiker entschieden.

69. GRUND

Weil Feuerwehrmänner gemeinsam putzen

Es soll tatsächlich noch Menschen geben, die denken, wir Feuerwehrmänner säßen den lieben langen Tag Karten dreschend und

Bierchen trinkend auf unsren fetten Ärschen und warteten auf den Einsatz. Das ist natürlich nicht so!!!

Festzuhalten ist erstens: Feuerwehrmänner haben keine fetten Ärsche, sondern maximal wohl proportioniert gerundete Popos; zweitens trinken Feuerwehrmänner im Dienst kein Bier, und drittens, wenn überhaupt Karten gedroschen werden, so geschieht dies nur nach den regulären Arbeitsstunden in ihrer Bereitschaftszeit.

Der 24-stündige Tagesablauf von Berufsfeuerwehrmännern auf unseren Feuerwachen ist nämlich streng strukturiert in Arbeitszeiten und Bereitschaftszeiten.

In den Arbeitszeiten, die, von der Frühstücks- und Mittagspause unterbrochen, wie bei den meisten Werktätigen bis zum Nachmittag dauern, werden sämtliche Arbeiten verrichtet, die auf jeder Feuerwache so anfallen. Abgesehen von täglichen Trainingseinheiten und Wachunterrichten sowie der Pflege und Wartung der Fahrzeuge und aller Einsatzgeräte, gehören dazu auch kleinere (und manchmal sogar größere) Instandhaltungsarbeiten am Wachgebäude sowie die Reinigung von Haus und Hof. Die Verteilung dieser Arbeiten obliegt dem bereits mehrfach genannten Tagesdienst. Während die Küchenhilfstätigkeiten meist von denen in Weiß (das sind die Rettungswagenbesatzungen) übernommen werden, sind für alle anderen Arbeiten die in Blau (das ist die Löschzugmannschaft), vom Tagesdienst auch gerne als Löschknechte tituliert, zuständig.

Heute war mal wieder so ein spezieller Tag, an dem bei uns besonders viele Arbeiten anstanden. Am vordringlichsten war die Reinigung des Löschzugs, der nach dem nächtlichen Großeinsatz, den die andere Tour erst in den frühen Morgenstunden beendet hatte, total versaut auf dem Hof stand.

»Hört zu, ihr Löschknechte!«, rief der Tagesdienst. »Die morgendliche Übung findet heute erst nach der Frühstückspause statt. Anordnung vom Chef. Bis dahin bringen wir den Löschzug wieder tipptopp in Ordnung. Das betrifft auch die Gerätefächer, kapiert!?«

»Mensch Günter! Spiel dich bloß nicht so auf, nur weil du heute zum ersten Mal Tagesdienst sein darfst! Sieh lieber zu, dass sich jemand ums Frühstück kümmert.«

»Das macht doch immer die RTW-Besatzung.«

»Ja von wegen! RTW 1 muss noch desinfiziert werden, und RTW 2 ist im Einsatz. Haste wohl noch nicht mitbekommen, wie?«

Lautes Gelächter.

»Ja ja, der Günter!«

»Der denkt wohl, weil er heute Tagesdienst ist, könnte er uns schon herumkommandieren.«

»Hm, aber in Wirklichkeit muss er noch viel lernen.«

»Ihr seid ja blöd!«, rief der so Verhöhnte und bestimmte zwei Mann in die Küche zum Brötchenschmieren. »So, zufrieden? Und jetzt an die Arbeit! Ich mache auch mit.«

»Das wollten wir dir auch geraten haben, Jüngelchen!«

Was hier vielleicht als ernsthafter Disput zu lesen ist, war im Grunde nur eine harmlose Kabbelei, wie sie unter Feuerwehrmännern immer wieder vorkommt. Bei der anschließenden Fahrzeug- und Gerätepflege arbeiteten alle gewohnt Hand in Hand, sodass der Löschzug rechtzeitig zum Frühstück wieder blitzsauber in der Fahrzeughalle stand.

Die Brötchen waren ebenfalls fertig, und der Geruch nach frisch gebrühtem Kaffee stach allen schon in der Nase, da gab es Feueralarm. Schlagartig zerplatzten unsere Frühstücksträume wie eine bunt schillernde Seifenblase.

Der angebliche Zimmerbrand entpuppte sich als ein brennender Müllcontainer. Den zu löschen, bedurfte es keines kompletten Löschzugs, deshalb blieb lediglich das zweite LF an der Einsatzstelle. Das erste LF 1 und die Drehleiter durften wieder einrücken.

»Wehe, ihr vergreift euch an unseren Brötchen!«, riefen die Zurückgebliebenen, während wir anderen mit breit grinsenden Gesichtern in der Hoffnung, das verpasste Frühstück jetzt doch noch zu erhalten, davonfuhren. Allzu lange währte unsre Freude nicht.

Keine zwei Minuten nachdem wir die Feuerwache erreicht und uns mit Kaffee und Brötchen an die Tische gesetzt hatten, ertönte erneut der Alarmgong. Wie die meisten war auch ich nicht einmal dazu gekommen, den ersten Schluck Kaffee zu trinken, da mussten wir schon wieder aufspringen.

»Verkehrsunfall mit eingeklemmter Person im Pkw!«, erklang die Durchsage aus sämtlichen Lautsprechern.

»So ein Mist!«, fluchte der Tagesdienst, der sich während des Laufens sein Brötchen in den Mund stopfte. Andere, die es ihm gleichgetan hatten, rannten ebenfalls mit kauenden Backen über den gefliesten Gang in Richtung Fahrzeughalle. Diesmal dauerte der Einsatz etwas länger, sodass wir erst spät auf unsere Feuerwache zurückkehrten. Da es für die Zubereitung einer richtigen Mittagsmahlzeit inzwischen zu spät geworden war, zückte der Tagesdienst Papier und Bleistift und schaute erwartungsvoll in die Runde. Keiner muckste sich.

»Was!?

»Ne! Nicht schon wieder Döner und Pommes?«

»Was denn sonst?«

»He Leute!«, rief da der Koch. »Wir haben doch noch den Kartoffelsalat, den uns die andere Tour überlassen hat. Wie wäre es denn damit?«

»Gute Idee. Und dazu machen wir uns ein paar Dosen Würstchen warm. Wir haben doch Würstchen, oder?«

Klar hatten wir Würstchen.

Nach der Mittagspause stand eine große Entrümpelungsaktion an, an der sich bis auf die RTW-Besatzungen alle beteiligten. Aus unerfindlichen Gründen hatte sich auf unserer Wache gleich an mehreren Stellen jede Menge Gerümpel und Metallschrott angesammelt. Am schlimmsten sah es in der Schlosserei aus, wo schon seit Jahren auch das noch so kleinste Stückchen Metall aufgehoben worden war. In einer Ecke unter der Remise und in zwei Kellerräumen sah es auch nicht viel besser aus. Niemand hatte sich bislang wirklich darum gekümmert – niemand, bis heute.

Für 17:00 Uhr war ein Schrotthändler bestellt, der den ganzen Kram abholen sollte. Bis dahin mussten wir also alles hervor- und herausgeholt haben, was irgendwie nach Metall roch.

Der Berg, den wir zusammentrugen, war recht ansehnlich, und so kursierten in einigen Köpfen schnell fantasievolle Summen, die wir mit diesem Schrott erzielen müssten.

»Jungs, ich sag euch, das bringt zusammen locker 200 Mäuse.«

Die Ernüchterung erfolgte, nachdem wir dem Schrotthändler alles auf seinen Pritschenwagen aufgeladen hatten. Statt der vollmundigen 200 Mäuse gab es nach zähen Verhandlungen lediglich 'nen Fuffi.

Immerhin dachte ich mir, 50 Euro sind besser als nix, und war froh, dass wir dank dieser Gemeinschaftsaktion die Schrottecken auf unserer Wache endlich beseitigt und aufgeräumt hatten.

70. GRUND

Weil Feuerwehrmänner gemeinsam schlafen

Haben Sie wirklich ernsthaft geglaubt, Feuerwehrmänner würden schlafen?

Zugegeben, der Gedanke, anzunehmen, dass Feuerwehrmänner, die schließlich 24 Stunden, also einmal rund um die Uhr, im Dienst sind, auch einige Stunden Schlaf benötigen, ist nicht abwegig. Bevor ich selber zur Feuerwehr kam, habe ich das auch noch geglaubt, also das mit dem Schlafen, zumal mir bekannt war, dass es auf den Wachen der Berufsfeuerwehr richtige Schlafräume mit richtigen Betten geben sollte. Die hatte ich zuvor zwar nie persönlich in Augenschein nehmen können, war aber dennoch fest von deren Existenz überzeugt, weil mir das ein ehemaliger Klassenkamerad erzählt hatte, der in meiner Heimatstadt Ratingen bei der Feuerwehr arbeitete. Da dieser ehemalige Klassenkamerad ein überaus ernst zu nehmender Mensch war, gab es für mich auch keinen Grund, an seinen Worten zu zweifeln, zumal, wie eingangs erwähnt, jeder Mensch irgendwann schlafen muss. Feuerwehrmänner konnten da keine Ausnahme bilden, denn letztlich waren sie auch nur Menschen.

Die Wahrheit ist jedoch: Feuerwehrmänner schlafen nicht! Feuerwehrmänner ruhen nur! Diese grundlegend neue Erkenntnis wurde mir und meinen Lehrgangskollegen im Zuge unserer Grundausbildung vermittelt. Wirklich glauben mochte ich das jedoch nicht. Zu unwahrscheinlich erschien mir die Aussage unseres Ausbilders – Feuerwehrmänner schlafen nicht, sie ruhen nur.

Diese mein Weltbild revolutionierende neue Weisheit wurde dann später, nachdem ich die Laufbahnprüfung bestanden hatte, von meinem ersten Feuerwehrchef, einem Brandoberinspektor, nochmals bestätigt. Bei einem Rundgang über seine Feuerwache, die meine erste Arbeitsstelle wurde, führte er mich höchstpersönlich herum. Dabei zeigte er mir auch jene Räume, in denen die Betten der Feuerwehrmänner standen.

»Ah, das sind also die Schlafräume«, meinte ich unbedarft, woraufhin er mich sogleich korrigierte und mir ernsthaft erklärte, dass dies keine Schlafräume, sondern lediglich Ruheräume wären.

Als ich ihn daraufhin vermutlich etwas blöd angesehen hatte und überdies noch die unverschämte Frage stellte: »Ahhhh ja … dann sind das vermutlich auch keine Betten, oder?«, hatte ich erst einmal verschissen.

In meinen späteren Jahren im aktiven Alarmdienst der Feuerwehr habe ich viel darüber nachgedacht, ob ich, wenn ich mich abends in meinen Ruheraum zurückgezogen hatte, vielleicht doch nicht nur geruht, sondern manchmal auch geschlafen hatte. Dafür sprach, dass ich bei nächtlichen Alarmen oft wie aus einem tiefen Schlaf aufgeschreckt war. Außerdem hatte ich nach dem Aufstehen in den frühen Morgenstunden die gleichen schlafverkleisterten Augen wie zu Hause, und dort, also zu Hause, das ist erwiesen, schlief ich nachts. Da besaß ich allerdings auch ein richtiges Schlafzimmer.

Interessant wäre in diesem Zusammenhang vielleicht zu erwähnen, dass ich auf der Feuerwache mehrfach die Beobachtung machte, dass einige meiner Kollegen während des nächtlichen Ruhens Schnarchgeräusche von sich gaben. Geräusche, wie ich sie laut Aussage meiner Frau zu Hause ebenfalls machte – etwas, was ich zwar vehement abstritt, was aber dennoch nicht unnatürlich wäre, da ich des Nachts im heimischen Bett, im Gegensatz zur Feuerwache, schlief.

Rein wissenschaftlich betrachtet, könnte, der darwinschen Evolutionstheorie folgend, ein Feuerwehrmann aber tatsächlich auch nur ruhen.

Die These: Weil Feuerwehrmänner bei Alarm in nur wenigen Sekunden die Wache verlassen und sich auf dem Weg zur Einsatzstelle befinden müssen, hat sich deren Schlafverhalten über Generationen hinweg so sehr verändert, dass sie jetzt nur noch ruhen.

Eine weitere Erklärung für dieses unglaubliche Phänomen ist mir allerdings erst nach meiner Pensionierung gekommen. Seit jener Zeit lege ich mich nämlich gelegentlich nach dem Mittagessen für einige Minuten aufs Ohr und glaube, nein, ich bin mir sogar ziemlich sicher, dass ich dabei schlafe. Vermutlich ist das eine Spätfolge aus meiner aktiven Zeit als Feuerwehrmann, in der ich 35 Jahre lang nie geschlafen, sondern nur geruht habe.

71. GRUND

Weil Feuerwehrmänner gemeinsam Weihnachten feiern

Feuerwehrmänner haben auch an Weihnachten Dienst. Den Tannenbaum hatten wir schon gekauft, aber als es galt, den Baum zu schmücken, was alter Tradition gemäß Aufgabe unserer Jungfeuerwehrmänner war, streikten diese. Mit dem alten Zeug sei kein Staat mehr zu machen, behaupteten sie. Der Tagesdienst, der ihnen die Arbeit aufgetragen hatte, sah die Sache weit weniger dramatisch. Nach einigem Hin und Her tauchten die zerstrittenen Parteien bei mir im Büro auf.

Die Sachen sind doch noch gut«, schimpfte der ältere Kollege. »Ich weiß überhaupt nicht, was die jungen Burschen haben. Immer wollen die gleich alles neu kaufen.«

»Der ganze Kram ist einfach nur noch Schrott«, konterten sie. »Ihr alten Säcke seid doch nur zu geizig, ein paar Euros zu investieren.«

Nachdem ich mir das Wortgeplänkel eine Weile angehört hatte, kürzte ich die Sache ab.

»Und, was soll *ich* eurer Meinung nach jetzt machen?«

»*Du* musst nur Geld rausrücken.«

»Ah, und was ist mit der Kantinenkasse?«

Jochen, unser Küchenchef, der ebenfalls mitgekommen war, zuckte bedauernd die Schultern. »Die Kantinenkasse ist leer. Du kennst das doch, Chef. Zum Jahresende ist immer Ebbe. Alles aufgefressen und versoffen.«

»Und jetzt?«

»Ja, die DGL-Kasse. Was sonst? Für unseren Weihnachtsbaum wirst du doch wohl ein paar Mäuse lockermachen.«

Es verstand sich von selbst, dass ich aus der DGL-Kasse ein paar Mäuse lockermachte. Und meine Kollegen, die nichts anderes erwartet hatten, wussten auch sogleich, wo sie den Christbaumschmuck einkaufen wollten.

»Hier«, Uli griff in seine Hosentasche und präsentierte mir einen Werbeprospekt.

»Die haben gerade Superaktionspreise. Billiger kriegen wir die Sachen nirgendwo.«

Zehn Minuten später verließ unser Kombi die Wache in Richtung schwedisches Möbelhaus.

Oberbrandmeister Uli war ein gestandener Familienvater, von dem ich annehmen durfte, dass er wusste, wie ein ordentlicher deutscher Christbaum geschmückt wird. Außerdem war er für seine Sparsamkeit bekannt. Ich konnte daher hoffen, von dem Geld, das ich ihm mitgegeben hatte, noch etwas wiederzusehen.

Wir diskutierten gerade zu mehreren darüber, wo nun der Baum und wo der Fernseher stehen sollte, da riss Uli die Tür auf.

»Melde mich vom Weihnachtseinkauf zurück!«, rief er freudestrahlend und schwenkte uns eine überdimensionale Tüte aus braunem Packpapier entgegen. Sofort drängten wir uns erwartungsvoll um ihn.

»Zeig mal, zeig mal!«

»Ruhig, Männer, ganz ruhig.«

Uli schob uns zur Seite und stellte sich neben einem Tisch in Positur. Dann langte er in die Tüte, in eine wohlgemerkt sehr große Tüte. »Also ... da hätte ich einmal rote Kugeln.«

»Rote Kugeln, sehr schön.«

»Und ich habe noch einmal Kugeln.«

»Aha, wieder rote.«

Uli sah in unsere erwartungsvollen Gesichter und machte es wirklich spannend. Endlich griff er wieder in die Tüte. »Und dann habe ich noch mal Kugeln.«

»Äh ... schon wieder rote?«

Unseren leise krittelnden Unterton missachtend, lief Ulis Bescherung weiter.

»Und hier habe ich ...?«

»Noch mal Kugeln?«

»Jaaa. Aber diesmal ... blaue! Und ... noch mal blaue.«

»Na toll, Kugeln dürften wir dann ja wohl genug haben. Und was ist da sonst noch drin?« Die Tüte war nämlich noch lange nicht leer. Uli zauberte nach und nach Schachteln mit kleinen Holzfigürchen sowie weiteren Glitzerschmuck wie silberne und bunt schillernde Sterne hervor.

»Wow! Und das hast du alles für 20 Euro bekommen?« Ich starrte ungläubig auf die aufgerichtete Pyramide aus bunten Schachteln.

Der Christbaumschmuck hätte locker für drei oder vier Weihnachtsbäume gereicht. »Hast du denn auch an eine neue Lichterkette gedacht?«

Uli sah mich vorwurfsvoll an. »Selbstverständlich. Hier! Sogar zwei.«

Während er demonstrativ auf zwei Schachteln zeigte, die mir vermutlich ob meiner Faszination über die vielen Kugeln entgangen waren, setzte er noch einen drauf und legte triumphierend einige Münzen auf den Tisch. »Wie du siehst, habe ich sogar noch etwas übrig behalten und ...« Uli zwängte sich erneut durch unsere Reihen, öffnete die Tür vom Tagesraum, bückte sich, indem er uns seinen Hintern entgegenstreckte, griff kurz um die Ecke und hielt uns eine zweite, ebenfalls sehr große Tüte entgegen.

»Tatatata!«

Oh oh. Unser kreuzbraver Uli war offensichtlich einem nie zuvor gekannten Kaufrausch verfallen. »Das sind alles Strohsterne«, erklärte er stolz. »Aber ganz tolle. Die musste ich einfach noch mitnehmen. Guckt mal ...« Uli schien gar nicht zu merken, dass wir uns schockiert ansahen. Er befand sich noch immer in einem euphorischen Rausch, denn nachdem er auch diese Riesentüte vor unseren hervorquellenden Augen ausgepackt hatte, rief er begeistert: und das alles für unter 20 Euro! Na was sagst du, Chef?«

Darauf tat es einen lauten Schlag, und der Tagesdienst bestimmte zwei Kollegen, die den in Ohnmacht gefallenen DGL in sein Büro tragen sollten. Als ich wieder zu mir kam, schmückten die jungen Kollegen bereits den Baum (Schmuck war ja jetzt reichlich vorhanden). Die anderen Feuerwehrmänner wuchteten die »bescheidenen Reste« von Ulis Christbaumschmuck-Großeinkauf in einen Kellerraum, wo sie für weitere Generationen von Feuerwehrmännern eingelagert wurden.

Zu seiner Ehrenrettung musste ich bekennen, dass wir auf unserer Feuerwache noch nie zuvor einen so hübsch geschmückten Weihnachtsbaum gehabt hatten – und das für unter 20 Euro!

72. GRUND

Weil Feuerwehrmänner gemeinsam Silvester feiern

Für alle Feuerwehrmänner, die an diesem Tag und besonders in dieser Nacht Dienst haben, bedeutet Silvester Großkampftag.

Mathematisch lässt sich das leicht mit folgender Gleichung ausdrücken: x Raketen + x Böller + x Alkohol = x Brände + x Verletzte + x Randale.

Leider lässt sich der Faktor X algebraisch nicht lösen, da wir es hier gleich mit sechs Unbekannten zu tun haben! Aus diesem Grund arbeiten Feuerwehrchefs mit einer Hochrechnung, bei der sie auf gesicherte statistische Erfahrungswerte zurückgreifen können. Und diese Werte sagen ihnen eindeutig: Gehe lieber auf Nummer sicher und stocke nicht nur die Wachmannschaften auf, sondern nimm auch sämtliche Reserverettungswagen in Dienst, denn in dieser Nacht der Nächte geht es garantiert wieder hoch her.

Natürlich hatten wir auf unserer Feuerwache ebenfalls aufgerüstet, aber nicht nur personell, sondern auch pyrotechnisch. Für das Personelle war ich zuständig. Für das Letztere fühlten sich unsere Jungfeuerwehrmänner berufen, die nicht vergessen hatten, wie wir letztes Silvester von der umliegenden Nachbarschaft bereits weit vor Mitternacht mit Böllern und Raketen beschossen worden waren. Die Schmach, mangels Munition nicht zurückschießen zu können, sollte ihnen diesmal garantiert nicht wieder passieren. Aufgrund mehrerer konspirativer Treffen, die mir nicht entgangen waren und bei denen es ganz offensichtlich um strategische Vorgehensweisen bezüglich ihrer nicht unerheblichen Mengen an Feuerwerkskörpern ging, hielt ich es für angezeigt, einige Verhaltensregeln auszusprechen.

»Männer! Ich weiß, ihr habt für dieses Mal aufgerüstet.«
Verhaltenes Grinsen.

»Aber ... niemand zündet Feuerwerkskörper in irgendwelchen Räumen. Ist das klar?«

Stummes Kopfnicken.

»Und auch keine Böller und Raketen vor Mitternacht. Verstanden!«

»Aber die von drüben schießen garantiert wieder vorher und ...«

»Kalle, die von drüben interessieren mich nicht. Und dich und die anderen sollten sie auch nicht interessieren. Also noch mal: keine Böller und Raketen vor Mitternacht. Denkt daran, dass ihr als Feuerwehrmänner das Gesetz vertretet. Deshalb lassen wir uns auch nicht provozieren. Kapiert!? Im Übrigen kommen heute Abend unsere Frauen auf die Wache, da sollten wir uns von unserer besten Seite zeigen. So, ich denke, das ist alles, was ich zu diesem Thema zu sagen habe. Und jetzt an die Arbeit.«

Ob das wirklich eine gute Idee war, unsere Frauen für diese Silvesternacht auf die Wache einzuladen? Die Nacht, in der wir sozusagen Hochsaison hatten? Da hatte ich so meine Zweifel. Andererseits hatte ich wie fast alle dafür gestimmt, und so trafen wir unsere optimistischen Vorbereitungen, damit diese Silvesterfeier ein voller Erfolg werden würde.

Dazu gab es drei Arbeitsschwerpunkte: Erstens die Küche. Hier lief unser Koch bereits auf Hochtouren. Zweitens der Tagesraum. Hier mussten der Boden gründlich geschrubbt und alle Tische zu einer langen Tafel zusammengestellt werden. Drittens, ganz wichtig, die Umgestaltung unserer Schlaf- (Pardon) Ruheräume, da einige Frauen über Nacht bleiben wollten. Prinzipiell ist die Übernachtung fremder Personen auf der Feuerwache, selbst wenn es sich dabei um die eigene Ehefrau handelt, nicht erlaubt. Aber für diese Silvesternacht galten andere Regeln. Ein trautes Aneinanderkuscheln war jedoch nicht vorgesehen, was bedeutete: Die Frauen mussten eigene Zimmer erhalten. Dazu mussten mehrere Feuerwehrmänner ihre Zimmer räumen und zu anderen Kollegen umquartiert werden, was allerdings nicht so problemlos über die Bühne ging, wie wir uns das anfänglich vorgestellt hatten. Gegen diesen Umzug war der Auszug der Kinder Israels aus der ägyptischen Gefangenschaft das reinste Kinderspiel. Während es in gleich mehreren Zimmern zu hartnäckigen Weigerungen kam: »Mit dem schlafe ich nicht in einem Raum, der schnarcht«, stritten sich in einem anderen Zimmer zwei Feuerwehrmänner darum, ob das Fenster nachts auf oder zu bliebe. Während der eine darauf bestand, dass er nur bei offenem Fenster schlafen könne (Mann! Noch so ein Kollege, der noch nicht kapiert hatte, dass Feuerwehrmänner nicht schlafen, sondern nur ruhen), pochte der andere auf sein vermeintliches Recht: »Pass mal auf, Kollege. Ich penne hier schon etwas länger als du, und deshalb bleibt das Fenster zu. Capito?«

Von wegen Capito, die kamen mit ihrem bescheuerten Fensterstreit doch tatsächlich zu mir. Also wenn mir vorher jemand gesagt hätte, dass man als Dienstgruppenleiter auch Babysitter und Friedensrichter sein musste ... Egal, ein Feuerwehrmann muss eben alles können! Bevor ich jedoch ein salomonisches Urteil fällen konnte, ertönte der Vierfachgong und erlöste mich von dieser undankbaren Aufgabe.

»Einsatz für das TLF. Brennender Müllcontainer, Lutmanusstraße Höhe 128.«

Einer der Streithähne zuckte daraufhin entschuldigend mit den Schultern. »Sorry, das ist für mich«, sagte er und verließ mein Büro. »Wir klären das, wenn ich wieder zurück bin«, rief er noch, während er schon quer über den Feuerwehrhof in Richtung Fahrzeughalle rannte.

Ja von wegen später klären, dachte ich grimmig.

Sein Kontrahent war geblieben und sah mich fragend an.

»Und?«

»Was und?«

»Na das Fenster. Was ist jetzt mit dem Fenster? Auf oder zu?«

»Ähhh ... wofür warst du noch mal?«

»Natürlich für auf.«

Plötzlich hatte ich einen Geistesblitz und sagte: »Bedauere, dann hast du leider Pech gehabt. Die Fenster bleiben geschlossen. Alle.«

»Wieso das denn?«

»Aus Gründen der Sicherheit. Deshalb. Oder möchtest du, dass dir 'ne verirrte Rakete ins Fenster fliegt?«

Bis zum frühen Abend gingen alleine in unserem Wachbezirk vier weitere Müllcontainer in Flammen auf, und um die Mittagszeit wurde der komplette Löschzug zu einem Küchenbrand gerufen. Der Angriffstrupp, der aufgrund der starken Verqualmung unter Atemschutz die Lage sondierte, konnte bei näherer Betrachtung jedoch Entwarnung geben. Es handelte sich lediglich um angebranntes Essen. Am frühen Nachmittag gab es einen weiteren Containerbrand und einen Verkehrsunfall mit einem angetrunkenen Fahrer, der meinte, unbedingt in einem Wartehäuschen der Straßenbahn parken zu müssen. Gott sei Dank hatten sich dort zu diesem Zeitpunkt keine Personen aufgehalten, weshalb wir es nur mit einem demolierten Auto und jeder Menge Glassplitter zu tun bekamen.

Unabhängig von diesen für einen Silvestertag nicht ungewöhnlichen Einsätzen hatten wir unsere wachinternen Arbeiten erledigt. Das opulente 5-Sterne-Abendmenü stand bereit. Der Tagesraum erstrahlte in festlichem Glanz, und sogar die Bettenverteilung unter Schnarchern und Nichtschnarchern schien geklärt.

Gegen 19:30 Uhr standen wir geschniegelt und gebügelt in unserem Tagesraum und betrachteten zufrieden unser Werk.

»Männer, das habt ihr toll gemacht«, lobte ich mit einem wohlgefälligen Blick auf die festlich eingedeckte Tafel. »Jetzt können unsere Frauen kommen.«

Die ersten kamen kurz vor 20:00 Uhr. Und dann trudelten nach und nach auch die anderen ein. Dabei entging es mir nicht, wie stolz meine Männer waren, ihre Liebsten an diesem Silvesterabend hier auf ihrer eigenen Feuerwache begrüßen zu dürfen. Mir ging es da nicht anders. Ich sah meine Frau an, die sich für diesen Abend besonders chic gemacht hatte und deren Augen mit dem Licht der angezündeten Kerzen um die Wette strahlten. Die für gewöhnlich eingeschaltete Deckenbeleuchtung war ausgeschaltet, und nach einer kurzen Begrüßung meinerseits verkündete unser Koch feierlich: »Liebe Gäste, liebe Kameraden, ich freue mich, Sie zu unserem außergewöhnlichen Silvestermenü begrüßen zu dürfen.« Daraufhin klatschte er zwei Mal in die Hände, die Tür öffnete sich, und herein traten seine fleißigen Helfer mit silbrigen Tabletts voller Kanapees, in denen brennende Wunderkerzen steckten. Ein Raunen ging durch den Raum. Stimmungsvoller hätte ein Kapitänsdinner auf einem Kreuzfahrtschiff auch nicht beginnen können.

Das glückselige Schwelgen in kulinarischen Köstlichkeiten erfuhr jedoch nach einer knappen halben Stunde eine jähe Unterbrechung. Nachdem zuvor bereits beide Rettungswagen alarmiert worden waren, gab es einen erneuten Einsatz. Diesmal traf es unser zweites Löschgruppenfahrzeug, das zur Unterstützung bei einem Zimmerbrand in unserem Nachbarrevier alarmiert wurde. Ein flüchtiger Kuss, ein wehmütiger Blick auf die zurückgelassene Frau und das ebenfalls zurückgelassene Essen, und schon waren wir weitere sechs Mann weniger.

»Musstest du da nicht mitfahren?«, fragte meine Frau.

Ich schüttelte den Kopf. »Nein, ich muss nur raus, wenn das erste LF alarmiert wird oder wenn es Zugalarm gibt.«

»Na dann hoffe ich mal, dass das heute nicht mehr der Fall sein wird.«

»Hoffen ist gut, mein Schatz«, sagte ich und schob mir ein weiteres Kanapee zwischen die Zähne.

»Was?«

»Nein nein. Ist nichts. Alles gut.«

»Jetzt sag schon. Ich sehe doch an deinem Blick, dass da was ist.«

»Ich finde nur, du hast schon genug davon gegessen«, flüsterte sie mir ins Ohr. Schließlich sei das doch erst die Vorspeise, und es käme ja noch mehr.

»Na und?«, mampfte ich und schielte schon nach einem weiteren Häppchen, als unsere Leitstelle das mit dem Hoffen wie eine Seifenblase zerplatzen ließ.

»Einsatz für Zug 7 und den Sprungretter von Feuerwache U zur Wilhelm-von-Farrenheim-Straße 10«, schallte es aus den Lautsprechern. »Person droht vom Dach zu springen.«

»Scheiße!«, rief ich, was nur mir einen ziemlich bösen Blick meiner Frau einbrachte, obwohl die anderen ebenfalls fluchten. Okay, mit denen war sie ja auch nicht verheiratet, und vielleicht, so sagte ich mir, sollte ich als Chef wegen eines Alarms ja auch nicht fluchen.

Sekunden später war das Thema eh vom Tisch, so wie wir vom Tisch waren, vom gut gedeckten allerdings. Kurz vor Erreichen der Einsatzstelle schalteten wir unsere Martinshörner aus. Man musste den gestressten Mann (dass es sich bei der Person um einen Mann handeln sollte, hatten wir unterwegs über Funk erfahren) ja nicht noch zusätzlich mit unseren nervtötenden Sirenen unter Druck setzen.

In diesem Fall wäre unser aus taktischen Erwägungen leises »Heranschleichen« nicht nötig gewesen, denn der Mann auf dem Dach hatte weder Ambitionen zu springen, noch wollte er seinem Leben sonst wie ein Ende bereiten. Im Gegenteil, er sprühte geradezu vor Lebensfreude und war nur auf das Dach des Hauses geklettert, um das kommende neue Jahr aus luftiger Höhe schon mal mit einigen frühen Raketen zu begrüßen. Bevor er die erste jedoch zünden konnte, war er von einigen Passanten entdeckt worden. Die hatten Schlimmstes befürchtet und deshalb die Feuerwehr angerufen.

Nun, uns war der Ausgang dieses Einsatzes nur recht. Nachdem die mit alarmierte Polizei den Mann wegen Gefährdung der öffentlichen Sicherheit und Ordnung von Dach geholt und verwarnt hatte, gab es für uns keinen Grund mehr zu bleiben.

»Aufsitzen, Männer!«, rief ich. »Wir fahren zurück zur Wache!«

Unsere Frauen hatten es sich auch ohne uns gut gehen lassen. Genug zu essen und zu trinken hatten sie ja. Dennoch freuten sie sich und staunten, als wir wieder zurückkamen.

»Boah, das ging aber schnell. War wohl doch nicht so schlimm, oder?«

»Ja von wegen«, meinten wir und machten einen auf dicke Hose, »aber hallo, wir sind Profis.«

»Jaaaa, natürlich. Dann komm mal her, mein Superprofi!«, rief meine Frau.

Schatz, du untergräbst meine Moral, dachte ich, weil meine Kollegen ja auch sahen, wie sie dabei die Sitzfläche des Stuhls neben sich mit der flachen Hand tätschelte, als wolle sie ein Schoßhündchen auffordern, dort hinaufzuspringen. Meine Bedenken waren indes unbegründet, denn die anderen Frauen reagierten auf unser großspuriges Getue mit ähnlichem Spott. Da fielen Worte wie: »Mmmm, mein großes starkes Mausebärchen«, »Mein strahlender Held!« und: »Ja, mein Schatzi, ich weiß, du bist der Größte.«

Mausebärchen, strahlender Held und Schatzi nebst meiner Wenigkeit und den anderen Profis war es allerdings nicht vergönnt, sich weiter umschmeicheln zu lassen. Kaum dass wir uns die wohlverdienten Streicheleinheiten unsere Frauen abholen konnten, alarmierte es erneut. Diesmal blieben wir etwas länger fort – geschlagene zwei Stunden. Als wir von diesem Einsatz zurückkehrten, fiel die Begrüßung, vorsichtig ausgedrückt, nicht gerade euphorisch aus. Lag möglicherweise daran, dass Helden die gerade einen Kellerbrand gelöscht hatten, etwas streng riechen, um nicht zu sagen stinken. Klar, wir hätten vorher duschen und uns umziehen können, aber dann hätten wir Mitternacht verpasst. Das ging natürlich überhaupt nicht. Da riskierten wir doch lieber, verschwitzt und nach Chanel Nr. 112 duftend unsere Frauen in die Arme zu nehmen. Außerdem … lieben Frauen nicht männliche nach Männerschweiß riechende Männer?

Tja, offensichtlich nicht.

Hach! Ich wusste es, ich wusste es! Die Werbespots, in denen schweißtriefende muskelbepackte Supermänner von hinreißend schmachtenden Frauenaugen ausgezogen werden, sind eine einzige Verarsche!

Oder doch nicht?

Immerhin ließen sich unsere Frauen Punkt 00:00 Uhr dann doch umarmen und küssen.

»Ein frohes neues Jahr, mein Schatz.«

»Dir auch. Ich liebe dich.«

BAMM BAMM BAMM! KNALL ZISCH!

Wir standen draußen auf dem Feuerwehrhof. Um uns herum brach die Hölle los. Raketen stiegen in den nachtschwarzen Himmel, Böller knallten, und Minuten später waren wir so von pyrotechnischem Rauch eingenebelt, dass wir kaum mehr das Hoftor erkennen konnten. Plötzlich schoss eine Rakete direkt in unsere Menge. Erschreckt stoben wir auseinander. Die Rakete kam eindeutig von unseren Nachbarn und war gezielt abgefeuert worden. Als wäre die das Kommando zum Gegenangriff, schrie mein Kollege Holger mit überschnappender Stimme: »Attacke! Diesmal schlagen wir zurück, Männer! An die Raketen!«

Mir war sofort klar, dass es sinnlos gewesen wäre, die Meute stoppen zu wollen. Also beschränkte ich mich mit einigen anderen Feiglingen auf einen geordneten Rückzug in die rettende Feuerwache. Selbstverständlich mit unseren Frauen. Aus dieser gesicherten Stellung heraus verfolgten wir gebannt das Feuergefecht, und ich muss sagen, meine Männer schlugen sich hervorragend. Am liebsten hätte ich ja dann doch noch mitgemischt, aber das war mir leider nicht möglich, da ich als Chef ja nicht nur meine eigene, sondern auch die anderen wehrlosen Frauen meiner im Kampf befindlichen Männer zu beschützen hatte.

Nach realen vier, aber gefühlten 20 Minuten war der Kampf vorüber. Zumindest einseitig, also was uns betraf, denn obwohl wir noch über genügend Munition verfügten, mussten wir zähneknirschend das Schlachtfeld verlassen. Während die drüben auf der anderen Seite der Mauer ihr Siegesgeheul anstimmten, sprangen wir in die Fahrzeuge und schalteten Blaulicht und Martinshorn ein. Durch einen Hagel von Knallfröschen und Chinakrachern ergriffen wir mit LF, Drehleiter und Rettungswagen die Flucht. Nein, natürlich nicht die Flucht – es hatte Alarm gegeben, Großalarm sogar. Angeblich sollte eine Speditionshalle brennen. Sollte sich das bewahrheiten, dann, ihr geliebten Frauen, habt ihr unsere schöne Feuerwache vermutlich bis in die Morgenstunden oder sogar noch länger für euch alleine.

Der glutrote Feuerschein, der uns schon von Weitem entgegenleuchtete, verhieß nichts Gutes. Das war jedenfalls kein Silvesterfeuerwerk. Da brannte etwas richtig Großes, so viel stand fest. Und das, was wir dann sahen, sah verdammt nach Arbeit aus.

Als wir gegen 06:00 Uhr in der Früh müde und abgekämpft auf unsere Wache zurückkehrten, wurden wir dort von den Kameraden der freiwilligen Feuerwehr begrüßt. Aufgrund des Großeinsatzes sowie mehrerer anderer Brände hatte die Branddirektion die freiwillige Feuerwehr aktiviert, die während unserer Abwesenheit den Feuerschutz in unserem Brandbezirk übernommen hatte. Wie wichtig diese Entscheidung gewesen war, hatte sich schnell gezeigt, denn während wir mit zwei weiteren Feuerwachen den Lagerhallenbrand bekämpften, hatte die freiwillige Feuerwehr zwei Müllcontainer, einen brennenden Pkw und einen Küchenbrand löschen müssen.

Wie schon anfangs gesagt – Silvester ist für Feuerwehrmänner Hochsaison.

Damit die Feuerwehrmänner, die Silvester zu Hause feiern konnten, vor Dienstbeginn wenigstens ein paar Stunden schlafen haben, findet die Ablösung am Neujahrsmorgen erst um 10:00 Uhr statt. Das setzt natürlich voraus, dass die Kollegen vernünftig genug waren, nicht bis in die Morgenstunden durchzufeiern. Und was den Alkoholkonsum anging, da sollten sich besonders die Maschinisten zurückhalten, denn mit Restalkohol im Blut am nächsten Tag ein Feuerwehrfahrzeug steuern, das geht überhaupt nicht.

Dank der Anwesenheit der freiwilligen Feuerwehr durften wir uns ein ausgiebiges Duschvergnügen gönnen. Anschließend schickte ich einen Kollegen zum nahe gelegenen Bäcker Brötchen holen.

Nachdem er zurückkam, standen wir alle gemeinsam in unserer Küche und bereiteten das traditionelle Neujahrsfrühstück vor. Neben den Klassikern wie Brötchen mit Käse, Schinken, Ei und Mett gab es noch Rührei und Würstchen.

Vom aromatischen Duft des frisch gebrühten Kaffees angelockt, erschienen schlaftrunken und gähnend unsere Frauen.

»Bin ich erledigt«, stöhnte meine Frau und ließ sich ermattet neben mir auf den freien Stuhl fallen. »Ich hab die ganze Nacht kein Auge zumachen können«, klagte sie und erklärte auf meinen fragenden Blick hin: »Das ist ja schrecklich hier. Die ganze Nacht gab es ständig irgendwelche Lautsprecherdurchsagen und Alarme, bei denen das Licht im Zimmer angeht. Wie soll man denn da schlafen können.«

»Wir schlafen ja auch nicht, mein Schatz, wir ruhen nur.«

»Ja ja. Ich habe jedenfalls die Nase voll von deiner Feuerwehr.«

»Na, so schlimm kann das doch nicht gewesen sein.«

»Von wegen. Als ich endlich irgendwann in den Morgenstunden eingeschlafen war, seid ihr zurückgekommen und habt einen Heidenspektakel veranstaltet.«

»Was denn für einen Heidenspektakel?«, fragte ich unschuldig. »Wir haben lediglich unsere Fahrzeuge wieder einsatzbereit gemacht und sind dann duschen gegangen.«

»Und warum müssen Feuerwehrmänner unter der Dusche so hemmungslos herumgrölen?«

»Herumgrölen!? Ich bitte dich. Wir waren vielleicht ein wenig ausgelassen, aber ...«

»Ist schon gut, mein Schatz«, lenkte meine Frau ein, nahm sich ein Brötchen und sagte lächelnd: »Aber falls du das nächste Jahr wieder an Silvester Dienst hast, feiere ich lieber zu Hause. Jetzt guck nicht so. Für dich mag das hier ja alles ganz normal sein, aber ich habe es dann doch lieber etwas ruhiger.«

Feuerwehrmänner trainieren täglich

73. GRUND

Weil Feuerwehrmänner während ihrer Dienstzeit Sport treiben

Sportliches Geschick sowie körperliche Ausdauer und Leistungsbereitschaft sind neben anderen Voraussetzungen Tugenden, die angehende Feuerwehrmänner mitbringen sollten, wenn sie sich bei einer Berufsfeuerwehr bewerben. Leider sieht es, was die Fitness vieler junger Männer betrifft, ziemlich mau aus, weshalb sehr viele Bewerber bei der sportlichen Aufnahmeprüfung durchfallen. Dabei wollen die Feuerwehren keineswegs athletische Hochleistungen sehen, sondern lediglich einigermaßen gut trainierte Bewerber.

Ich war mehrmals Prüfer bei den sportlichen Eignungstests und habe dabei feststellen können, welch gravierende Defizite einige Kandidaten aufwiesen. Junge Männer, die nicht einmal in der Lage waren, fünf Liegestütze zu vollbringen, gab es mindestens so oft wie solche, die nicht einen einzigen Klimmzug zustande brachten. Und diejenigen, die bei dem geforderten 3000-Meter-Lauf bereits nach wenigen Minuten das Handtuch warfen oder auf halber Strecke ihre nikotinverseuchte Lunge auskotzten, waren auch regelmäßig darunter. Aber trotz dieser vielen Ausfälle gab es immer noch genügend Kandidaten, welche die an sie gestellten Anforderungen erfüllten – manche sogar mit hervorragenden Ergebnissen. Das waren die Männer, die wir brauchten!

Während des Grundausbildungslehrgangs gab es jeden Morgen Sport, und einmal die Woche ging es wechselweise zur Leichtathletik ins Stadion oder zum Dauerlauf in den Grafenberger Wald. (Nur für die, die es nicht wissen: Dauerlauf ist das, was man heute Joggen nennt).

Und wenn man später auf seine erste Wache kam, so gab es auch dort Sport. Alle Düsseldorfer Berufsfeuerwehrwachen besitzen mittlerweile einen eigenen Fitnessbereich. Die Zeiten der alten »Muckibuden«, meist ein ungenutzter Raum auf der Feuerwache, für den sich einige sportenthusiastische Feuerwehrmänner Hanteln und andere »Folterinstrumente« noch selber angefertigt hatten, gehören längst der Vergangenheit an. Heute sind die Feuerwachen mit professionellen Hanteln und Geräten ausgestattet, wie man sie in jedem guten Fitnessstudio findet. Inwieweit jeder einzelne Feuerwehrmann diesen wachinternen Fitnessbereich in seiner Bereitschaftszeit nutzt, bleibt ihm überlassen. Pflicht ist hingegen ein Sportprogramm, das für jede Feuerwache zwei Mal die Woche von externen Fitnesstrainern geleitet wird. Anknüpfend an den Sport in der Grundausbildung, fährt der komplette Löschzug wechselweise und je nach Witterung entweder ins Stadion oder in eine Turnhalle – und zwar während der regulären Dienstzeit! Während dieser Stunden darf der Feuerschutz natürlich nicht vernachlässigt werden. Aus diesem Grund übernimmt die nächstgelegene Feuerwache auch Einsätze in dem Wachgebiet, dessen Feuerwehrmänner sich gerade sportlich betätigen. Allerdings gibt es dazu zwei Einschränkungen.

Erstens: Die Nachbarwache übernimmt nur »harmlose« Einsätze wie den Brand eines Müllcontainers oder Ähnliches. Geht es um mehr, wie bei einem Zimmer- oder Wohnungsbrand, muss der Sport sofort abgebrochen und der Einsatz übernommen werden.

Zweitens: Wenn die Nachbarwache zu einem Einsatz in ihrem eigenen Wachgebiet alarmiert wird, muss der Sport ebenfalls abgebrochen werden.

»Okay, Männer!«, rief unsere Trainerin. »Wir beginnen wie immer mit einem leichten Aufwärmtraining und laufen anschließend die ersten drei Runden in gemäßigtem Tempo!«

Ja, Sie haben schon richtig gelesen, »Trainerin« ist kein Schreibfehler. Wir, die härtesten der Harten, wurden tatsächlich von einer Frau trainiert! Anfänglich hatte das einigen Kollegen mächtig Probleme bereitet, aber Erika, diese kleine gertenschlanke Person, war ein Vollprofi. Sie wusste damit umzugehen und zeigte unseren Machos sehr schnell ihre Grenzen auf. Das zeigte wiederum bei denen Wirkung, positive wohlgemerkt, denn welcher Feuerwehrmann ließ sich schon gerne von einer Frau vorführen.

Während wir also die ersten drei Runden in gemäßigtem Tempo zurücklegten, worüber übrigens niemand meckerte, da uns die hochsommerlichen Temperaturen den Schweiß aus allen Poren trieben, war Dieter, einer unserer Maschinisten, bei den Fahrzeugen zurückgeblieben. Es hatte die Aufgabe, den Funk zu überwachen und mich über einen Funkmeldempfänger zu alarmieren, falls es während unserer sportlichen Aktivität zu einem Einsatz kommen sollte. Dieter hatte das LF unter dem Schatten spendenden Dach einer Eiche geparkt. Durch die hinuntergekurbelten Seitenfenster strich ein laues Lüftchen. Er hatte es sich bequem gemacht, seine Füße hochgelegt und genoss das selige Nichtstun mit einer Flasche Mineralwasser aus unserer im Sitzkasten verstauten Kühlbox.

Der Parkplatz vor diesem Waldstück wurde an den Wochenenden überwiegend von Joggern in Beschlag genommen. Nachdem wir hier ebenfalls schon seit Monaten liefen, kannte man sich.

»So kann man's aushalten, was?!«, rief eine Frau, die Dieter freundlich zuwinkte.

Dieter stimmte ihr innerlich zu, hob die Mineralwasserflasche und grüßte winkend zurück.

Etwas später blieb ein Spaziergänger, der mit seinem Hund daherkam, vor seiner Beifahrertüre stehen und lachte: »Na junger Mann, allzu viel scheinen Sie ja nicht zu tun zu haben. Tja,

Feuerwehrmann müsste man sein, dann kann man es sich hier im Schatten gut gehen lassen.«

»Von wegen nicht viel zu tun, mein Herr«, antwortete Dieter, der das Gefühl hatte, sich rechtfertigen zu müssen. »Wir haben jedes Jahr an die 130.000 Einsätze.«

»Hm, das sieht gerade aber nicht so aus.«

»Finden Sie?«

»Allerdings«, lachte der Mann erneut und ruckte energisch an der Leine, weil es seinen Hund in den Wald drängte. In diesem Moment wurde Dieter von der Leitstelle angefunkt:

»Florian 7-46-1 für Florian Düsseldorf kommen.«

»7-46-1 hört, kommen«, meldete sich Dieter.

Der Mann, der eigentlich schon weitergehen wollte, blieb neugierig stehen und spitzte die Ohren.

»Sie übernehmen Einsatz Zimmerbrand, Hallrather Straße 128.«

»Florian 7-46-1 verstanden. Einsatz Hallrather Straße 128, Zimmerbrand.«

»Ist das jetzt echt?«, fragte der Mann mit dem Hund, der die Funkalarmierung mithören konnte.

»Was denken Sie denn?«, sagte Jochen, der bereits den Alarm auf meinem Funkmeldeempfänger ausgelöst hatte.

Einige Hundert Meter vom Parkplatz entfernt summte und blinkte der mit einem Clip an meinem Hosenbund befestigte Funkmeldeempfänger.

»Männer! Wir haben einen Einsatz! Zu den Fahrzeugen!«

Damit war Schluss mit Sport und auch mit dem gemäßigten Tempo. Tschüss Erika! Mit der beschleunigten Geschwindigkeit von 100-Meter-Sprintern rannten wir zurück zu unseren Fahrzeugen. Unterwegs begegneten wir einem Mann mit einem Hund der, als wir an ihm vorbeirannten, laut kläffend an einer Leine zerrte. Also der Hund, nicht der Mann.

Zwei Minuten später verließen wir mit eingeschalteten Martinshörnern und blitzenden Blaulichtern den Waldparkplatz.

74. GRUND

Weil Feuerwehrmänner ihr Wachgebiet kennen wie ihre eigene Westentasche

Unser LF besaß zwar schon ein eingebautes Navigationsgerät, aber die spezielle Feuerwehrsoftware war noch in Arbeit und stand uns deshalb leider noch nicht zur Verfügung. Wir erhielten also lediglich die gleichen Verkehrsinformationen wie alle anderen Autofahrer auch. Somit war das Navi neben dem altbewährten Stadtplan für uns nur eine weitere, zusätzliche Hilfe auf der Fahrt zur Einsatzstelle. Ein guter Maschinist kannte sein Wachgebiet eh wie seine eigene Westentasche. Solche profunden Kenntnisse bekam man natürlich nicht innerhalb weniger Wochen, dazu bedurfte es schon einiger Jährchen. Die älteren erfahrenen Maschinisten warnten deshalb auch die jüngeren, sich ja nicht blind aufs Navi zu verlassen. Unter denen machte sich nämlich die Meinung breit, seit unsere Fahrzeuge Navis besäßen, könne man doch eigentlich auf den Straßenkundeunterricht, der mehrmals die Woche abgehalten wurde, verzichten. Das sei ein gefährlicher Irrglaube, hielten die »alten Hasen« dagegen und verwiesen darauf, dass die Geräte ja auch einmal ausfallen könnten. »Und dann? Nein nein, das Wichtigste ist immer noch der Stadtplan in eurem Kopf.«

Ich gab ihnen damit recht und hielt folglich am Straßenkundeunterricht fest.

Wie richtig diese Entscheidung war, sollte sich auch auf unserer momentanen Alarmfahrt zur Einsatzstelle zeigen. Unabhängig von Dieters guter Ortskenntnis hatte ich die Hellrather Straße mit der entsprechenden Hausnummer ins Navi eingegeben. Sogleich meldete eine freundlich klingende Frauenstimme: »Sie befinden sich in einer nicht autorisierten Zone. Bitte wenden!«

»Dieter lenkte das LF in den regulären Straßenverkehr und brummte: »Anscheinend kennt die Lady unseren Parkplatz nicht.«

»Bitte wenden.«

»Von wegen wenden. Wir fahren schön weiter geradeaus, Schätzchen.«

»Jetzt rechts abbiegen und gleich wieder rechts abbiegen.«

»Ja ja, quatsch du nur. Ich weiß schon, was du willst. Du willst uns wieder zurückschicken. Aber nicht mit mir.«

»Jetzt rechts abbiegen.«

»Du kannst mich mal!«

»Äh ... du bist dir sicher, dass wir hier nicht doch abbiegen sollten?«, wagte ich einzuwenden.

Dieter warf mir einen belustigten Blick zu.

»Zweifelst du etwa an meinen Ortskenntnissen, Chefchen?«

»NEIN! Auf keinen Fall«, beeilte ich mich zu sagen, »ich meinte ja nur, weil die Navifrau schon zum zweiten Mal sagte, dass wir abbiegen sollen.«

»Kannst der Navitussi 'n schönen Gruß bestellen und ihr sagen, ich wüsste es besser.«

Ich schwieg. Wie sollte ich mit der Navitussi auch in Kommunikation treten.

Dieter verminderte das Tempo und bog in eine verkehrsberuhigte Zone ein. Sogleich meldete sich die Navifrau:

»In einhundert Metern links abbiegen und sofort rechts halten.«

»In einhundert Metern ist die Straße längst zu Ende, du blöde Kuh!«

Oha, ich warf meinem Maschinisten aus den Augenwinkeln einen kritischen Blick zu. Ich glaube, der nahm das persönlich.

»Jetzt rechts abbiegen.«

»Bin ich längst.«

»In 80 Metern haben Sie ihr Ziel erreicht.«

»Mann Martin, schalt endlich dieses bescheuerte Ding ab! Die spinnt doch, die Tussi. Bis zur Hellrather Straße sind es noch gut drei Kilometer. In 120 Metern befinden wir uns genau in der Unterführung.«

Also irgendetwas stimmte hier wirklich nicht. Ein ungutes Gefühl beschlich mich. Vorsichtshalber überprüfte ich noch einmal die Navi-Daten.

Oh Scheiße. Ich hatte mich bei der Eingabe der Postleitzahl vertippt, und so waren wir in einer anderen Stadt gelandet. Mit hochrotem Kopf schaltete ich das Gerät aus.

75. GRUND

Weil Feuerwehrmänner alle Brandobjekte begehen

Mindestens ebenso wichtig wie gute Orts- und Straßenkenntnisse ist der Erwerb von Kenntnissen über die speziellen Brandobjekte im eigenen Wachbezirk. Darunter fallen besonders öffentliche Gebäude wie Schulen und Kindergärten, Altenheime und Krankenhäuser, aber auch Sport- und Versammlungsstätten wie Theater, Opernhäuser, Diskotheken, Kinos, Schwimmbäder und andere. Alle diese baulichen Objekte werden nicht nur vom vorbeugenden Brandschutz abgenommen, sondern von den Wachmannschaften der Feuerwehren in regelmäßigen Zeitabständen begangen. Solche Begehungen finden ebenfalls in großen Verwaltungs- und Bürokomplexen wie in Gewerbebetrieben statt, die wie zum Beispiel Recyclinghöfe oder Chemiebetriebe ein erhöhtes Gefahrenpotenzial aufweisen.

Natürlich ist es für den einzelnen Feuerwehrmann unmöglich, sich bei der Vielzahl der Objekte alle baulichen Gegebenheiten einzuprägen. Dazu bedürfte es schon eines fotografischen Gedächtnisses. Dass diese Begehungen dennoch ihre Berechtigung haben und Sinn machen, hat sich in unzähligen Einsätzen immer wieder gezeigt.

Düsseldorfs schönstes und aus feuerwehrtechnischer Sicht außergewöhnlichstes Objekt stellt Schloss Benrath dar. Das ehemalige

Jagd- und Lustschloss des Kurfürsten Carl Theodor wurde im 16. Jahrhundert vom Baumeister Nicolas de Pigage im Barockstil errichtet. Es zählt heute zu Nordrhein-Westfalens Kulturgütern Nr. 1.

Das mittlere Hauptgebäude des dreiflügeligen Schlosses, das in einem nach Versailler Vorbild angelegten Park steht, ist öffentlich zugänglich und wird für Staatsempfänge der Landesregierung genutzt.

Der Westflügel beherbergt ein naturkundliches Heimatmuseum, in dem unter anderem eine große Sammlung des bekannten Tierplastikers Josef Pallenberg zu besichtigen ist.

Im Ostflügel befindet sich ein Museum für Europäische Gartenkunst mit Gemälden, Skulpturen, Grafiken, Geräten und bibliophilen Büchern.

Wegen seiner kulturhistorisch herausragenden Bedeutung zählt Schloss Benrath zu jenen Objekten, die jedes Jahr von allen Feuerwachen begangen werden.

Heute waren wir wieder einmal dran.

Der Kastellan des Schlosses erwartete uns bereits vor der großen Freitreppe. Man kannte sich, entsprechend freundlich fiel die Begrüßung aus.

»Ah, die Herren von der Feuerwache 7! Na, dann treten Sie mal ein in unsere bescheidene Behausung.«

Bescheidene Behausung war natürlich mehr als untertrieben. Der Prunk und der Reichtum, den sämtliche Räumlichkeiten dieses Schlosses ausstrahlen, sind geradezu überwältigend. Um die original historischen Parkettböden nicht zu beschädigen, mussten wir, wie übrigens alle Besucher, in dazu eigens bereitstehende Filzpantoffeln schlüpfen. In diesen riesigen Dingern schlurften wir dem vorausgehenden Kastellan hinterher. Da wir als Brandschützer auch die Geheimzimmer kennen mussten, von denen dieses Schloss jede Menge besaß, führte er uns durch geschickt kaschierte Tapetentüren und über verborgene Gänge in jene Bereiche, die keiner der sonst üblichen Besucher zu sehen bekam. Die meisten dieser Geheimgänge waren so schmal, dass keine zwei Personen nebeneinander gehen konnten. Obwohl es hier überall vor Rauchmeldern und nachträglich eingebauten Feuerschutzeinrichtungen wie speziellen Rauchabzugsklappen und Feuerhemmschutztüren nur so wimmelte, kam ich mir vor wie in einer Mausefalle.

Bei dem Gedanken, dass es hier einmal brennen könnte, wurde mir ganz schlecht. Gott sei Dank ist mir solch ein Einsatz in den 35 Jahren meiner aktiven Dienstzeit erspart geblieben, und ich hoffe, dass auch künftige Generationen von Feuerwehrmännern davon verschont bleiben.

76. GRUND

Weil Feuerwehrmänner ständig Gefahrensituationen üben

Das Üben und Trainieren im Umgang mit Gefahrensituationen gehört zum Tagesablauf eines jeden Feuerwehrmannes genauso dazu wie die morgendliche Überprüfung der Einsatzfahrzeuge und Geräte im Hinblick auf ihre Funktionalität und Einsatzbereitschaft. Falls nicht irgendwelche besonderen Arbeiten auf der Wache anstehen oder wir uns im richtigen Einsatz befinden, verwenden wir deshalb viel Zeit für praktische Übungen.

Nicht umsonst lautet ein Spruch: Grau ist alle Theorie.

Wie wahr, wie wahr. Ist es doch ein himmelweiter Unterschied, ob ich einem Feuerwehrmann lediglich theoretisch erkläre, wie er sich an der Fassade eines Hauses abseilen kann, oder ob er das tatsächlich praktisch durchführt. Und es ist ebenfalls etwas völlig anderes, eine Person unter Atemschutz aus einem total verqualmten Keller zu retten, als dieses Vorgehen theoretisch mit noch so gut formulierten Worten zu vermitteln.

Praktische Übungen sind deshalb für Feuerwehrmänner genauso unverzichtbar wie für Hochleistungssportler das tägliche Training.

Nur wenn die im Einsatz benötigten Handgriffe und Arbeitsabläufe immer und immer wieder geübt werden, gelangt der Feuerwehrmann zu jener professionellen Schnelligkeit und Routine, die nötig sind, auch in kritischen Situationen überlegt und mit kühlem Kopf handeln zu können.

Bei uns stand heute Schachtrettung auf dem Programm. Dabei handelt es sich um eine besonders kritische Rettungsaktion, nachdem ein Mensch in einen Schacht gestürzt ist, aus dem er sich aus eigener Kraft nicht mehr befreien kann. So etwas passiert in der Realität leider ziemlich oft. Meist gehen solche Abstürze mit schweren Verletzungen einher, und nicht selten enden diese Unfälle tödlich.

Für unsere Übung hatten wir uns den Kellerabgang hinter dem Wachgebäude ausgesucht. Die Treppe reichte circa acht Meter in die Tiefe, war extrem steil, und unten vor der Tür war der Platz so knapp bemessen, dass dort kaum zwei Männer nebeneinander arbeiten konnten – für unseren Zweck also wie geschaffen.

Ich hatte einen Kollegen ausgewählt, der sich als Verletzter dort unten hinlegen musste. Die Aufgabe bestand darin, dass sich einer oder zwei Feuerwehrmänner aus der Mannschaft zu ihm abseilten, ihn untersuchten, etwaige Verletzungen so gut es ging noch vor Ort versorgten und ihn anschließend so schonend wie möglich aus dem Schacht befreiten.

Natürlich durfte die Treppe dabei nicht benutzt werden. Alles ging, wie bei einer Bergrettung, nur über Seile von oben, wobei es mir diesmal nicht auf Schnelligkeit ankam, sondern auf die Präzision im Vorgehen. Das bezog sich besonders auf das fachlich korrekte Herstellen eines provisorischen Flaschenzuges, auf das Einbinden beim Abseilen und auf die schonende Rettung des Verletzten. Als Festpunkt für unsere Seile nutzten wir den Leiterpark der Drehleiter, der vom Leitermaschinisten exakt über den Treppenabgang geschwenkt wurde.

De beiden ersten Feuerwehrmänner hatten sich zu dem Kollegen abgeseilt und forderten für seine Rettung eine Schleifkorbtrage an. In dieses Rettungsgerät können verletzte Menschen gelegt und so eingebunden werden, dass man sie anschließend in vertikaler Lage in die Höhe ziehen kann. Nachdem das geschehen war, zogen die oben stehenden Feuerwehrmänner ihren Kollegen an dem aus Schäkeln und Seilen provisorisch hergestellten Flaschenzug nach oben.

Im Ernstfall hätte man die zu rettende Person natürlich nicht mit solch einem Provisorium nach oben gezogen. Schließlich besaßen wir für solche Zwecke nicht nur professionelleres Gerät, sondern auch unsere speziell ausgerüsteten und ausgebildeten Höhenretter.

Aber darum ging es hier nicht. Neben der grundsätzlichen Aufgabe der Schachtrettung erforderte die Herstellung und Anwendung eines Flaschenzuges mit einfachsten Mitteln einiges an provisorischem Geschick – eine Fähigkeit, über die jeder Feuerwehrmann verfügen sollte, denn nicht immer und überall ist Hightech einsetzbar.

Nachdem der erste Kollege erfolgreich »gerettet« worden war, tauschten wir die Rollen, sodass jeder von uns einmal drankam. Ich machte dabei keine Ausnahme. Damit ging der ganze Vormittag wie im Fluge vorüber. Unser anschließendes Fazit fiel einhellig aus. Die Übung hatte allen gefallen und konnte, da alle Rettungsaktionen positiv durchgeführt worden waren, zweifellos als Erfolg gewertet werden. Aber beim Herstellen des Flaschenzuges hatte es noch Defizite gegeben. Und wenn es bei dieser Übung, wie anfangs erwähnt, auch nicht auf Schnelligkeit ankam, so gab es doch Selbstkritik, denn wir fanden, dass wir diese Übung unbedingt wiederholen sollten, da das alles viel zu lange gedauert hatte und wir unbedingt schneller werden wollten.

77. GRUND

Weil Feuerwehrmänner große Jungs sind und sich gerne einsauen

Was gibt es Schöneres als eine Wasserschlacht unter Feuerwehrmännern? Richtig, eine Wasser- und Schlammschlacht unter Feuerwehrmännern!

Das Ganze startet natürlich nie als Wasser- oder Schlammschlacht, sondern als gesittete Feuerwehrübung unter dem Namen »Pumpenprobe am offenen Gewässer«. Schließlich sind Feuerwehrmänner ja keine großen Jungs die sich gerne einsauen, sondern höchst ehrenwerte Vertreter eines Beamtenstandes mit hoheitlichen Aufgaben.

Die Bedingungen für solch eine Pumpenprobe, bei der, wie der Name schon sagt, die Leistungsfähigkeit der Pumpen getestet werden soll, sind übrigens ganz einfach. Man benötigt dazu lediglich einen geeigneten Ort, der zweckmäßigerweise an einem Fluss oder an einem gut anfahrbaren Seeufer liegen sollte, einen einigermaßen warmen Frühlingstag, mindestens zwei Feuerwehrfahrzeuge mit Pumpeneinrichtung und eine gesittete Feuerwehrmannschaft, die ernsthaft gewillt ist, die Leistungsfähigkeit ihrer Pumpen an diesem Gewässer auszutesten. Sollte es bei diesem Austesten zu etwaigen Ausschreitungen seitens der Mannschaft kommen, so ist dies, das ist eine Theorie, höchstwahrscheinlich den frühlingshaften Temperaturen zuzuschreiben, welche auch die Tierwelt über die Stränge schlagen lässt. Denn wie sonst ließe es sich erklären, dass sich eine Gruppe sittsamer Feuerwehrmänner innerhalb weniger Minuten in einen verwegenen Haufen wilder Gesellen verwandelt.

Einer anderen Theorie folgend muss es da aber noch etwas Weiteres geben. Etwas, was stark genug ist, in den Köpfen der Feuerwehrmänner einen Schalter umzulegen. Etwas, was ihre archaisch animalischen Instinkte freisetzt, weshalb sie zu großen Jungs mutieren, die sich gerne einsauen.

Ich habe zu diesem Thema jedoch keine einzige wissenschaftliche Abhandlung noch irgendwo einen fachlich fundierten Beleg finden können, der dieses ungewöhnliche Männerverhalten belegen, geschweige denn erklären konnte. Aber als persönlich Betroffener (ich habe immerhin 35 Jahre unerschrocken bei mehreren überaus heftigen Pumpenproben tatkräftig mitgemischt) glaube ich, mir ein eigenes Urteil bilden zu dürfen. Aus diesem Grund habe ich eine eigene Theorie entwickelt. Sie lautet: Aber lesen Sie selbst.

»Okay Männer, aufsitzen! Gruppe eins fährt mit dem LF 24 als Erstes. Außerdem nehmen wir das Tanklöschfahrzeug mit. Nachdem wir mit der Pumpenprobe durch sind, fahren wir zurück zur Wache. Dort wechseln wir die Positionen so, dass jeder einmal drankommt, und dann fährt die zweite Gruppe mit dem zweiten LF los.«

»Was ist mit dem TLF?«

»Die Besatzung des TLF bleibt mit ihrem Fahrzeug am Rhein zurück.«

»Und was ist mit der Drehleiter?«

»Hab ich doch erklärt. Die Drehleiter bleibt hier auf der Wache und rückt bei Bedarf mit dem LF aus, das zurückbleibt. So sind wir immer einsatzbereit. Und falls es einen größeren Einsatz geben sollte, brechen wir die Pumpenprobe natürlich ab und rücken von dort zeitverzögert aus. Noch Fragen?«

»Wir wollen aber auch mal dabei sein«, meldete sich die Besatzung der Drehleiter.

»Ihr habt vorhin wohl nicht richtig zugehört, wie? Ich sagte doch, wenn die erste Gruppe durch ist, wechseln wir die Positionen, sodass jeder einmal drankommt. War's das jetzt?«

Kopfnicken.

»Gut. Dann noch mal: Aufsitzen!«

Zwei Minuten später verließen das erste Löschgruppenfahrzeug und das Tanklöschfahrzeug den Hof der Feuerwache. Unser Ziel war eine NATO-Rampe am Rhein. Ein ideales Gelände, inmitten der grünen Natur und hervorragend geeignet für unsere geplante Pumpenprobe.

Vielleicht sollte ich noch erwähnen, dass auf dem Dach unseres Tanklöschfahrzeugs ein Monitor installiert ist. Das ist ein fest montiertes Wenderohr zur Abgabe größerer Mengen Löschwasser. Genauer gesagt für bis zu 2.000 Liter Wasserabgabe pro Minute und das mit einer Wurfweite von über 40 Metern!

Unser Plan sah folgendermaßen aus: Über mehrere miteinander verkuppelte Saugschläuche wollten wir zuerst mit der Pumpe des TLF Wasser aus dem Rhein ansaugen und den besagten Dachmonitor bis an seine Grenzen austesten. Als Nächstes sollte das Löschgruppenfahrzeug nah an den Fluss herangefahren werden, wobei wir auch hier den integrierten Wassertank des LF mit Rheinwasser ständig über die Saugschläuche nachfüllen würden. Gleichzeitig wollten wir austesten, bei welcher Wasserabgabe und bei welchem Druck unser System einbrechen würde. Das hieß: so viele B- und C-Rohre anschließen und die Gegend um uns herum unter Wasser setzen, bis die Pumpenleistung ausgereizt war. Hier, abseits der großen Uferpromenaden, wir befanden uns mitten der Pampa, war das gefahrlos möglich. In der Nähe der Flaniermeilen wäre unser Wasserspektakel wegen der vielen Spaziergänger nur schwer durchführbar gewesen, zumindest wenn wir nicht Gefahr laufen wollten, den einen oder anderen Unbeteiligten aus Versehen nass zu spritzen. In dieser Abgeschiedenheit konnten unsere Wasserstrahlen jedoch keinen Schaden anrichten. Außer jeder Menge Strauchwerk gab es nur alte Erlen, Maulbeerbäume und Weiden, die bei den sommerlichen Temperaturen sogar dankbare Abnehmer waren.

Im Grund begann es schon beim Ausbringen der Saugschläuche. Während einer kleinen übermütigen Rangelei holten sich einige Kollegen nasse Füße. Nachdem einer von denen auf die grandiose Idee kam, dass man das Rheinwasser aus den Stiefeln doch herrlich seinem Nachbarn in den Kragen kippen konnte, war die Basis für das Kommende endgültig besiegelt. Wasser im Hals schrie geradezu nach Vergeltung!

»MOMENT LEUTE!«, rief ich. »Bevor das hier gleich aus dem Ruder läuft, machen wir erst noch die Pumpenprobe!«

Ich bitte, meine Wortwahl zu beachten: *Bevor das hier gleich aus dem Ruder läuft ...* Ich wusste da also schon genau, was geschehen würde, und beugte deshalb vor. Na ja, für sagen wir mal hochgerechnet fünf Minuten. Danach ... scheiß was auf den DGL ... befand ich mich selber mitten in der schönsten Wasserschlacht. Alles andere wäre auch sinnlos gewesen. Schließlich musste ich mich ja verteidigen, denn meine Kollegen dachten genau wie ich: Scheiß was auf den DGL! Und schon bekam ich aus einem hinterhältig abgefeuerten C-Rohr eine Breitseite. So viel zum Thema Verteidigen, ich ging sofort zum Gegenangriff über und entriss einem anderen Kollegen das Strahlrohr und feuerte zurück.

Plötzlich ein Angriff von völlig unerwarteter Seite. Verdammt, die LF-Besatzung!

»Rückzug!«

Als hätten alle nur auf dieses Kommando gewartet, bildeten sich schlagartig neue Allianzen. Ging es gerade noch Mann gegen Mann, so hieß es jetzt TLF-Besatzung gegen LF-Besatzung.

Die »Pumpenprobe« war in vollem Gange. Wir schossen aus allen Rohren! Dann der Ruf: »Ihr Schweine! Mit dem TLF-Monitor ist gemein! Das gilt nicht!«

Okay, hier musste ich einschreiten. Die hatten recht. Der TLF-Monitor ging wirklich nicht. Dessen Wasserstrahl konnte ein Pferd von den Hufen reißen, der war zu gefährlich. Ich erhob mich daher aus meiner Deckung und rief, für jedermann sichtbar mit den Armen über dem Kopf rudernd: »Hier spricht euer DGL! Der TLF-Monitor ist tabu! Hört ihr! TLF-Monitor tabu!«

Scheiß was auf den DGL. Ein B-Rohr riss mich von den Hufen.

»Ihr feigen Hunde! Ihr habt es nicht anders gewollt! Los, Männer, auf sie!«

Wir wagten einen Ausfall mit zwei C-Rohren und einem B-Rohr. Die Gegner zogen sich zurück, wir hinterher. Das Schlachtfeld hatte sich längst in einen matschigen Acker verwandelt. Flusssand und Erde vermischt mit herausgerissenen Grasstücken und menschlichen Körpern, die in der glitschigen Pampe zu Fall kamen, bildeten ein harmonisches Ganzes, das sich permanent zu neuen Konstellationen zusammenraufte, bis … ja bis, aber das vermag ich nicht mehr zu sagen, irgendwann damit Schluss war. Total versaut wie jene schmackhaften Tiere, die sich auch so gerne im Dreck suhlen, führten wir noch ruck, zuck eine ernsthafte Pumpenprobe durch und fuhren danach in völliger Harmonie und überaus zufrieden zur Wache, wo uns die anderen schon sehnsüchtig erwarteten, denn schließlich waren sie ja auch Feuerwehrmänner, die irgendwie große Jungs geblieben sind und sich gerne einsauen.

Ach so, meine Theorie: Na ganz einfach weil's Spaß macht.

KAPITEL 4

DER EINSATZ

Die Alarmierung

78. GRUND

**Weil Feuerwehrmänner jederzeit
von null auf hundert sind**

Geht das überhaupt, jederzeit von null auf hundert sein? Ja, es geht – es muss sogar gehen, wenn man ein Feuerwehrmann ist.

Aber das würde ja bedeuten, dass Feuerwehrmänner während ihres 24-stündigen Dienstes auf der Feuerwache sozusagen permanent unter Strom ständen. 24 Stunden, Tag und Nacht!

Nun, ganz so dramatisch, wie es sich liest, ist es Gott sei Dank nicht. Schließlich sind Feuerwehrmänner keine Roboter, sondern ebensolche Menschen aus Fleisch und Blut wie du und ich. Würden sie tatsächlich rund um die Uhr unter Strom stehen, wäre ihr Lebensakku mit Sicherheit ruck, zuck leer. Worauf es letztlich ankommt, ist, trotz permanenter Alarmbereitschaft eine gewisse Gelassenheit in ihrem Wachleben an den Tag zu legen, die natürlich nicht auf Kosten der vorgegebenen Ausrückezeit gehen darf. In der Konsequenz heißt das: Alle Tätigkeiten, die Feuerwehrmänner auf der Wache erledigen, werden immer unter dem Gesichtspunkt verrichtet, dass sie sie jederzeit unterbrechen müssen, wenn der Alarm sie in den Einsatz ruft.

Zu Beginn ihrer Feuerwehrlaufbahn fällt ihnen das natürlich schwer, da stehen junge Feuerwehrmänner tatsächlich noch unter Strom. Aber mit der Zeit legt sich das, genau wie der übermäßige Stress vor den ersten Einsätzen nachlässt und der Alltag auf der Feuerwache dem Feuerwehrmann zur Routine wird. So hatte ich es einst auch erlebt. Der Tag hatte mir schon einen aufregenden Einsatz gebracht, und nun wurde es Abend. Meine erste Nacht auf der Feuerwache brach an!

Sechs Betten – sechs Feuerwehrmänner – ein Raum. Zwei schliefen, zwei schnarchten, zwei waren hellwach.

Vor vier Betten standen Feuerwehrstiefel mit über die Schäfte gestülpten Hosenbeinen, daneben auf schlichten Holzstühlen die zum schnellen Überziehen bereitgelegten Feuerwehrhemden. Nur vor zwei Stühlen standen verwaiste, einsame Stiefel.

Waren die zwei, die sowieso nicht schlafen konnten, um ihre Hosen und Hemden gebracht worden?

Nein, ganz anders. Welcher junge Feuerwehrmann konnte in der ersten Nacht schon Schlaf finden?! In einer Nacht, die so gefährlich lang war und in der sie der Alarmgong jederzeit zu irgendwelchen Einsätzen rufen konnte! Einsätzen, bei denen man sich blitzschnell ankleiden und an den langen Stangen in die Fahrzeughalle rutschen musste. Wie konnte man sich da entkleiden, wo doch jede Sekunde zählte?!

Mein Blick wanderte über die weiß gekalkte Zimmerdecke zu der schlichten Glaslampe, die an einer dünnen Metallstange in den Raum hinabhing. Im fahlen Licht, das durch ein hohes zweiflügeliges Holzsprossenfenster schien, konnten meine mittlerweile an die Dunkelheit gewöhnten Augen auch den rechteckigen Lautsprecherkasten erkennen – den Kasten, der immer erst knackte, bevor die Alarmdurchsage von der Rettungsleitstelle erfolgte.

Wie oft habe ich dieses unverwechselbare Knacken in all den Jahren vernommen. Wie viele Male habe ich mich danach auf die Bettkante geschwungen und die Füße in die bereitstehenden Stiefel gesteckt, um die darübergestülpte Hose hochzuziehen, so wie es schon Generationen von Feuerwehrmännern vor mir getan haben.

Aber heute, an diesem ersten Tag, waren die Nerven zu angespannt, war an Schlaf nicht zu denken. Stephan, der im Bett neben mir lag, ging es nicht anders.

Ich begann zu schwitzen. Angekleidet im Bett liegen war wohl doch nicht so gut. Vielleicht sollte ich wenigstens das Hemd ...

Jede weitere Überlegung wurde hinfällig. Der Lautsprecher knackte, gleichzeitig leuchtete die alte Deckenlampe selbsttätig auf. *Es geht los*, schoss es mir durch den Kopf. Ich sprang geradezu aus dem Bett, dabei prallte ich mit Stephan zusammen, der ebenfalls fix und fertig angezogen auf seinem Bett gelegen hatte. Wir waren die Ersten an der Rutschstange und düsten hinab in die Fahrzeughalle. Seltsam, niemand folgte uns, und es hatte auch keine Durchsage gegeben. Irgendetwas war hier faul! Wir blickten uns an.

»Die haben uns verarscht!«

Nachdem wir über die ausgetretenen Steinstufen wieder nach oben gestapft waren, betraten wir leicht verlegen den Schlafraum. Alles war dunkel. Man stellte sich schlafend. Aber ganz so blöd waren wir auch nicht und schalteten einfach das Licht an.

»Glaubt bloß nicht, wir wüssten nicht, dass ihr wach seid!«

Daraufhin hustete und prustete es unter allen Bettdecken vor zurückgehaltenem Lachen. Aber dann platzte es förmlich heraus, und lautes Lachen, begleitet von spöttischen Kommentaren, empfing uns.

»Ja wisst ihr, wenn man so in voller Montur im Bettchen liegt wie ihr zwei Grünschnäbel, das mussten wir doch mit einem Alarm belohnen!«

Okay, das war eine Lektion à la Feuerwehr. Aber wir konnten unseren älteren und erfahrenen Kollegen nicht böse sein und stülpten jetzt auch unsere Hosenbeine in echter Feuerwehrmanier über die Schäfte unserer Stiefel, legten unsere Hemden auf den danebenstehenden Holzstuhl und uns selbst unter die blau-weiß karierte Bettdecke.

79. GRUND

Weil Feuerwehrmänner Rutschstangen rutschen

Bei Alarm die Feuerwehr-Rutschstange hinunterzurutschen hat mich bereits vom ersten Tag an fasziniert. Rutschstange rutschen, das hat einfach was – ist eben original Feuerwehr!

Meine erste Feuerwache war die Feuerwache 3 an der Moltke-/Ecke Münsterstraße. Es war die Feuerwache, auf der ich die zuvor geschilderte Feuerwehrlektion bekommen hatte. Das Wachgebäude wurde in den Jahren seines Bestandes mehrfach renoviert und umgebaut. Als ich mit meinem Kollegen Stephan dort anfing, waren die Rutschstangen aber immer noch dieselben wie zur feierlichen Eröffnung im Jahr 1911. Drei nebeneinander angeordnete Stangen aus Messing mit einem Durchmesser von exakt 93 Millimetern.

Die Stangen befanden sich in einem Flur, hinter dessen Türen damals die Schlafräume lagen. So konnte man bei Alarm, ohne lange Wege zurücklegen zu müssen, an ihnen sofort in die darunter befindliche Fahrzeughalle rutschen.

Diese alten Messingstangen hatten nur ein Problem. Messing läuft mit der Zeit an, und dann wird ihre Oberfläche stumpf. An stumpfen Stangen lässt es sich aber schlecht hinabrutschen. Abgesehen davon glänzen sie dann nicht mehr so schön, was natürlich überhaupt nicht ging. Also wurden sie ein Mal in der Woche mit feinem Schleifpapier und einem Putzmittel namens Karbol auf Hochglanz poliert. Rutschstange polieren war unter den gestandenen Feuerwehrmännern allerdings ziemlich unbeliebt. Zum einen, weil man bei dieser Arbeit pechschwarze Hände bekam, zum anderen, weil man sich dabei seine schwarze Tuchhose beschmieren konnte, was eigentlich immer geschah. Nun sind Feuerwehrmänner in puncto Schmutz ja nicht gerade zimperlich, und Hände kann man bekanntlich waschen, aber die unselige Verbindung aus Karbol und Messingstaub hinterließ auf ihrem Hosenstoff hässliche Streifen und Flecken, die keiner haben wollte und die sich nur schwer wieder entfernen ließen. Aus diesen Gründen wurde die Arbeit des Rutschstangenpolierens, vorausgesetzt, man hatte welche, jungen Feuerwehrmannanwärtern übertragen.

Wir beide bildeten da natürlich keine Ausnahme.

»Wenn ihr damit fertig seid, will ich mich in den Stangen spiegeln können und kein Fleckchen mehr sehen. Ist das klar!«

»Klar.«

»Und auch keine schwarzen Striemen mehr von irgendwelchen Lederstiefeln. Verstanden!«

» Selbstverständlich«, sagten wir im Chor.

»Hoffentlich«, knurrte der alte Hauptbrandmeister und drohte: »Und schmiert euch gefälligst nicht so ein wie eure Vorgänger. 'Ne neue Hose gibt's nämlich nicht. Besser, ihr besorgt euch zuerst die Karbolhose.«

»Die Karbolhose. Geht klar, Herr Hauptbrandmeister.«

Da wir aber weder wussten, was die Karbolhose war, noch wo wir sie bekommen konnten, sahen wir uns zunächst etwas ratlos an.

»Ja los! Was ist, worauf wartet ihr denn noch!?«

»Sind schon unterwegs«, beeilten wir uns zu sagen und verschwanden. Wir wussten zwar nicht wohin, aber Hauptsache erst mal weg! Den Hauptbrandmeister zu fragen fiel uns nämlich nicht ein, denn ein Hauptbrandmeister war damals (wir schreiben das Jahr 1976) ein hoher Vorgesetzter, der mit Sie angeredet wurde und den man nicht mit solch banalen Fragen behelligte. Außerdem hätten wir damit ja unsere Unkenntnis unter Beweis gestellt, was wir unbedingt vermeiden wollten. Im Übrigen war ein Hauptbrandmeister eine Respektsperson, mit der man es sich als kleiner Feuerwehrmannanwärter besser nicht verderben sollte.

»Und was jetzt?«, fragte ich Stephan, nachdem wir außer Sichtweite waren.

»Hm, was hältst du davon, wenn wir deinen Paten fragen? Der scheint doch ganz nett zu sein.«

Ein Pate war ein erfahrener Feuerwehrmann, den jeder Neuling bekam, damit er ihnen, bis sie flügge geworden waren, nicht nur in Fragen des Wachalltags, sondern auch in allen Belangen des Feuerwehrwesens zur Seite stand.

»Gute Idee«, sagte ich deshalb. Und schon zogen wir los zur Schlosserei, denn mein Pate war der Schlossermeister unserer Wache.

»Ja klar, die Karbolhose. Da wendet ihr euch am besten an den Tagesdienst. Soviel ich weiß, hat der die immer in seinem Materialschrank unter Verschluss.«

»Danke!«

Der Tagesdienst war ein Oberbrandmeister, also auch ein Vorgesetzter, der mit Sie angeredet werden wollte. Wir fanden ihn in einem Kellerraum, wo sämtliche Putzmaterialien gelagert wurden.

»Wir müssen die Rutschstangen putzen«, erklärte Stephan.

»Ja und dazu hätten wir gerne die Karbolhose«, ergänzte ich.

»Die Karbolhose?«

»Ja genau. Mein Pate sagte, dass wir die hier bei Ihnen bekommen.«

»Ach so, die Hose meint ihr«, er schüttelte den Kopf. »Tut mir leid, Jungs, aber da haben eure Vorgänger die alte total verschlissen. Um euch eine neue geben zu dürfen, brauche ich die Genehmigung vom Wachvorsteher. Moment, ich schreibe euch einen Materialschein. Damit geht ihr in sein Büro, lasst euch den Schein unterschreiben und kommt dann wieder zu mir.«

Mit dem Materialschein ging es also weiter zum Chef der Feuerwache, an dessen Bürotür wir zaghaft anklopften. Nach einem lauten Herein! betraten wir das Allerheiligste und erklärten dem Wachvorsteher, der hinter seinem Schreibtisch thronte, unser Anliegen.

»So so, Materialschein«, grinste er. »Na, zeigt mal her den Wisch.«

Wir reichten ihm den Materialschein hinüber, den er zu unserem großen Erstaunen vor unseren Augen zerriss.

»So!«, konstatierte er und ließ die Schnipsel demonstrativ in den Papierkorb fallen. »Und dem Tagesdienst könnt ihr von mir ausrichten, dass er euch nicht wieder verarschen soll, kapiert!? Und jetzt ab, meine Herren, die Rutschstangen putzen sich schließlich nicht von alleine.«

Nach der letzten großen Renovierung der Feuerwache 3 wurden die Rutschstangen (zu meinem Bedauern) leider endgültig abgebaut. Immerhin war es mir gelungen, ein Stück der Messinghülsen zu ergattern, die über die darunterliegenden Stahlrohre gesteckt waren – jene Messinghülsen, die mein Kollege Stephan und ich Jahre zuvor mit der nie existierenden Karbolhose putzen sollten.

Den exakten Durchmesser vermag ich übrigens so genau mit 92 Millimetern anzugeben, weil ein Stück dieser historischen, original Düsseldorfer Feuerwehrrutschstange heute an einer Wand meines Arbeitszimmers einen Ehrenplatz erhalten hat.

80. GRUND

Weil Feuerwehrmänner nach spätestens 90 Sekunden ihre Wache verlassen müssen

Der Feueralarm verhallte in dem langen dunklen Gang, gleichzeitig gingen sämtliche Deckenleuchten an und verwandelten das bis dahin diffuse Nachtlicht in ein kaltes, gleißendes Weiß. Gnadenlos riss uns der der Vierfachgong aus unseren Betten.

Es war exakt 3:16 Uhr – von jetzt an lief die Zeit.

Uns blieben genau 90 Sekunden!

Bettdecken flogen zur Seite. In Windeseile sprangen wir in die bereitstehenden Hemden und Hosen.

Die Zeit lief – nur noch 68 Sekunden!

Rechts und links des Ganges wurden die Zimmertüren aufgerissen. Während die Alarmdurchsage der Leitstelle erste Informationen über die allgegenwärtigen Lautsprecher in unsere Ohren hämmerte, rannten 20 Männerbeine über den grau marmorierten Steinboden in Richtung Fahrzeughalle.

»Einsatz für Löschzug 7! Vermutlich Dachstuhlbrand, Rolf-Talmann-Str. 28!«

Noch verharrten die großen Feuerwehrfahrzeuge in der Fahrzeughalle wie mit dem Lineal ausgerichtet in Bewegungslosigkeit.

Ein LF 24, ein LF 16 und eine DLK 23/12 – unser kompletter Löschzug von Feuerwache 7. Die Fahrzeughalle war jetzt taghell erleuchtet.

In den reflektierenden Folien unserer hochmodernen Großeinsatzfahrzeuge spiegelte sich das Licht aus mehreren langen Reihen Leuchtstoffröhren. Nur knapp drei Minuten blieb dieses Alarmlicht an, ehe es sich automatisch wieder abschaltete. Danach würde unsere Feuerwache erneut in die Dunkelheit dieser Nacht eintauchen, so als wäre gar nichts geschehen.

Aber bis dahin mussten wir längst mit eingeschalteten Blaulichtern und heulenden Martinshörnern die Feuerwache verlassen haben und uns auf dem Weg zum Einsatzort befinden.

In der Fahrzeughalle stiegen wir in unsere bereitstehenden schweren Lederstiefel und zogen die dicken Überhosen hoch, deren Hosenbeine wir aus Zeitersparnis schon über die Stiefelschäfte gestülpt hatten, dann warfen wir uns die dreiviertellangen Feuerschutzjacken über. Den Rest ihrer Ausrüstung musste man unterwegs im Fahrzeug anlegen.

Die Zeit drängte – nur noch 24 Sekunden!

Die Maschinisten der Löschgruppenfahrzeuge und der Drehleiter kuppelten die angeschlossenen Stromversorgungskabel und die für den Schnellstart notwendige Pressluftleitung ab und schwangen sich auf ihre pneumatisch gefederten Fahrersitze.

Fast gleichzeitig drehten sie ihre Zündschlüssel um eine viertel Umdrehung, woraufhin in ihren Armaturenbrettern eine lange Doppelreihe von rot und grün unterlegten Feldern aufleuchtete.

Die Bordcomputer führten den Selbstcheck durch, prüften sämtliche elektronischen Systeme und Aggregate.

Zeitverlust – maximal drei Sekunden!

Alles okay! Die Maschinisten drehten die Zündschlüssel weiter bis zum Anschlag durch und starteten die kräftigen Dieselmotoren. Insgesamt 572 kW dröhnen durch die Fahrzeughalle.

Die Luft schien zu erzittern. Mittels eines Funkimpulses öffneten sich jetzt die hohen Segmenttore. Unmittelbar darauf rollte der Löschzug 7 ohne Zeitverzögerung auf den asphaltierten Feuerwehrhof. Draußen tobte ein regelrechtes Sauwetter. Ein scharfer Nordostwind peitschte eiskalte Regentropfen gegen die Windschutzscheiben – egal. Das große metallene Hoftor war längst zur Seite gerollt und gab uns die Ausfahrt frei.

Geschafft! Restzeit – noch drei Sekunden!

Nichts konnte uns jetzt noch aufhalten.

In geordneter Formation verließ der Löschzug 7 mit blitzenden Blaulichtern und eingeschalteten Martinshörnern die Feuerwache.

Die Anfahrt

81. GRUND

Weil Feuerwehrmänner Hausbesuche machen und doch keine Vertreter sind

Der Anrufer, der die Notrufnummer der Feuerwehr, die 112, gewählt hatte, hatte hektisch geschrien: »Kommen Sie sofort!« Danach hatte er in den Hörer gekeucht, dass sein ganzes Treppenhaus schon nach Brand riechen würde.

Bevor ihm der Disponent seine Fragen stellen konnte, hatte er schon wieder aufgelegt.

Solche Anrufe sind keine Seltenheit. Es vergeht kaum ein Tag, an dem nicht irgendwelche Spinner oder Wichtigtuer anrufen, um die Feuerwehr aus welchen Gründen auch immer mit Fehlalarmen zu beschäftigen. Ein höchst riskantes Spiel mit dem Feuer, denn sind wir mit unseren Fahrzeugen erst einmal unterwegs und dann passiert an anderer Stelle wirklich etwas, muss eine weiter entfernte Feuerwache diesen Einsatz übernehmen. Und das kostet Zeit – Zeit, die wir oft nicht haben, besonders wenn es um Leben und Tod geht und jede Sekunde zählt.

Letztlich sind es Erfahrungswerte, welche die Disponenten auf der Leitstelle nach solchen Anrufen veranlassen, entweder die entsprechende Feuerwache zu alarmieren oder den Anruf zu ignorieren und nichts zu unternehmen. Den Anruf ignorieren und nichts unternehmen birgt natürlich immer ein gewisses Risiko, weshalb die meisten Kollegen getreu dem Richterspruch: in dubio pro reo, also im Zweifel für den Angeklagten, verfahren. In unserem Fall ist der Angeklagte zwar kein Angeklagter, sondern lediglich ein Anrufer, unterm Strich läuft es aber auf das gleiche Prinzip hinaus: lieber einmal zu viel alarmieren als einmal zu wenig.

Der Disponent zögerte. Soll ich, oder soll ich nicht? Immerhin kam der Anruf von einem Festnetzanschluss, das hatte den Ausschlag gegeben. Er gab den Suchauftrag ein. Sekunden später blendete ihm der Computer anhand der eingegebenen Telefonnummer die dazugehörige Adresse ein – Haselbecker Weg Nummer 49.

Unmittelbar darauf alarmierte der Leitstellendisponent die nächstgelegene Feuerwache.

Die Einsatzlage war unklar. Wir wussten nicht einmal, dass jemand mit hektisch klingender Stimme auf der Leitstelle angerufen und gesagt hatte, dass es in ihrem Treppenhaus nach Brand roch. Unsere Information lautete kurz und knapp: verdächtiger Brandgeruch.

Dahinter konnte sich alles Mögliche verbergen. Vom angebrannten Essen bis zum Kellerbrand war also alles drin. Entsprechend routiniert rüstete sich mein Angriffstrupp bereits auf der Fahrt zur Einsatzstelle mit Atemschutzgeräten aus. Dazu streiften sich die beiden Feuerwehrmänner ihre schwarzen, das ganze Gesicht bedeckenden Atemschutzmasken über und setzten ihre Helme mit den Funksprechgarnituren auf. Für diese Tätigkeit benötigten sie keine zwei Minuten. Als ich der Leitstelle über Funk mitteilte: »Löschzug 7, Haselbecker Weg an. Zwei Mann unter PA, wir erkunden«, waren die beiden komplett ausgerüstet und sofort einsatzbereit.

Das Haus, vor dem wir anhielten, war ein Mehrfamilienhaus in einer gehobenen Wohngegend mit einem gepflegten Vorgarten. Vermutlich Eigentumswohnungen, dachte ich mir und checkte die Fassade. Alles schien unauffällig. Ich sah weder Rauch noch Flammen und auch keine um Hilfe winkenden oder rufenden Menschen. Überhaupt hatte sich niemand bei unserem nicht gerade leisen Kommen blicken lassen. Eigentlich ungewöhnlich, denn schließlich waren wir mit eingeschalteten Martinshörnern vorgefahren. Erst als ich mit meinem martialisch aussehenden Angriffstrupp auf die Haustüre zuschritt, bemerkte ich, wie im Erdgeschoss eine Gardine leicht zur Seite geschoben wurde, hinter der uns eine ältere Frau missbilligend beäugte.

Ohne die Alte länger zu beachten, überflog ich die Klingelschilder. Es gab insgesamt acht Parteien. Hinter mir entwickelte meine Mannschaft entsprechend der unklaren Lage alles für einen möglichen Löscheinsatz. Das hieß, sie stellte die Löschwasserversorgung sicher, indem sie ein Hydrantenstandrohr aufstellte, dessen B-Leitung sie mit der im Heck unseres Löschgruppenfahrzeugs eingebauten Feuerlöschkreiselpumpe verband. Von dort legten sie eine weitere B-Leitung bis zu einem in der Nähe der Haustüre abgelegten Verteiler. Parallel zu diesen Aktivitäten wurde auch unsere Drehleiter so weit in Stellung gebracht, dass sie, falls es nötig werden sollte, ohne Zeitverzögerung sofort einsatzbereit war. An diese Notwendigkeit glaubte momentan aber niemand von uns, da nichts, aber auch wirklich gar nichts auf eine Gefahrenlage hindeutete. Trotzdem durfte uns das nicht daran hindern, diese vorbereitenden Einsatzmaßnahmen zu treffen, denn wie schon gesagt – im Ernstfall zählt oft jede Sekunde. Solange wir daher noch nichts Gegenteiliges wussten, arbeiteten wir streng nach der bewährten Feuerwehrtaktik die besagt: Gehe grundsätzlich immer vom Schlimmsten aus, dann bist du auf der sicheren Seite und vor unliebsamen Überraschungen geschützt.

Meine erste unliebsame Überraschung erfuhr ich, nachdem auf mein anhaltendes Klingeln eine verärgerte Stimme aus der Sprechanlage rief: »Verschwinden Sie! Wir kaufen nichts!«

Hallo!? Was war das denn? Sehe ich etwa aus wie ein hausierender Vertreter!?

Ich klingelte also erneut – mehrfach und lange. Nichts.

Mann, der Typ konnte doch nicht auf seinen Ohren sitzen. Also Dauerklingeln.

Fast wäre ich zurückgeprallt, als mir dieselbe Stimme wiederum aus der Sprechanlage entgegenbrüllte: »Haben Sie nicht kapiert! Wir wollen hier keine Vertreter! Verschwinden Sie endlich!«

Von so viel Dreistigkeit überrumpelt, blickte ich verwundert meinen hinter mir stehenden Angriffstrupp an. Die beiden hatten die ungewöhnliche Reaktion (also ich hatte so etwas zuvor noch nicht erlebt) auf mein Klingeln nur zu deutlich mithören können und gaben mir durch unmissverständliche Handzeichen zu verstehen, was sie davon hielten.

Mir reichte es jedenfalls, und ich betätigte kurzerhand sämtliche Klingelknöpfe.

Plötzlich öffnete sich im Erdgeschoss links ein Fenster, und eine Stimme keifte: »Hauen Sie ab! Wir kaufen nichts!«

Jetzt platzte mir aber wirklich der Kragen. Ohne auf die Blumenrabatte des Vorgartens Rücksicht zu nehmen, stand ich mit zwei, drei schnellen Schritten unter dem besagten Fenster. Es war das, hinter dem uns die Alte schon so komisch beobachtet hatte, und die es bei meinem Erscheinen schnell wieder schließen wollte. Ich war schneller und drückte von außen dagegen. »Jetzt hören Sie mal zu, gute Frau. Wir sind keine Vertreter, auch wenn wir Hausbesuche machen! Wir sind die Feuerwehr, verstanden! Und wenn Sie keinen gewaltigen Ärger bekommen möchten, und den bekommen Sie, das kann ich Ihnen aber verraten, dann machen Sie uns jetzt gefälligst die Tür auf! Und zwar zügig, verstanden?!«

Grundsätzlich sollen Feuerwehrmänner sich der Bevölkerung gegenüber höflich, freundlich und gesittet verhalten, was mir hier irgendwie nicht gelungen war. Nach meinem nicht sehr feinfühligen Gefühlsausbruch drehte sich die Alte wortlos um und entschwand in die Tiefen ihres Wohnzimmers. Kurz darauf summte der Türöffner.

Na also, dachte ich grimmig – geht doch!

Den Brandgeruch hatte es tatsächlich gegeben. Er stammte, wie wir unschwer erkennen konnten, von einem kleinen Häufchen Asche, welches im Treppenhaus auf einer der unteren Steinstufen lag. Den wenigen noch erkennbaren Papierresten nach zur urteilen, hatte dort jemand die Käseblättchen und Werbeprospekte angezündet ohne jedoch größeren Schaden anzurichten. Trotzdem war es Brandstiftung, und in solchen Fällen sind wir verpflichtet, die Polizei hinzuzuziehen.

»Okay, Abmarsch«, sagte ich meinem Angriffstrupp, dann funkte ich meinen Maschinisten an. »Jochen, gib mal 'ne Rückmeldung zur Leitstelle. Gelöschtes Feuer. Verdacht auf Brandstiftung. Es hatten Zeitungen im Treppenhaus gebrannt. Kein Einsatz für die Feuerwehr, aber wir brauchen die Polizei an der Einsatzstelle. Und sag den Jungs, sie können abbauen. Und schick mir den Uli, damit er die Personalien aufnimmt.«

»Geht klar, Chef.«

Die Personalien müssen wir immer aufnehmen, da wir später auf der Wache einen Bericht über unseren Einsatz verfassen müssen.

Als ich zurück zu meinem Fahrzeug ging, kam mir Uli, die Schreibkladde unter den Arm geklemmt, entgegen.

»Am besten du klingelst unten links«, sagte ich grinsend. »Und falls dir da keiner aufmacht, gehst du auf die zweite Etage und versuchst es dort noch einmal.«

Uli sah mich fragend an.

»Ja, das ist nur ein gut gemeinter Ratschlag von mir. Die mögen hier nämlich keine Feuerwehrmänner, die Hausbesuche machen, obwohl sie keine Vertreter sind.«

82. GRUND

Weil Feuerwehrmänner hinlaufen, wo alle anderen wegrennen

Dass man sich von Gefahren fernhalten soll, wird einem schon im Kindesalter von den Eltern eingetrichtert. Und nicht von ungefähr lautet ein alter Kinderspruch:

Messer, Gabel, Schere, Licht sind für kleine Kinder nicht.

Und später; wenn wir groß sind? Dann haben wir andere warnende Sprüche wie:

Wer sich in Gefahr begibt, kommt darin um!

Nun, wenn dem immer so wäre, gäbe es längst keine Feuerwehrmänner mehr, denn Feuerwehrmänner begeben sich wissentlich dorthin, wo die Gefahren lauern.

Feuer, Einsturz, Explosionen, Unfälle mit Chemikalien, mit Strom, mit radioaktiven Substanzen … und und und. Die Aufzählung ließe sich beliebig lange fortführen, da es noch unzählige weitere gefährliche Situationen gibt, in denen Feuerwehrmänner aktiv werden. Damit konterkarieren wir den uralten Fluchtinstinkt, der allen Menschen (auch heute noch) innewohnt und uns am Leben erhalten soll. Aber Feuerwehrmänner müssen retten, löschen, bergen und schützen. Das ist ihre Aufgabe, und deshalb begeben sie sich immer wieder in Gefahr. Jedoch nicht blindlings, kopflos und ohne Schutz – nein, Feuerwehrmänner wissen Gefahren einzuschätzen, dafür sind sie bestens ausgebildet und ausgestattet.

Und weil dies so ist, halten sie es mit einem Ausspruch von Johann Wolfgang von Goethe:

Es ist nicht genug zu wissen,
man muss es auch anwenden.
Es ist nicht genug zu wollen,
man muss es auch tun.

83. GRUND

Weil Feuerwehrmänner keine Angst haben

Dafür, dass Feuerwehrmänner keine Angst haben, dürfte Grund 82 wohl Beweis genug sein. Wie sonst ließe es sich erklären, dass Feuerwehrmänner zu all den gefährlichen Einsätzen fahren und zu Stellen laufen, von denen alle anderen wegrennen?

Klar, es macht schon einen gewaltigen Unterschied, ob ich mit Flip-Flops, in Shorts und kurzärmeligem Hawaiihemdchen, nur mit einem Taschentuch vorm Mund oder in Feuerwehrschutzbekleidung mit Helm, Handschuhen, Stiefeln und Atemschutzgerät gegen einen Brand antrete. Aber die richtige Bekleidung alleine ist, bei aller Wichtigkeit, nicht das Einzige, was ein Feuerwehrmann benötigt, um im harten Einsatz zu bestehen. Es ist die gute fundierte Ausbildung und das gesicherte Wissen, seinem Gegner nie ganz alleine gegenüberzustehen. Der Teamgeist, der Spirit ist es, der eine Mannschaft gut und erfolgreich sein lässt! Und wenn das stimmt, dann ist auch der Kopf frei. Dann ist die Angst eine gebändigte und nicht mehr blockierende Variable innerhalb von Überlegungen und Prozessen, die sich in unseren Gehirnen permanent und zigfach abspielen. Das, was man zuvor und auch später in Planspielen und bei Übungen immer und immer wieder trainiert, verleiht einem guten Feuerwehrmann schließlich die Sicherheit, seine Ängste zu überwinden und in Gefahrenmomenten das Richtige zu tun – eben nicht wegzurennen, sondern mit Mut und Verstand seine Ressourcen einzusetzen, anzugreifen und erfolgreich zu sein.

84. GRUND

Weil Feuerwehrmänner Angst haben

Wie gesagt, man kann seine Ängste überwinden, ganz verbannen kann man sie nie. Aber vielleicht ist das auch gut so, denn ein Feuerwehrmann der überhaupt keine Angst kennen würde, wäre möglicherweise eine Gefahr für sich selbst, da er dann ja auch kein Risiko scheute.

Risiken vernünftig einschätzen und gegeneinander abwägen ist jedoch ein unverzichtbares Muss, wenn man erfolgreich und gesund aus seinen Einsätzen zurückkehren möchte. Das gilt für den einzelnen Feuerwehrmann vor Ort, der sich in gefährdeten Bereichen immer wieder fragen, muss wie weit er gehen darf. Welches Risiko ist noch vertretbar? Für welchen Einsatz bin ich persönlich bereit, einen hohen Preis zu bezahlen?

Diese Fragen muss sich auch jeder Gruppenführer, jeder Zugführer und jeder Einsatzleiter stellen, denn seine Entscheidungen sind nicht nur für das Gelingen des Einsatzes verantwortlich, von seinen Entscheidungen können auch das Leben und die Gesundheit seiner Mannschaft abhängen!

Unsere Gasmessgeräte zeigten einen kritischen Wert oberhalb der unteren Explosionsgrenze an. Die Situation war im höchsten Maße gefährlich. Der kleinste Funke konnte ausreichen, das austretende Erdgas explosionsartig in Brand zu setzen. Es wäre glatt gelogen, wenn ich hier schreiben würde, dass ich keine Angst gehabt hätte. Schließlich war ich bei einem ähnlichen Einsatz nach einer Gasexplosion unter einer eingestürzten Kellerdecke schon einmal verschüttet gewesen. *(Nachzulesen in dem Buch »Der Feuerwehrmann«, Kapitel 10: »Um Leben und Tod«)*

Dennoch galt es keine Sekunde zu zögern. Wir mussten unverzüglich in das Haus eindringen, um deren Bewohner in Sicherheit zu bringen.

»Haben alle ihre Handys im Fahrzeug gelassen!?« rief unser Einsatzleiter.

Seine Warnung war nicht unbegründet. Es kam immer wieder vor, dass Kollegen ihre privaten Handys mit in den Einsatz nahmen. Ein unverzeihlicher Fehler, der bei diesem Einsatz tödliche Folgen haben könnte, denn im Gegensatz zu unseren Funkgeräten durften die privaten Handys der Kollegen wohl kaum explosionsgeschützt sein. Ein Anruf, ein Klingelton, »Hallo Schatzi, bringst du morgen zum Frühstück Brötchen mit«, und Schatzi würde nie mehr Brötchen mitbringen. Die anderen Schatzis höchstwahrscheinlich auch nicht.

Aus dem gleichen Grund durften wir natürlich auch nirgendwo anklingeln, sondern mussten uns durch Klopfen und Rufen bemerkbar machen. Nicht immer stoßen wir bei solchen Aktionen, bei denen wir zugegebenermaßen nicht gerade zimperlich vorgehen, auf Gegenliebe. Während die meisten Bewohner unseren Anordnungen Folge leisten und sich unverzüglich ins Freie und somit in Sicherheit begaben, bereiteten uns besonders zwei Personen große Probleme. Der Erste, ein Mann um die 80, meinte, unbedingt zuvor noch eine Tasche mit persönlichen Wertgegenständen packen zu müssen. Meine Kollegen konnten ihn nur mit Mühe davon abbringen und zerrten den widerspenstigen Alten schließlich mit sanfter Gewalt aus seiner Wohnung. Die zweite Person war eine Engländerin im mittleren Alter. Nachdem sie weder auf unser Rufen noch auf unser lautes Klopfen reagierte, erkundigte ich mich vorsorglich noch einmal bei ihren Nachbarn auf der gleichen Etage gegenüber.

»Doch, die Frau McMahorn ist zu Hause.«
»Sind Sie ganz sicher?«
»Hundert Prozent.«

Das genügte. Mein Kollege setzte schon die Brechstange an, warf mir aber noch einen letzten fragenden Blick zu. »Ja klar«, sagte ich, und dann brachen wir die Türe gewaltsam auf.

Frau McMahorn lag noch im Bett und war not amust, als wir beide in ihrem Schlafzimmer standen.

Ich versuchte, die Situation auf Englisch zu erklären. »Excuse me Lady. We are Firefighters and we will rescue you. There is a big danger in your house, you understand?«

»Ne, ich verstehe nix! Was wollt ihr Spinner hier? Wie seid ihr überhaupt hier reingekommen?«

»Oh! Sie sprechen ja deutsch?«

»Natürlich, du Riesen-Blödmann. Ich bin ja auch eine Deutsche. Und jetzt raus hier, ehe ich mich vergesse!«

Okay, der Blödmann hatte verstanden. Der Name der »Lady« mit dem hübschen Vorrat an Schimpfworten war zwar englisch, die Frau selber aber eine Deutsche. War im Grunde aber auch unwichtig, mit musste sie trotzdem. Als sie die aufgebrochene Tür sah, bekamen wir neben einigen weiteren verbalen Beschimpfungen auch die Drohung zu hören: »Das darf doch wohl nicht wahr sein! Dafür bekommt ihr Heinis richtig Ärger mit meinem Anwalt, das kann ich euch aber sagen.«

Offen gestanden hat mich ihre Drohung in dem Moment überhaupt nicht gejuckt. Manchmal müssen Feuerwehrmänner eben auch Dinge tun, die bei der Bevölkerung nicht so gut ankommen.

Von dem Anwalt hatten wir übrigens nie etwas gehört, und das Haus war auch nicht in die Luft geflogen. Nachdem wir alle Bewohner rechtzeitig in Sicherheit gebracht und überall gründlich gelüftet hatten, hatte der Störtrupp Gas der örtlichen Stadtwerke das Leck ausfindig gemacht. Bis zu dessen endgültiger Reparatur durfte allerdings keiner der Bewohner in das Haus zurückkehren.

Im Einsatz

85. GRUND

Weil Feuerwehrmänner sogar blind arbeiten können

Kennen Sie das auch? Es ist spät am Abend, da fällt plötzlich der Strom aus, und Sie sitzen im Dunkeln. Nachdem einige Sekunden verstrichen sind, in denen sie noch gehofft haben, das Licht und der Fernseher würden wieder angehen, stehen Sie fluchend auf und tasten sich vorsichtig zu der Kommode, in deren oberster Schublade eigentlich eine Taschenlampe liegen müsste. Leider liegt sie da nicht, und in den beiden Schubladen darunter ist sie auch nicht. Dafür bekommen Sie beim Begrapschen von zahllosen Kleinigkeiten, die sich hier im Laufe der Zeit angesammelt haben, ein Döschen Streichhölzer zu fassen. Nachdem Sie eins an der Reibfläche entzündet haben, sehen Sie sich im Schein des kleinen Flämmchens um und entdecken das Windlicht auf der Fensterbank – dieses kitschige und Ihrer unmaßgeblichen Meinung nach total überflüssige, weil bereits vierte Windlicht, das irgendwer, vermutlich eine Freundin, denn wer sonst verschenkt schon Windlichter, Ihrer Frau zum Geburtstag geschenkt hat.

Ah, das Windlicht, denken Sie. *Komm her, du Retter in der Not.*

Ein weiteres Streichholz, und das »total überflüssige Ding« erfüllt mit einem Mal eine sehr nützliche Aufgabe – Sie können wieder sehen. Als Feuerwehrmann habe ich mir oft, wenn ich vor lauter Brandrauch die Hand nicht vor Augen sehen konnte, so ein Windlicht gewünscht. So auch jetzt. Ein Windlicht oder meinetwegen auch irgendetwas anderes, Hauptsache etwas, was die tiefe Finsternis, die mich umgab, durchdringen konnte. Sicher, ich hatte wie jeder Feuerwehrmann einen Handscheinwerfer dabei, aber dessen für gewöhnlich weit reichender Lichtstrahl wurde hier von dieser rauchgeschwängerten Kellerluft nur reflektiert und reichte gerade aus, um die Zeiger meines Druckmanometers ablesen zu können.

Über einen ähnlichen Kellerbrand hatte ich einmal sinngemäß geschrieben:

Du bist blind. Deine Hände sind deine Augen, die in dicken Feuerwehrhandschuhen stecken. Und meine Augen tasteten immer nur zwanzig Zentimeter weit.

Im Grunde genommen erging es mir hier genauso. Die Finsternis war rabenschwarz, und von dem Kollegen, der auf allen vieren vor mir über den Boden vorankroch, konnte ich lediglich die Stiefelabsätze ertasten aber nicht sehen. Das Feuer, das wir hier unten bekämpfen sollten, würden wir, wenn überhaupt, erst zu sehen bekommen, wenn wir uns wenige Meter davor befänden. So ist das meist, wenn wir uns in einem fremden Keller befinden. Wir sind quasi blind und können uns deshalb nur mühsam vorantasten. Je größer und verzweigter solche Keller sind, desto größer ist auch unser Risiko, sich zu verlaufen. In solch einem Labyrinth der Dunkelheit bildet jedes Fahrrad, jede Mülltonne, jede Kiste und jeder Karton ein Hindernis, das bei Tageslicht betrachtet kein Problem darstellen würde. Aber unter Null-Sicht und auf allen vieren kriechend »sieht« das alles anders aus, und jeder dieser Gegenstände muss ertastet und vorsichtig umgangen werden. Besonders heimtückisch sind in Kellergängen abgestellte Sperrmüllteile, die, wenn wir daran stoßen, auch gerne schon einmal umfallen. Nein, blind in einem Kellerbrand, das ist wahrlich kein Zuckerschlecken. Deshalb trainieren wir solche Szenarien auch immer wieder in uns unbekannten Räumen, natürlich ohne Licht oder mit Atemschutzmasken, deren Sichtfenster mit schwarzer Folie abgedeckt ist.

Besonders das Anlegen einer Atemschutzmaske und das Befestigen des Lungenautomaten bei zu rettenden Personen, aber auch bei eigenen, verunfallten Feuerwehrkollegen muss immer wieder in völliger Dunkelheit geübt werden. In solchen lebensbedrohenden Situationen, wo es buchstäblich auf jede Sekunde ankommt, müssen alle Handgriffe sitzen, müssen Feuerwehrmänner sogar blind arbeiten können.

86. GRUND

Weil Feuerwehrmänner zaubern können

Zugegeben, zaubern können Feuerwehrmänner nicht. Aber mal ehrlich, wer kann das schon? Selbst die größten Magier waren doch immer nur Menschen, die sich physikalische Phänomene und Gesetzmäßigkeiten zu Eigen gemacht haben. Oder sie waren und sind selbst heute, falls sie Böses im Schilde führten, einfach nur Scharlatane und Betrüger, oder, wenn sie uns nett unterhalten wollen, mehr oder weniger begabte Illusionisten. Denn wer könnte schon von sich behaupten, mit der telepathischen Kraft seines Geistes ausgewachsene Elefanten von der Showbühne im Nichts verschwinden zu lassen, oder gar Wasser bergauf fließen zu lassen?

Also Feuerwehrmänner schaffen das, obwohl sie weder Zauberer noch Magier sind. Nein, natürlich nicht das mit den Elefanten – das mit dem Wasser! Allerdings bedienen sie sich dabei auch der Kräfte der Physik, und wie jeder gute Magier benötigen sie einige Hilfsmittel. In unserem Fall eine leistungsstarke Feuerlöschkreiselpumpe – oder, wie bei diesem Einsatz, gleich zwei hintereinander geschaltete Pumpen, um den Druck zu verstärken, denn es brannte auf der 19. Etage!

Während wir durch die nachtleeren Straßen brausten und vermutlich einige Menschen mit unserem Starktonhorn in ihrem wohlverdienten Schlaf störten, konnte ich förmlich spüren, was meine Männer hinten im Mannschaftsraum dachten.

Oh Mann, nicht schon wieder die 19. In diesem beknackten Hochhaus waren wir doch erst vergangene Woche gewesen.

Ja, dort waren wir in der Tat gewesen. Und weil wir bei unseren Einsätzen keinen Aufzug benutzen dürfen, mussten wir schwer bepackt die 19 Etagen zu Fuß hinauflaufen. Oben angekommen, erkannten wir anhand einiger verkohlter Papierreste, dass dort irgendwelche Schwachköpfe im Treppenhaus ein »Lagerfeuerchen« angezündet hatten. Außer einer rußigen Decke hatte es zum Glück keinen größeren Schaden gegeben. Von denen, die hier gezündelt hatten, war natürlich niemand mehr zu sehen gewesen.

Also offen gestanden, auf solche Einsätze kann ich gerne verzichten. Aber diesmal schien es etwas Ernsteres zu sein.

Aus mehreren Fenstern im Treppenhaus der 19. Etage stieg Brandrauch in den nächtlichen Himmel. Das deckte sich auch mit mehreren Anrufen aus der Nachbarschaft, die fast zeitgleich auf der Rettungsleitstelle eingegangen waren. Alle berichteten davon, dass es in dem Hochhaus gegenüber brennen sollte. Die Leitstelle hatte daraufhin drei Feuerwachen, mehrere Rettungswagen und den B-Dienst alarmiert.

Der B-Dienst koordiniert die Einsatzleitung und weist den einzelnen Löschzügen ihre Aufgaben zu. Unsere Aufgabe bestand vordringlich in der Herstellung der Wasserversorgung. Dazu wurde die Pumpe unseres Tanklöschfahrzeugs mit der eines Löschgruppenfahrzeugs der Feuerwache 1 in Reihe geschaltet. Von dort wurde das Löschwasser über zwei 75 Millimeter dicke B-Schläuche in die Steigleitung des Hochhauses eingespeist. Während ein Teil meiner Mannschaft damit beschäftigt war, bildete ich mit dem Rest meiner Männer, verstärkt durch Kollegen der Wache 6, einen Stoßtrupp, der zur 19. Etage vordringen sollte. Eine weitere Gruppe würde zur gleichen Zeit zwei Etagen unter der angenommenen Brandetage ein Depot mit Ausrüstungsteilen errichten, die wir, so mein Wunschdenken, hoffentlich nicht einsetzen müssten. War leider nur beim Wunschdenken geblieben, denn dort oben knisterte es gewaltig.

Der Weg nach oben in voller Montur samt Atemschutzgerät auf dem Rücken und mit zusätzlichem Equipment ist für sich schon eine große körperliche Anstrengung. Wer da nicht richtig fit ist, baut schnell ab und schaffte es möglicherweise nicht einmal bis oben. Die Feuerwehrmänner, mit denen ich hier unterwegs war, waren durchweg junge Burschen, und alle waren topfit, und die Kerle schlugen ein verdammt schnelles Tempo an – ein Tempo, bei dem ich mit meinen über 50 Lenzen ganz schön ins Schwitzen kam. Dabei war das nur der Anfang. Die eigentliche Arbeit erwartete uns erst ganz oben. Eine Etage unter dem Brandgeschoss sahen wir über uns den dunklen Brandrauch. Unsere Gruppe stoppte – Zeit, die Atemschutzmasken anzuziehen und die Lungenautomaten einzudrehen. Außerdem galt es jetzt, unsere mitgeführten Feuerlöschschläuche an den im Treppenhaus befindlichen Wandhydrantenanschluss anzuschließen. Diese Wandhydranten befanden sich auf jeder Etage. Die Steigleitung, die für gewöhnlich trocken ist, sollte jetzt allerdings Wasser enthalten, und zwar das Löschwasser, welches unsere Kollegen mit den hintereinandergeschalteten Pumpen ihrer Feuerwehrfahrzeuge eingespeist hatten.

Ohne dieses bergauf fließende Wasser wären wir hier aufgeschmissen. Aber die Jungs hatten unten auf der Straße ganze Arbeit geleistet. Das Löschwasser in der Steigleitung war da, und es besaß den nötigen Druck, um den Brand erfolgreich bekämpfen zu können.

87. GRUND

Weil Feuerwehrmänner Meister im Improvisieren sind

Können Sie sich noch an die amerikanische TV-Serie mit *MacGyver* erinnern? MacGyver, das war dieser junge dynamische Mann, der ständig in irgendwelche gefährlichen Abenteuer geriet. Die Serie lief von 1987 bis 1992 im deutschen Fernsehen und war ein Renner. Der Typ war einfach genial. Ein Meister der Improvisation, der aus jeder Gefahr ohne Hightech-Schnickschnack einen Ausweg fand, ohne den andere Filmhelden nicht auskommen. Sein einziges Equipment bestand lediglich aus einem kleinen Schweizer Taschenmesser – so einem, wie es unzählige Männer, mich eingeschlossen, ebenfalls besitzen.

Der Unterschied zu uns »Normalsterblichen« lag allerdings darin, dass wir (ich glaube hier für alle anderen Taschenmesserbesitzer sprechen zu dürfen) mit dem Ding vielleicht noch einen Pfeil für einen Flitzebogen schnitzen könnten. Aber dieser MacGyver konnte viiiiiiel mehr. Der schnitzte damit aus dem Stamm einer Eiche ein komplettes Schnellboot! Natürlich aus einer Eiche, die er zuvor mit diesem Messer eigenhändig gefällt hatte. Oder er baute, falls es nötig war, damit in wenigen Stunden einen kompletten Panzer! Die dazugehörige Munition bastelte er sich selbstverständlich auch im null Komma nix zusammen, wobei er (was nach den ersten Folgen schon niemanden mehr wunderte) dazu weder Schwarzpulver noch irgendwelche anderen bekannten Sprengstoffe benötigte. Ihm genügten einfache Dinge, wie sie jede Hausfrau in ihrer Küche verwendete.

Kurz gesagt, der Mann konnte mit diesem Taschenmesser aus einer verschrumpelten Kartoffel und einigen alten Zahnstochern eine funktionstüchtige Seemine herstellen.

Ganz so genial sind wir Feuerwehrmänner leider nicht – noch nicht! Wir kommen auch nur sehr selten mit einem kleinen Taschenmesserchen aus und »schleppen« deshalb, anders als MacGyver, ein ganzes Ausrüstungsarsenal mit uns herum, aber Meister im Improvisieren sind wir ebenfalls. Müssen wir auch sein, denn jede Einsatzstelle stellt uns immer wieder vor neue Herausforderungen. Auch wenn sich vieles wiederholt, so ist doch jeder Unfall, jeder Brand und jede technische Hilfeleistung anders, verläuft nach eigenen Gesetzmäßigkeiten, die uns zunächst die Rolle des Reagierenden aufzwingt. Hinzu kommt, dass sich, besonders bei großen Einsatzstellen, laufend neue Gefahrenschwerpunkte auftun, die zuvor noch nicht vorhanden waren oder noch nicht erkannt werden konnten. Auf solche Gegebenheiten müssen wir Feuerwehrmänner flexibel reagieren können. Wir müssen unsre Strategien und Vorgehensweisen ständig überprüfen und hinterfragen, und wenn es nötig ist, und es ist verdammt oft nötig, müssen wir Meister im Improvisieren sein.

In Situationen, wo wir einmal nicht auf unsere Supertechnik zurückgreifen können, wo wir weder unsere elektrischen, pneumatischen noch hydraulischen Werkzeuge einsetzen können, sondern nur mit einfachen Handwerkszeugen arbeiten müssen – in solchen Situationen müssen wir uns auf unsere Fähigkeiten besinnen, mit den Hilfsmitteln Dinge zu verrichten, die uns gerade zur Verfügung stehen. Dann werden wir auch zu MacGyvers, denn dann sind Feuerwehrmänner Meister im Improvisieren.

88. GRUND

Weil Feuerwehrmänner kostenlose Saunagänge bekommen

Es war noch früh am Vormittag, als wir mit eingeschalteten Sondersignalen in ein nahe gelegenes Industriegebiet fuhren.

»Kennt eigentlich jemand von euch diesen Chemiebetrieb?«, fragte Sven, der gerade erst neu zu unserer Truppe gekommen war.

»Allerdings«, antwortete ich mit grimmigem Gesicht und erklärte: »Und ich sage dir, der Laden hat nicht nur unter uns Feuerwehrmännern einen denkbar schlechten Ruf. Stimmt's, Männer?«

Die anderen, die mit uns im Mannschaftsraum des LF saßen, nickten.

»Das kannst du wohl sagen«, bestätigte Roberto. »Ist 'ne richtige Dreckbude. Ich frage mich sowieso, warum die noch immer keiner dicht gemacht hat?«

»Warst du selber denn auch schon einmal da im Einsatz gewesen, oder woher weißt du das?«

»Ein Mal!« entrüstete sich Roberto. »Von wegen ein Mal! Allein im letzten Jahr waren wir drei Mal da. Ich sag doch, die Bude gehört geschlossen.«

»Vier Mal Roberto, es waren vier Einsätze gewesen.«

»Kann schon sein, vielleicht war ich bei einem nicht dabei. Auf jeden Fall darfst du dich schon mal auf einen kostenlosen Saunagang freuen, Sven.«

»Kostenloser Saunagang?«

»Klar«, grinste Roberto. »Ohne Ganzkörperkondom geht da nämlich nix.«

Eine halbe Stunde später standen auf der Straße vor dem Chemischen Betrieb jede Menge roter Feuerwehrautos, darunter befanden sich auch viele Sonderfahrzeuge wie der Atemschutzgerätewagen und der AB-Gefahrgut. Das gesamte Areal um die Einsatzstelle war auf Weisung der Feuerwehr von der Polizei hermetisch abgeriegelt worden. Trotzdem gelang es immer wieder einigen unverbesserlichen Gaffern, die Absperrungen zu durchbrechen und bis nah an die Einsatzstelle heranzukommen. Wie blöd muss man doch sein, dachte ich, als ich einen, der für ein paar sensationsgeile Fotos seine Gesundheit riskierte, mit 'nem C-Rohr zum Teufel jagte. Obwohl das von mehreren meiner Vorgesetzten beobachtet wurde, hatte später keiner mit mir darüber gemeckert. Vielleicht, weil der irre Typ, wenn ich ihn nicht mit dem Wasserstrahl verscheucht hätte, sonst noch näher gekommen wäre und die giftigen Stickoxiddämpfe eingeatmet hätte. Das Aluminiumfass, welches der Gabelstaplerfahrer angestochen hatte, hatte nämlich Salpetersäure enthalten. HNO_3 ist eine farblose, stechend riechende, an der Luft rauchende Flüssigkeit, die sich in jedem Verhältnis mit Wasser mischt und bei starker Konzentration an der Luft unter Bildung von braunen Stickoxiden teilweise zersetzt. Salpetersäure ist brennbar, explosiv, schwerer als Luft und schwerer als Wasser. Außerdem ist sie sehr giftig, weshalb die Bergung des leckgeschlagenen Fasses und das Aufnehmen der bislang ausgelaufenen Flüssigkeit nur im Chemikalienschutzanzug durchgeführt werden durfte. Die Arbeit im CSA ist verdammt anstrengend. Nicht nur, dass du in diesem hermetisch abdichtenden Schutzanzug wie in einer Sauna schwitzt, nein, du trägst ja auch noch das Atemschutzgerät darunter, und da deine Ausatemluft nicht entweichen kann siehst du nach einigen Minuten aus wie das aufgeblasene Michelinmännchen.

Sven und ich waren die Ersten, die das »Vergnügen« hatten, in Chemikalienschutzanzügen die Lage zu erkunden. Wenn möglich sollten wir dabei auch gleich Maßnahmen ergreifen, die ein weiteres Auslaufen der Salpetersäure verhindern. In unserem Fall gelang uns das, indem wir das am Boden liegende Fass auf den Kopf drehten. Allerdings war bereits eine große Menge der gefährlichen Säure ausgelaufen. Die aufzunehmen und zu neutralisieren wurde später Aufgabe anderer Feuerwehrmänner, die dazu ebenfalls nur im CSA eingesetzt werden durften. Als ich mit Sven wieder aus der Einsatzstelle kam, mussten wir zunächst in eine aufgebaute Dekontaminationskabine steigen, in der wir gründlich abgeduscht wurden. Erst danach halfen uns zwei andere Feuerwehrmänner aus dem Anzug. Wie man uns mitteilte, hatten wir gerade mal 14 Minuten darin gesteckt, aber dennoch waren wir völlig durchgeschwitzt.

»Na Sven«, lachte ich, nachdem ich mir auch die dicht sitzende Atemschutzmaske vom Gesicht gezogen hatte, »habe ich dir etwa zu viel versprochen?«

»Ne«, grinste er und wischte sich den Schweiß aus den Augen, »das war wirklich wie ein kostenloser Saunagang, nur nicht so schön.«

89. GRUND

Weil Feuerwehrmänner die größte Schaumparty veranstalten

Stroboskoplampen sandten grelle Lichtblitze über die zum harten Stakkato der Technomusik tanzenden Jugendlichen. Gnadenlos jedes normale Gespräch übertönend, peitschte der DJ die ekstatisch wirkende Menge aus überdimensionalen Lautsprecherboxen an. Plötzlich geriet die Menge der rhythmisch zuckenden Leiber ins Stocken. Immer mehr junge Leute strömten aus der Diskothek auf die Straße. Der Diskothekenbetreiber starrte wie hypnotisiert auf die Bildschirme seiner Überwachungskameras. Irgendetwas musste draußen geschehen sein, was diesen Sog, dem sich offensichtlich niemand entziehen konnte, verursacht hatte. Ratlos schüttelte der fettleibige Mann seinen kahl geschorenen Schädel. Nachdem sich nur noch ein kleines verlorenes Grüppchen auf der Tanzfläche aufhielt, stemmte er sich ächzend aus seinem Drehstuhl. Als er aus dem Fenster seines Büros in die unter ihm liegende Straße sah, traute er seinen Augen nicht. Über die ganze Straßenbreite waberte heller weißer Schaum, in dem die jungen Leute ausgelassen herumtollten. Die rätselhafte Schaumparty hatte seiner Disco den Rang abgelaufen. Der Dicke kratzte sich am Kinn – wie war das nur möglich? Und vor allem, wo zum Teufel kam dieser verdammte Schaum überhaupt her?

Was er nicht wusste und auch nicht wissen konnte, war, dass wir, die Feuerwehr, der unfreiwillige Verursacher dieser riesigen Schaumparty waren. Sorry, aber das war wirklich nicht unsere Absicht. Eigentlich wollten wir nur ein Feuer löschen. Aber der Reihe nach.

Der Alarm kam gegen 23:00 Uhr. Vermutlich Brand einer Lagerhalle, hieß es. Da die Feuermeldung noch nicht bestätigt war und es außer einem einzigen und zudem sehr fragwürdigen Anrufer keine weiteren Anrufe gegeben hatte, rückte unsere Feuerwache zunächst alleine aus. In diesem uns bekannten Industriegebiet gab es jede Menge Lagerhallen. Viele von ihnen waren in unserer »Kundendatei« aufgelistet, besonders jene, von denen wir wussten, dass dort gefährliche Stoffe und Güter gelagert wurden. Die uns als brennend gemeldete Lagerhalle war mir jedoch unbekannt. Vorsorglich fragte ich Uwe, meinen Maschinisten, ob er vielleicht etwas über diese Halle wüsste. Er schüttelte den Kopf. »Tut mir leid, aber dazu kann ich dir auch nichts sagen.«

Na ja, hätte ja sein können. Schließlich war Uwe einer meiner dienstältesten Kollegen und wesentlich länger an dieser Wache als ich. Als hätte er meine Gedanken erahnt, warf er mir einen kurzen Blick zu und sagte: »Hast wohl gedacht, weil ich hier schon so lange bin, ich würde jede Lagerhalle kennen, wie?«

»Ich hatte es zumindest in Erwägung gezogen.«

»Was steht denn auf dem Alarmschreiben? Normalerweise ist da doch immer aufgelistet, wenn es dort etwas gibt, was für uns als Feuerwehr relevant ist.«

»Ne, da steht leider auch nix.« Obwohl ich den Text schon zwei Mal gelesen hatte, überflog ich ihn noch einmal. Ich hätte ihn auch drei Mal lesen können, schlauer wurde ich deshalb auch nicht. »Ne«, sagte ich laut, »da steht einfach nur Lagerhalle.«

»Na dann. Lassen wir uns überraschen«, sagte er und lenkte unser Löschgruppenfahrzeug in die Straße, die uns auf geradem Wege in das Industriegebiet führte.

Die meisten Männer aus meiner Mannschaft hatten schon einige Lagerhallenbrände erlebt. Meinen, zumindest optisch, spektakulärsten Lagerhallenbrand hatte ich im Düsseldorfer Hafen. Damals befand ich mich noch an der Feuerwache 2 in Oberkassel. Um die Einsatzstelle zu erreichen, zu der mehrere Feuerwachen unterwegs waren, mussten wir zunächst eine der Rheinbrücken überqueren. Es war mitten in der Nacht. Als wir uns auf der Brücke befanden, konnten wir nicht nur den hellen Feuerschein, sondern auch hoch auflodernde Flammen und einen riesigen in den Himmel steigenden schwarzen Rauchpilz erkennen. Aber das war, wie gesagt, von einer Rheinbrücke aus gewesen, die uns den freien Blick auf das Hafengelände gestattet hatte. Wenn man, wie wir hingegen, auf gleicher Höhe durch die Straßen fährt, ist das etwas anderes. Da ist einem die Sicht durch zahllose Gebäude versperrt. Trotzdem bemerkt man, zumal des Nachts, oft schon von Weitem einen auffällig hellen Feuerschein, und der schwarze Rauchpilz, der bei manchen Bränden in die Höhe steigt, ist eh bei Tag und Nacht auszumachen. Hier und jetzt fehlte jedoch beides.

»War vielleicht doch wieder nur ein Spinner«, meinte Uwe, nachdem wir selbst beim Näherkommen weder einen Feuerschein noch verdächtigen Brandrauch bemerkt hatten.

»Soll mir nur recht sein«, erwiderte ich, denn ich läge jetzt viel lieber wie andere Menschen um diese nachtschlafende Zeit in meinem Bett.

Mein Bett auf der Feuerwache sollte ich in dieser Nacht jedoch nicht mehr wiedersehen, denn wie wir sehr bald feststellten, brannte es in dieser Lagerhalle tatsächlich. Zunächst erschien jedoch alles ruhig und unauffällig. Die Halle, die sich in einem eingezäunten Areal befand, welches nur über ein breites Gittertor zu befahren war, lag, von einigen Lampen nur spärlich erhellt, in tiefer Dunkelheit. Nirgendwo war ein Mensch zu sehen. Zu beiden Seiten ihres eingezäunten Geländes erhoben sich weitere Hallen. Eine kannte ich, sie gehörte zu einer großen Spedition. Auch dort war alles dunkel.

»Ob die keine Brandmeldeanlage haben?« fragte Uwe. »Normalerweise müsste doch wenigstens irgendwo 'ne Blinklampe aufleuchten.«

»Du meinst so eine rote oder gelbe Blitzleuchte?«

»Ja klar. Aber hier ist ja gar nix. Oder siehst du was?«

Nein, ich sah auch nichts und funkte deshalb noch einmal die Leitstelle an.

»Bei uns sind keine weiteren Anrufe mehr eingegangen. Wenn Sie keine Feststellung haben, rücken Sie wieder ein.«

»Geht klar. Ich werde das Gelände rund um die Halle trotzdem einmal erkunden und melde mich danach wieder.«

»Verstanden, Ende.«

»Hört zu, Männer! Es sieht zwar so aus, als sei hier nichts, aber ich möchte lieber auf Nummer sicher gehen. Angriffstrupp! Ihr seht zu, ob ihr das Tor aufbekommt, damit wir, falls es doch nötig werden sollte, auf den Hof fahren können.

»Geht klar, Chef!«, nickten die beiden, wobei sie mich verdächtig angrinsten.

»He, ihr mach aber möglichst nichts kaputt, verstanden!?«

»Neiiiin, natürlich nicht. Du weißt doch, wir sind immer ganz zärtlich mit dem Bolzenschneider.«

»Ich geb euch gleich Bolzenschneider. Der Rest der Mannschaft sucht schon mal einen Hydranten und bereitet alles für einen möglichen Löschangriff vor.«

»Mit B-Rohren oder C-Rohren?«

»Was wäre euch denn lieber?«

»Mit D-Rohren!«, kicherte einer.

»Noch 'ne Nummer kleiner geht's wohl nicht, wie? Los, macht hin. Ich hab schließlich auch keine Lust, hier die ganze Nacht zu verbringen.«

Es sollte jedoch die ganze Nacht werden. Aber das ahnte ich noch nicht, als ich mich anschickte, mit dem Gruppenführer unseres zweiten LF das Tor zu überklettern, und mit Handscheinwerfern auf die im Dunkel liegende Halle zuschritt.

»Hoffentlich läuft hier nicht irgend so ein bissiger Köter herum?«, sagte Carsten und schaltete seinen Handscheinwerfer ein.

»Wie kommst du denn jetzt darauf?«

»Wieso? Das kann ich dir sagen. Hab schon mal so was Ähnliches erlebt. War auch 'ne Halle, von der wir dachten, da sei niemand. Und dann kam plötzlich dieser bissige Köter angerannt. Ein Rottweiler.«

»Oh! Und dann?«

Carsten schwenkte den Strahl seines Handscheinwerfers zu allen Seiten. »Wir sind natürlich gerannt wie die Hasen. Ich konnte mich im letzten Moment auf den Zaun retten, aber für meinen Kollegen ...« Carsten schwieg.

»Ja was? Jetzt sag schon, was war mit deinem Kollegen?«

»Der hatte es nicht mehr rechtzeitig geschafft. Ein Polizist hatte den Hund dann erschossen.«

»Scheiße! Davon habe ich ja nie was gehört«, sagte ich betreten und musste mich unwillkürlich umdrehen. Der Zaun lag weit hinter uns. Zu weit, wie ich fand, falls hier jetzt auch so ein Hund ...

Carsten blieb stehen und kicherte leise in sich hinein. »Keine Angst, Chef, ich bin ja bei dir.«

Ich starrte ihn groß an, dann fiel bei mir der Groschen. »Du Drecksack! Ich fasse es nicht. Du hast dir das alles nur ausgedacht?!«

»Hat aber gut funktioniert«, lachte er und fasste mich am Arm. »Komm, lass uns weitergehen.«

Plötzlich meldete sich meine Florentine. Es war der Drehleiterführer, den ich angewiesen hatte, die rückwärtige Seite der Halle anzufahren, um zu kontrollieren, wie es dort aussah.

»Hier ist alles ruhig, Martin.«

»Und was ist das dann für ein Lärm im Hintergrund?«

»Das ist kein Lärm, das ist Musik.«

»DAS soll Musik sein?«

»Ja. Hier gibt es nämlich 'ne Disco, und da steppt anscheinend gerade der Bär. Ansonsten ist hier aber nix los. Und bei euch?«

»Wir haben bisher auch nichts feststellen können.«

»Sehr gut. Schätze, das war's dann ja wohl. Wir kommen zurück.«

»In Ordnung, Frank.«

Carsten war während meines Funkgesprächs weitergegangen, dann aber stehen geblieben. Schnüffelnd wie ein Spürhund sog er die Luft ein und winkte. »Riechst du das? Das riecht doch wie Brandrauch?«

Ja, er hatte recht. Jetzt roch ich es auch. Wir wären wohl schlechte Feuerwehrmänner, wenn wir das nicht erkannt hätten. Das war eindeutig Brandgeruch. Also doch! Fragte sich nur, was und wie lange es darin schon brannte, denn durch den fensterlosen fast drei Stockwerke hohen Betonbau konnten wir nirgendwo in sein Inneres sehen. Es gab nur ein einziges großes Metalltor, durch das man hinein und wieder heraus gelangen konnte, und das schien überaus stabil zu sein und bewegte sich auf einer im Bodenbeton eingelassenen Schiene.

Carsten warf einen prüfenden Blick auf das massive Schloss. »Hm ... das könnte Probleme geben. Wird bestimmt nicht leicht sein, das zu knacken.«

»Nicht für unseren hydraulischen Spreizer«, entgegnete ich. »Mir bereitet etwas anderes viel mehr Sorge.«

»Du denkst an einen Flash-Over?«

»Genau. Ich sehe hier nirgends ein Fenster. Falls es dahinter also schon lange schwelen sollte und wir das Tor öffnen ...«

»Rumms!«

»Aber hallo!«

»Wir könnten ein Drahtseil an dem Griff befestigen«, dachte Carsten laut. »Wenn wir das Tor dann mit unserem LF seitlich aufziehen ...«

»Ja, könnte klappen. Der Griff ist vermutlich massiv. Sieht jedenfalls stabil genug aus. Ich funke die Leitstelle an und fordere auf jeden Fall Verstärkung an. Wenn es das ist, was wir vermuten, ist das hier 'ne verdammt heiße Kiste, bei der ich nicht alleine sein will.«

Carsten nickte, zog sich einen Handschuh aus und betastete mit der entblößten Hand vorsichtig das Metall des Tors.

»Und?«

»Ist warm.«

»Scheiße.«

»Die Leitstelle schickt uns eine zweite Feuerwache und den für diesen Brandschutzabschnitt zuständigen C-Dienst« erklärte ich meinen

Männern. Außerdem erhalten wir einen Rüstwagen mit Vorbauwinde zum Öffnen des Tores. Bis die Kollegen hier eintreffen, möchte ich einige Vorbereitungen abgeschlossen haben. Als erstes werden wir einen zweiten Hydranten anschließen, damit jedes LF seine eigene Wasserversorgung erhält. Dann positionieren die Maschinisten ihre LF auf dem Hof. Abstand zum Gebäude beträgt eine B-Länge. LF 1 rechts vor der Halle, LF 2 links vor der Halle. So weit klar?«

»Ja«

»Dann los!«

»Und was machen wir?«, fragte die Drehleiterbesatzung.

»Ihr bleibt vorläufig hier auf der Straße stehen und unterstützt die anderen beim Verlegen der Schlauchleitungen. Das Weitere muss sich dann ergeben.«

Unser Vorschlag, das Hallentor über ein Drahtseil aufzuziehen, sagte dem C-Dienst, der nach seinem Eintreffen an der Einsatzstelle das Oberkommando übernommen hatte, zu. Nachdem er sich ein genaues Bild von der vorgefundenen Lage gemacht hatte, schätzte er den bevorstehenden Löschangriff allerdings noch wesentlich gefährlicher ein als ich und ließ deshalb unverzüglich den Schaummittelcontainer und weitere Sonderfahrzeuge der Umweltschutzwache anrollen. Wie richtig seine Entscheidungen waren, sollte sich sehr schnell herausstellen.

Nachdem man sich auf der Leitstelle vergeblich bemüht hatte, jemanden aufzutreiben, der uns die Halle aufschließen konnte, ordnete der C-Dienst deren gewaltsames Aufbrechen an.

Die Winde des Rüstwagens straffte das am Griff des Hallentores befestigte Drahtseil. Ein lautes Ächzen und Kreischen von sich verbiegendem Metall ertönte. Unmittelbar darauf erfolgte ein lautes Krachen, und das mächtige Rolltor wurde seitlich aufgezogen. Dadurch gelangte neuer Luftsauerstoff in einen bis dahin vor sich hin schwelenden Brand. Die sich entwickelnden Brandgase zündeten sofort durch, und ein gigantischer Flash-Over schickte seine langen heißen Feuerzungen aus dem sich öffnenden Tor.

Wie gut, dass wir die Gefahr richtig eingeschätzt hatten und vorsichtig genug gewesen waren, das Tor nicht mit unserem hydraulischen Spreizer zu öffnen.

Ein Innenangriff war unmöglich, denn jetzt brach mit einem Mal in der Halle die Hölle los. Es krachte und knallte, als würde dort drinnen ein wahres Feuerwerk abgefackelt.

Spraydosen, es mussten Tausende Spraydosen sein, die in der Halle gelagert waren, nachdem den Angriffstrupps einige wie Geschosse durch das halb geöffnete Tor um die Ohren flogen.

Der C-Dienst reagierte sofort und ordnete an, das Tor wieder so weit zu schließen, bis nur noch eine Öffnung blieb, die groß genug war, die Halle mit Schaum zu fluten.

Brände mit Schaum löschen ist nicht ungewöhnlich. Ich hatte selber auch schon einige Keller mit Leichtschaum geflutet, aber das Teil, das die Umweltschutzwache jetzt in Stellung brachte, war keiner der üblichen Leichtschaumgeneratoren. Es war eine Neuentwicklung von einem unserer B-Dienste, die einige Vorteile der mir bislang bekannten Schaumgeneratoren besaß. Das Gerät konnte mit unseren herkömmlichen Hochdrucklüftern betrieben werden und die großvolumigen Lutten, über die der Schaum (ich schätzte, es waren mindestens 200 Kubikmeter pro Minute) in die brennende Lagerhalle transportiert wurde, blieben bis zu einer Temperatur von 300 Grad Celsius formstabil.

Wir standen jetzt schon eine geraume Zeit draußen vor der Halle, und so langsam ging unser Schaummittelvorrat zur Neige.

»Verstehe ich nicht«, sagte unser C-Dienst. »So groß ist die Halle doch gar nicht, und nach meiner Berechnung … Hm …« Dann sah er mich nachdenklich an. »Martin, du hast doch einen Trupp hinter der Halle stehen, oder?«

»Momentan nicht.«

»Nicht!?«

»Wozu, da hinten Ist alles nur Beton. Hat mir mein Drehleiterführer bestätigt.«

»Es gibt also weder ein Fenster noch eine Tür, richtig?«
»Ja, sicher.«
»So ... Hm? Egal, ich möchte, dass du mit einer Löschgruppe dorthin fährst und dir die Seite noch einmal selber ansiehst. Ich habe irgendwie so ein ungutes Gefühl.

Als wir einige Minuten später mit unserem LF in die rückwärtige Straße einbogen, glaubte ich meinen Augen nicht zu trauen. In etwa 100 Metern Entfernung bedeckte Schaum meterhoch die ganze Straßenbreite. Das war unser Löschschaum, in dem eine große Menge junger Menschen ausgelassen herumtanzte.

»Wow!«, staunte mein Maschinist nur und trat voll auf die Bremse. »Und jetzt?«

»Ganz langsam weiterfahren«, sagte ich und starrte auf die im Schaum ausgelassen hüpfende und tanzende Menge. Von hinten rief einer aus dem Mannschaftsraum: »Dann muss es in der Rückwand also doch eine Öffnung geben!«

Ja, musste es wohl. Aber wieso war die meinem Leiterführer nicht aufgefallen?

»Soll ich mal kurz das Horn einschalten und die Discoteenies vertreiben?«, fragte mein Maschinist.

Ich schüttelte den Kopf. »Ne lass lieber. Zu riskant. Wir gehen das letzte Stück zu Fuß und schauen uns die Rückwand einmal genauer an.«

Des Rätsels Lösung war schnell ausgemacht. In der Rückwand der Halle war eine kleine Metalltüre eingelassen, die unter den die ganze Wand bedeckenden Graffitischmierereien nicht aufgefallen war. Ich vermutete, dass sie durch den Flash-Over aufgesprungen war. So konnte unser Löschschaum hier ungehindert austreten.

»Seht mal nach, ob sich die Tür wieder schließen lässt«, sagte ich dem Angriffstrupp, denn solange das Loch hier auf blieb, konnten wir vorne noch endlos lange Schaum hineinpumpen.

Die beiden kämpften sich durch die Menge, wobei ihnen die Schaumdecke bis über die Hüften reichte.

Kurz darauf krachte die Metalltüre mit Schwung in ihre Zarge.
»Und, wieder dicht!?«, rief ich.
Der Angriffstruppführer hielt seinen Daumen in die Höhe.
»Hattest du etwa an unseren Fähigkeiten gezweifelt?«, fragte er mich provokant, nachdem die beiden durch den Schaum zurückgestiefelt kamen.
»Niemals!«, entgegnete ich möglichst ernst. »Ich habe ja auch nicht daran gezweifelt, ob ihr das Eingangtor ohne Beschädigungen auf bekommt.«
»Ach, das mit dem Bolzenschneider?«, fragte er jetzt scheinheilig, wobei er sich die anhaftenden Schaumflocken von den Hosenbeinen klopfte.
»Genau, das mit dem Bolzenschneider«, sagte ich lachend. Dann griff ich nach meiner Florentine und funkte den C-Dienst an. Der erteilte uns den Auftrag, die Straße zu räumen und dafür zu sorgen, dass niemand mehr hier durchfahren konnte, denn noch einen Fehler konnten und wollten wir uns nicht leisten.

Im Vollbrand stehende Lagerhallen oder zumindest Teile davon können leicht in sich zusammenbrechen. Der eine Fehler war schon mehr als genug, und ein weiteres Risiko durften wir uns nicht erlauben.

Diese Lagerhalle war zwar nicht in sich zusammengebrochen, aber ihr Inhalt, Paletten voller Kosmetikartikel, war fast vollständig verbrannt. Und das was noch nicht verbrannt war, war durch die Hitze, den Brandrauch und auch durch unsere Löscharbeiten unbrauchbar geworden. Trotzdem durften wir mit unserer Arbeit zufrieden sein, denn sehr leicht hätte es hier zu einer Brandausweitung und möglicherweise sogar zu Personenschaden kommen können. Eine Frage hatte mich in dieser Nacht aber ganz besonders beschäftigt, und sie beschäftigt mich auch jetzt wieder, wo ich diese Zeilen niederschreibe: Wer war der anonyme Anrufer gewesen, der uns das Feuer gemeldet hatte, und wie konnte er wissen, dass es in dieser Halle brannte?

90. GRUND

Weil Feuerwehrmänner normale Autos in Cabriolets verwandeln

Hand aufs Herz, liebe Autofahrer, zählen Sie auch zu jenen, die erst dann beim Reifenhändler anrufen, nachdem der erste Schnee bereits gefallen ist? Zugegeben, das Rheinland ist nicht die Alpen und der Winter kommt (wenn er denn kommt) ja auch immer so völlig überraschend. Na ja, nicht für alle, aber für verdammt viele, und die schliddern dann auch meistens als Erste in den Graben.

Das ist die Zeit, die Autoversicherer hassen, Autowerkstätten hingegen frohlocken lassen, weil sie Hochkonjunktur haben. Feuerwehren und Rettungsdienste auch, denn die Unfälle beschränken sich leider nicht nur auf Blechschäden.

Karl-Ernst von Thalenberg war der einzige Spross einer schwerreichen Diplomatenfamilie. Nachdem sein Vater Karl-Friedrich von Thalenberg verstorben war und er dessen Aktienpakete geerbt hatte, verprasste er das Familienvermögen mit atemberaubender Schnelligkeit. Rassige Sportwagen und teure Oldtimer hatten es dem 40-jährigen Lebemann besonders angetan. Thalenbergs neuester Erwerb war ein Ferrari Testarossa, für den er, ohne mit der Wimper zu zucken, einige Hunderttausend Euro hingeblättert hatte. Heute kurvte er allerdings mit einem ebenfalls sündhaft teuren Jaguar durch Düsseldorf. Thalenberg war ein Raser. Der frisch gefallene Schnee, der die Straßen der Stadt bedeckte, schien ihn, den heißblütigen Autofahrer, genauso wenig zu interessieren wie die vorgeschriebene Höchstgeschwindigkeit von 50 km/h. Wie gesagt, er genoss Diplomatenstatus, weshalb er auch auf Gehwegen und an Stellen parkte, die für jeden anderen Verkehrsteilnehmer tabu waren. Aber ihm konnte man ja nichts anhaben. Er brauchte nicht einmal die zahllosen Knöllchen zu bezahlen, die immer wieder an seiner Windschutzscheibe prangten. Diplomaten genießen Immunität, und er, Karl-Ernst von Thalenberg, nutzte das schamlos aus. Nachdem er drei Kreuzungen in Serie bei Rot überfahren hatte, was bei zwei anderen Autofahrern einen Auffahrunfall erzeugte, bog er ohne zu blinken mit überhöhter Geschwindigkeit nach rechts in eine Seitenstraße ab.

Die zwölfjährige Lotte-Lena fuhr mit ihrem Fahrrad ordnungsgemäß auf dem Radweg. Die Fußgänger- und Radfahrerampel zeigte Grün. Dass der Jaguar sie erfasste, war nicht ihr Verschulden. Das sie heute ihren Fahrradhelm nicht trug war hingegen tragisch. Normalerweise trug sie immer einen Helm. Aber weil der Winter Einzug gehalten hatte und draußen ein eisiger Wind wehte und sie über der dicken Wollmütze nicht auch noch ihren Helm tragen konnte, endete ihr junges Leben an dieser Straßenkreuzung. Lotte-Lena hatte nicht die geringste Chance. Wahrscheinlich bekam sie nicht einmal mehr mit, wie ihr Kopf gegen die Bordsteinkante geschleudert wurde.

Auf der gegenüberliegenden Straße hielt zufällig ein Polizeiwagen. Die darin sitzenden Streifenpolizisten hatten hilflos vor ihrer Ampel wartend mit ansehen müssen, wie der Unfall geschah. Sie sahen auch, wie der dunkelgrüne Jaguar danach noch einmal kurz stoppte und dann mit durchdrehenden Reifen davonbrauste.

»Den holen wir uns«, sagte der Polizist grimmig, der hinter dem Steuer saß, und schaltete unverzüglich die Sondersignale ein.

»Okay, schnapp ihn dir«, sagte der andere, »aber lass mich vorher bei dem Mädel raus und schick mir 'nen RTW. So ein Dreckskerl! Das hat der doch mitbekommen. Hoffentlich ist die Kleine nicht schlimm verletzt.«

Thalenberg hatte den Unfall in der Tat mitbekommen, aber keinen Gedanken an das Mädchen verschwendet. Ihm ging es nur um sich und darum, so schnell wie möglich von hier zu verschwinden. Umso größer war sein Schreck, als er hinter sich die Sirene eines Polizeifahrzeugs heulen hörte, dessen Blaulichter in seinem Rückspiegel aufblitzten. Daran anzuhalten kam ihm aber nicht in den

Sinn. Stattdessen gab er noch mehr Gas und hoffte so, seinem Verfolger zu entkommen. Der Polizist hatte aber längst schon seine Leitstelle angefunkt und den Unfall durchgegeben. Außerdem gab er laufend seine Position durch, sodass sich sehr schnell mehrere andere Streifenwagen an der Verfolgung des Jaguars beteiligten und ihm schließlich den Weg verstellten.

»So mein Junge«, sagte der Polizist, der den Jaguar die ganze Zeit verfolgt hatte, zu sich selbst, »hier ist für dich Endstation. Hier kommst du nicht mehr durch.«

Thalenberg erkannte die Ausweglosigkeit seiner Situation. Nach rechts konnte er nicht, dort standen zwei Polizeifahrzeuge, und geradeaus ging auch nichts mehr weiter, weil ihm dort ein quer stehender Polizeiwagen ebenfalls den Weg versperrte. Thalenberg blickte sich um wie ein gehetztes Tier. Hinter ihm stieg der Polizist aus seinem Wagen, der die ganze Zeit an seiner Stoßstange geklebt hatte. Als er sah wie dessen Hand zum Holster ging in dem er seine Dienstwaffe stecken hatte, drehte Thalenberg durch. Er gab Gas, riss das Lenkrad nach links und raste geradewegs auf eine schmale Toreinfahrt zu – die einzige ihm noch verbliebene Fluchtmöglichkeit. Was er nicht wusste: Die Toreinfahrt endete auf dem Hof eines Gerüstbauers, von wo es kein Entkommen mehr gab.

Die auf dem Hof liegenden Aluminiumbohlen hatte er nicht bemerkt. Als sein rechter Vorderreifen dagegenfuhr gab es einen großen Schlag. Thalenberg verlor die Kontrolle über sein Fahrzeug. Verzweifelt versuchte er, das Lenkrad herumzureißen, aber es war bereits zu spät. Unter der Wucht des Aufpralls und durch die hohe Geschwindigkeit riss es den Wagen förmlich in die Höhe. Unmittelbar darauf kippte der Jaguar auf seine linke Seite, überschlug sich einmal und krachte mit voller Wucht gegen eine Betonrampe.

Als wir mit unserem Löschgruppenfahrzeug und einem Rettungswagen auf dem Hof eintrafen, fanden wir den Jaguar zwar auf seinen Rädern stehend, aber in einem völlig demolierten Zustand vor. Sein Dach war eingedrückt, sämtliche Scheiben gesplittert und keine seiner vier Türen ließ sich mehr öffnen. Hinter dem Lenkrad saß, das Gesicht trotz des ausgelösten Airbags blutüberströmt, ein Mann, dessen Alter aufgrund seiner Verletzungen für uns nur schwer einzuschätzen war. In dem Hof wimmelte es vor Polizisten. Auffallend viele fand ich, selbst für solch einen ungewöhnlichen Unfall, was mich aber nicht daran hindern konnte meine Arbeit zu machen.

»Wir gehen standardmäßig vor!«, rief ich. »Angriffstrupp, Schere und Spreizer vornehmen! Wassertrupp unterstützt und hält ein C-Rohr und den Pulverfeuerlöscher in Bereitstellung!«

Wir waren ein eingespieltes Team. Mehr brauchte ich meiner Mannschaft nicht zu sagen. Während unsere Vorbereitungen zur Rettung des Fahrers mit Hochdruck anliefen, erkundete ich mit einem der beiden Rettungsassistenten, ob es eine Möglichkeit gab, zu dem Verunfallten in den Wagen zu gelangen. Bei der Gelegenheit markierte ich mit einem Fettstift die Stellen der A- und B-Säulen, an denen der Angriffstrupp die hydraulische Schere ansetzen sollte. Unser Plan sah nämlich vor, den Jaguar in ein Cabrio zu verwandeln. Im Klartext: Wir würden ihm sein Dach abtrennen.

»Ich versuche es von hinten über die zerbrochene Heckscheibe«, sagte der Johanniter. »Scheint mir am sinnvollsten zu sein.«

»Sehe ich auch so«, bekräftigte ich seinen Entschluss.

Bevor er sich anschickte, sich bäuchlings in das Autowrack hineinzuschieben, warf er mir noch einen besorgten Blick zu. »Ihr holt mich doch hier raus, falls die Karre abfackeln sollte?«

»Keine Sorge, Kollege. Ich deutete auf meinen Mann am Strahlrohr. »Siehst du den? Der ist ausschließlich dafür da, dass während der Rettungsaktion keinem von uns etwas geschieht. Auch dir nicht.«

Mein Angriffstrupp kam mit der hydraulischen Schere. Der Johanniter verschwand durch das Heckscheibenloch.

»Hast du die Stellen schon angezeichnet?«

»Ja. Vorne die beiden A-Säulen und in der Mitte beide B-Säulen.«

»Und hinten?«

»Ich denke, ihr macht dort einen Schnitt mittig. Aber schneidet erst mal die vorderen durch und deckt den Fahrer vorher noch mit einer Decke zu.«

»Schon unterwegs«, hörte ich eine Stimme neben mir. Sie gehörte dem zweiten Johanniter, der mitgedacht hatte und seinem Kollegen die Feuerhemmschutzdecke in das Wageninnere reichte. Der breitete sie schützend über dem Fahrer aus. Jetzt konnte mein Trupp mit der Arbeit beginnen. Einer der Polizisten war neben mich getreten.

»Holt ihr ihn jetzt da raus?«

»Ja.«

»Und, wie wollt ihr vorgehen?«

»Wir trennen das Dach ab. Wieso fragst du?«

»Ach, nur so.«

Nur so? Ich spürte, dass da doch noch was anderes war. Nur so fragt doch keiner, zumal kein Polizist, dem unsere Vorgehensweise bestimmt vertraut war. Ich hakte deshalb nach.

»Hör zu«, flüsterte der Polizist. »Der Typ da hat vor wenigen Minuten ein kleines Mädchen auf seinem Fahrrad brutal über den Haufen gefahren und uns danach eine heiße Verfolgungsjagd geliefert. Die Kleine ist tot. Hab's gerade über Funk bekommen.«

»Und«, flüsterte ich ebenso leise, »was willst du mir damit sagen? Soll ich den Mann deshalb hier verrecken lassen?«

Mit einem knirschenden Geräusch durchtrennten die gehärteten Stahlschneiden der hydraulischen Schere die erste der beiden vorderen A-Säulen.

»Nein, auf keinen Fall«, wehrte der Polizist entschieden ab. Wir sind schließlich beide Vertreter unseres Rechtsstaates und nicht seine Richter.«

»Und wieso sagst du mir das dann?«, fragte ich etwas verärgert.

»Na ja, ich dachte nur, du solltest das wissen.«

Der Angriffstrupp hatte gerade die mittlere B-Säule durchtrennt und begab sich jetzt auf die Beifahrerseite.

In meinem Kopf wirbelten die Gedanken. Dieser Mann hatte also gerade ein kleines unschuldiges Mädchen totgefahren. Meine Emotionen kochten hoch. Aber Emotionen, zumal wenn sie unguter Natur sind, sind kein guter Ratgeber für einen Feuerwehrmann, der eine Rettungsaktion zu leiten hat – auch nicht wenn die Person, die wir retten mussten, eine noch so schlimme Tat begangen haben sollte. Mit dem Teil seiner Aussage hatte der Polizist recht, als er sagte, wir seien nicht seine Richter!

Der Angriffstrupp hatte die A- und B-Säule auf der Beifahrerseite jetzt ebenfalls durchtrennt und machte noch einen Entlastungsschnitt in die hinteren C-Säulen.

»Fertig?«

»Fertig!«

»Dann alle Mann an das Dach!«, befahl ich. »Klappen wir das Teil nach hinten!«

Nachdem wir das Dach des Jaguars zum Heck hin aufgeklappt hatten, war der Weg für die eigentliche Rettung des Fahrers frei. Ein von mir nachgeforderter Notarztwagen brachte den schwer verletzten Mann in die Uniklinik. Sein weiteres Schicksal ist mir unbekannt geblieben. Nur von seiner ehemals noblen Jaguarlimousine, die wir Feuerwehrmänner in ein weniger schönes Cabrio verwandelt hatten, wusste ich, dass es seine letzte Ruhestätte in einer gewaltigen Schrottpresse gefunden hatte.

Technische Daten zu einem bei Feuerwehren weit verbreiteten Mobil-Schneidgerät, der hydraulischen Schere:
- Öffnungsweite: 132 Millimeter
- Schneidkraft (bei 500 bar): 689 kN
- Masse (Gewicht): 23,5 Kilogramm

91. GRUND

Weil Feuerwehrmänner für andere ihr Leben riskieren

Ich war mit meinem Kollegen Klaus in unserem VW-Bus unterwegs. Wir hatten einen undichten Straßenhydranten überprüft und befanden uns wieder auf dem Rückweg zur Wache, da meldete die Leitstelle über Funk einen Brand ganz in unserer Nähe: »Vermutlich Zimmerbrand in einem Einfamilienhaus. Zug 6 ist alarmiert.«

Da wir zur Mannschaft des Löschzugs gehörten, funkte ich zurück: »Verstanden. Informieren Sie den Zugführer, dass wir ebenfalls dorthin fahren.«

Als wir kurz darauf den Einsatzort, eine ruhige Nebenstraße, erreichten, sahen wir aus dem Dachfenster eines Einfamilienhauses dichten dunklen Brandrauch steigen. Ein Mann mittleren Alters, barfuß und nur mit einem Bademantel bekleidet, stürmte uns mitten auf der Straße entgegen.

»Wieso sind Sie nur zu zweit gekommen!«, schrie er uns an und zeigte zum Dachfenster. »Mein Sohn ist noch da oben! Bitte retten Sie ihn!«

Hier galt kein Zögern. Während Klaus sich des Mannes zu erwehren suchte der sich völlig entnervt in seiner Jacke verkrallt hatte, stürmte ich, nur mit der Feuerwehraxt und einem Handfeuerlöscher (einem PG12H) ausgerüstet (Atemschutzgeräte waren auf unserem VW-Bus nicht vorhanden), bereits auf den offen stehenden Hauseingang zu. Eine hölzerne Treppe wies mir den Weg auf die erste Etage. Oben angekommen, konnte ich mich nur noch kriechend auf allen vieren bewegen, da der Brandrauch sich schon bis auf einen halben Meter über den Boden herabgesenkt hatte. Solange ich tief am Boden noch einigermaßen Luft zum Atmen und genügend Sicht zur Orientierung hatte, musste ich unbedingt den Sohn finden. Hinter der halb offenen Tür vermutete ich einen Schwelbrand, da ich weder das charakteristische Prasseln und Zischen eines offenen

Feuers hören, noch eine signifikante Temperaturerhöhung spüren konnte. Dennoch drängte die Zeit, denn ständig drang weiterer Brandrauch aus dem Zimmer. Er senkte sich immer tiefer. Lang würde ich diese gefährliche Aktion nicht mehr fortsetzen können. Dann sah ich den Jungen. Er lag, die Arme zur Tür gestreckt, regungslos auf dem Bauch. Schnell kroch ich zu ihm, rief ihn an und rüttelte an einem Arm. – Keine Reaktion. Ich musste unbedingt den Rückzug antreten. Der Qualm brannte bereits in meinen Augen, und ein heftiger Hustenanfall signalisierte mir, dass es allerhöchste Zeit wurde, wenn ich nicht selber hier oben liegen bleiben wollte. Für eine Überprüfung seiner Appellfunktionen bestand daher keine Zeit mehr. Den schweren PG12 ließ ich ungenutzt vor der Tür liegen. Es ging jetzt um jede Sekunde, und ich brauchte alle meine Kraft, um diesen Menschen aus der rauchgasvergifteten Atmosphäre zu retten. Da hätte es keinen Sinn gemacht, den Inhalt des Feuerlöschers noch unkontrolliert in das Zimmer zu pusten. Da ich mich selber nicht aufrichten durfte, legte ich mich auf den Rücken und zog den Bewusstlosen mit seinem Oberkörper zwischen meinen Knien hindurch auf meinen Bauch. Seine Arme hingen dabei über meinen Oberschenkeln. Er war schwer. Mit angezogenen Knien, die Füße fest gegen den Teppich gestemmt, bewegte ich mich mit aufgestützten Armen mühsam in Richtung Treppe. Dabei musste ich seinen erschlafften Körper zwischen meinen Knien festklemmen, um ihn in einer Rückwärtsbewegung mitschleifen zu können.

Schweiß rann mir über das Gesicht, und meine Lungen keuchten wie zwei Blasebälge. Ich hatte längst mehr Brandrauch eingeatmet, als verträglich war. Dabei hatte ich das Gefühl, dass das Gewicht des Bewusstlosen, der halb auf mir lag, immer schwerer wurde. Meine Kräfte schwanden. Vor meinen Augen tanzten flimmernde schwarze Flecke, und in die Tränen aus den vom Brandrauch gereizten Augen mischte sich der Schweiß, der mir durch die enorme Anstrengung aus allen Poren lief. Ein starker Schwindel raubte mir sekundenlang die Sinne. Dann spürte ich einen übermächtigen

Brechreiz, hustete und spuckte zähen Schleim. Das ist das Ende, dachte ich – du hast dir zu viel zugetraut. Jeder Feuerwehrmann weiß doch genau über die Gefährlichkeit der giftigen Rauch- und Brandgase Bescheid. Du Idiot ... Du Idiot!

Nein ... nicht aufgeben ... nicht hier liegen bleiben ... ich will hier raus, und DU kommst mit!

Mit eisernem Willen mobilisierte ich meine letzten Kräfte und rutschte weiter in Richtung Treppe. Das Letzte woran ich mich erinnere, war, wie mir jemand mein zentnerschweres Gewicht abnahm, mich am Kragen packte und über den Teppich zog.

Als ich wieder zu mir kam, lag ich auf der Trage in unserem RTW und bekam ein Spray gegen Rauchgasintoxikation in die Hand gedrückt.

»Hier, nimm das. Dir brauche ich ja wohl nicht zu erklären, wie du damit umzugehen hast.«

Nach dem Einsatz

92. GRUND

Weil Feuerwehrmänner schon wieder drei Liter Wasser trinken können

Ein kollektiver Aufschrei des Entsetzens drang aus dem sperrangelweit geöffneten Fenster unseres Aufenthaltsraumes. Hoffentlich hatte ihn niemand auf der Straße gehört. Ansonsten könnte es geschehen, dass ein besorgter Mitbürger annimmt, hier würde jemand abgemurkst, und gleich ein SEK unsere Feuerwache stürmen.

»Was denn! Seid ihr Männer oder Memmen?«, fragte ich und sah verächtlich in die Runde.

Natürlich waren sie Männer, Feuerwehrmänner sogar. Aber, so fragten sie sich, wie krank muss man sein, um bei 38 Grad im Schatten eine Atemschutzübung in der Heißgasanlage durchführen zu lassen?

»Hört zu, Leute, ich habe mir für den heutigen Vormittag auch was anderes vorgestellt, aber die Übung ist nun mal angesetzt. Schließlich konnte ja niemand ahnen, dass wir so einen Jahrhundertsommer bekommen.«

»Und warum können wir die Übung nicht einfach abblasen?«

»Oder wenigstens auf einen kühleren Tag verlegen?«

»Na klar, und wenn es brennt, bleiben wir natürlich auch hier drinnen hocken und genehmigen uns lieber ein paar kühle Drinks oder essen Eis mit heißen Kirschen?«

»Och so'n Eis wäre schon nicht schlecht. Auf die heißen Kirschen kann ich dabei aber gerne verzichten.«

Lautes Gelächter.

»Haben die Herren sonst vielleicht noch irgendwelche Wünsche? Nein? Na dann hoch mit euch Schlaffis. Abfahrt ist um …«, ich schaute auf meine Armbanduhr«, »um 07:45 Uhr.«

»Und was ist mit Frühstück?«

»Frühstück gibt's hinterher.«

»Wie, nicht mal 'n Kaffee?«

»Kaffee ist für Kinder ungesund. Außerdem bekommst du vor der Übung jede Menge Wasser zu trinken … umsonst.«

»Ja ja, drei Liter. Ich weiß. Boahhh.«

Punkt 07:45 Uhr verließ unser kompletter Löschzug plus ein RTW die Fahrzeughalle. Kurz darauf befanden wir uns schon auf der innerstädtischen Schnellstraße, die direkt zu der Nachbarwache führte, wo sich auch die Heißgasanlage befindet. Da die Nächte der letzten Tage keinerlei Abkühlung gebracht hatten, flimmerte der Asphalt trotz der frühen Morgenstunde bereits in der Sommerhitze.

»Habt ihr gehört?«, rief unser Maschinist von vorne. »Laut Wetterbericht soll heute einer der heißesten Tage werden.«

»Na super. Und wir Bekloppten fahren zur Atemschutzübung.«

»Jetzt stellt euch nicht so mädchenhaft an, als hätten wir nicht schon weit Schlimmeres erlebt! Im Übrigen habe ich eben noch mit dem B-Dienst telefoniert und die Zusage erhalten, dass wir wegen der außergewöhnlichen Belastung für die heutige Übung Kühlwesten bekommen.«

»Echt?«

»Natürlich! Oder denkst du etwa, der B-Dienst würde mich verarschen?«

Nein, vermutlich dachte das keiner von ihnen. Dennoch waren sie verständlicherweise erstaunt, denn bisher hieß es immer, dass die in den Kühlwesten enthaltenen Kühlpacks, die nur einmal verwendet werden konnten, für Übungen zu teuer wären. Deshalb wurden sie nur bei besonders belastenden Realeinsätzen ausgegeben. Ich fand das auch nicht gut, besonders weil die hohen Temperaturen in der Heißgasanlage die Belastungen mancher realen Einsätze sogar überstiegen.

»Ich habe bisher noch nie mit so 'ner Kühlweste gearbeitet«, hörte ich Lukas sagen, der frisch von der Grundausbildung zu uns gekommen war und sich bislang aus allen Diskussionen rausgehalten hatte.

»Junge!«, rief sein Sitznachbar und klopfte unserem Neuling lachend auf die Schulter. »Du hast überhaupt noch nie gearbeitet.«

Aber der Lukas ließ sich nicht provozieren. »Na und«, konterte er, »du hast schließlich auch bei null angefangen, oder?«

»Stimmt. War auch nicht böse gemeint.«

»Weiß ich doch. Aber sag mal, bringt so 'ne Kühlweste wirklich was?«

Die Kühlweste bringt tatsächlich was. Zumindest wird die extrem hohe Körpertemperatur, die man während der schweren körperlichen Belastung aushalten muss, etwas gemildert. Die fürchterlichen drei Liter Wasser, in Wirklichkeit waren es drei Flaschen stilles Mineralwasser, die jeder (auch ich) vor seinem Gang durch die Heißgasanlage trinken musste, fielen uns aber dennoch schwer.

Ganz anders beim Herauskommen. Hatten wir uns vorher noch zum Trinken zwingen müssen, so lechzten wir nach der schweißtreibenden Übung geradezu nach Wasser.

Kaum dass ein Trupp diesem stählernen »Hochofenlabyrinth« aus verschachtelten Gängen und Treppen entkommen war, riss man sich förmlich die Atemschutzmaske vom hochrot erhitzten Kopf und konnte gar nicht schnell genug die Flasche mit dem erfrischenden Nass an die Lippen bringen, um das kühle Nass durch die ausgedörrte Kehle laufen zu lassen.

Lukas, unser Neuling, der bei der Suche und Rettung des 80 Kilogramm schweren Sandsacks neben mir geschwitzt und gekeucht hatte, hatte sich übrigens ganz gut geschlagen.

Wer die Tortur hinter sich hatte, durfte unter die Dusche. Mann, tat das gut, wenn das Wasser einem über den erhitzten Körper rann.

Auf der Rückfahrt sprach übrigens keiner mehr davon, wie doof es sei, bei den extrem hohen Außentemperaturen eine Brandschutzübung abzuhalten. Im Gegenteil, die Männer prahlten geradezu mit ihren Heldentaten, wie schnell sie doch diesen fiktiven Menschen gerettet hatten.

»Ihr meint wohl diesen bescheuerten Sandsack!«, rief unser Neuling ausgelassen.

»Genau! Den bescheuerten Sandsack. Den meinen wir, Lukas. Hast deine Sache ja ganz gut gemacht, sagt der Chef.«

»Aber das nächste Mal ist es bestimmt kein Sandsack mehr«, unkte ein anderer, »und auch keine Übung, dann ist es möglicherweise ein richtiger Mensch.«

Wie recht er hatte, sollten Lukas und wir anderen schon bald erfahren.

93. GRUND

Weil Feuerwehrmänner oft 5 x täglich duschen

Wir befanden uns wieder auf der Autobahn ähnlich ausgebauten Schnellstraße. Kurz vor unserer Ausfahrt war vor einigen Wochen erst eine neue Tankstelle gebaut worden – eine mit richtig viel Platz für große Lastkraftwagen, also auch für uns. Unser Maschinist verringerte die Geschwindigkeit und setzte den Blinker.

»Tanken?«

»Jau«, nickte er. »Ist knapp vor halb.

»Na dann«, sagte ich und zog den Funkhörer aus seiner Halterung, um den anderen, die hinter uns fuhren, Bescheid zu geben.

»Drehleiter tankt auch«, kam es zurück.

»Zweites LF fährt durch zur Wache. Wir sind noch voll.«

»Verstanden. Kümmert euch schon mal ums Frühstück.«

»Geht klar, Chef!«

Leider wurde das mit dem Frühstück nichts, denn während wir noch an der Zapfsäule standen, erreichte uns ein Funkruf der Leitstelle. Ich meldete mich sofort.

»Wo ist Ihr Standort?«

»Tankstelle Münchener Straße.«

»Das passt. Wir bekommen nämlich gerade einen Böschungsbrand rein. Ist ganz in Ihrer Nähe. Können Sie schon übernehmen?«

»Ja, können wir. Wir sind fast fertig.«

»Gut. Dann fahren Sie Freidingerstraße in Höhe 189. Sie werden vom Bahnpersonal eingewiesen. TLF Feuerwache 4 ist ebenfalls alarmiert.«

»Verstanden, wir fahren Freidingerstraße 189. Böschungsbrand.«

»Jungs! Habt ihr das mitbekommen?«, rief ich nach hinten und betätigte gleichzeitig den Kippschalter, der unsere Blaulichter rotieren ließ, damit mein Maschinist erkannte, dass wir einen neuen Einsatz hatten er und sich mit dem Bezahlen beeilen musste.

Während sich die Freude »meiner Jungs« über den neuen Einsatz unüberhörbar in Grenzen hielt, kam unser Maschinist eilig angelaufen und schwang sich hinter das Lenkrad.
»Wohin?«
»Freidingerstraße 189, Böschungsbrand.«
»Frühstück war dann ja wohl nix, wie?«
Ich schüttelte bedauernd den Kopf.
Auf der relativ kurzen Fahrt musste ich unwillkürlich an einen Böschungsbrand denken, den ich in meiner Zeit als junger Feuerwehrmann erlebt hatte. Damals war auch Sommer gewesen. Wir waren mit einem Löschgruppenfahrzeug und einem Tanklöschfahrzeug von Feuerwache 3 ausgerückt und wollten den in Flammen stehenden Böschungsbrand an seinem vorderen und hinteren Ende gleichzeitig angreifen. Der Einsatz erschien mir völlig gefahrlos. Die Pumpe war noch nicht so weit, als sich urplötzlich der Wind drehte und das Feuer mit wahnsinniger Geschwindigkeit auf uns zuraste. Wir konnten uns gerade noch in Sicherheit bringen, indem wir uns im letzten Moment unter das TLF warfen. Seit jener Zeit war ich gewarnt und nahm kein Feuer mehr auf die leichte Schulter. Auch keinen noch so vermeintlich harmlosen Böschungsbrand.

Diesmal verrichteten wir unsere Löscharbeiten ohne irgendwelche Zwischenfälle. Das Bahnpersonal, welches uns hektisch winkend erwartete, bestand aus Gleisbauarbeitern, die am Bahndamm irgendwelche Ausbesserungsarbeiten durchführten. Sie waren es auch, die das Feuer als Erste bemerkt und die 112 angerufen hatten. Irgendwie konnte ich mich des Eindrucks nicht erwehren, dass die Arbeiter das Feuer durch eine achtlos weggeworfene Kippe selber verursacht hatten. Mir fiel nämlich auf, dass die Burschen zwar alle die typisch nikotinverfärbten Finger besaßen, aber keiner 'ne Fluppe zwischen den Lippen hatte. Das war sehr ungewöhnlich, und ungewöhnlich war auch die Reaktion des Vorarbeiters. Als ihn fragte, ob er wisse, wodurch das Feuer entstanden sei, wurde er rot wie ein ertappter Schuljunge. Mir war's letztlich egal, das war Sache der Bahn.

Für uns war nur wichtig, dass niemand zu Schaden gekommen war und der Bahnbetrieb reibungslos weiterlaufen konnte. Allerdings sahen wir nach den Löscharbeiten wieder mal aus wie die Schweine, was aber diesmal nichts damit zu tun hatte, dass Feuerwehrmänner sich gerne einsauen. Das will ich hier unbedingt betonen! Nach dem Aufrollen unserer mindestens ebenso verdreckten Schläuche schien ein zweiter Duschgang geradezu zwingend notwendig. Die Kollegen der Feuerwache 4, die mit ihrem TLF hier ebenfalls kräftig mitgemischt hatten, sahen übrigens keinen Deut besser aus als wir.

Der zweite Duschgang des heutigen Tages verlief, ohne dass uns ein erneuter Alarm in den Einsatz rief. Sogar das anschließende verspätete Frühstück, welches wegen der fortgeschrittenen Zeit schon mehr als ein vorgezogenes Mittagessen angesehen werden konnte, erfuhr keine Störungen.

Gegen drei Uhr kam es dann zu einem Zwischenfall, der die Polizei eine ganze Zeit lang in Atem hielt. Einer Zivilstreife waren zwei Pkw aufgefallen, die sich ein illegales Autorennen auf genau der innerstädtischen Schnellstraße lieferten, an deren Tankstelle wir heute Vormittag noch mit unseren Feuerwehrfahrzeugen getankt hatten. Nachdem die Zivilstreife sich als Polizeiwagen zu erkennen gegeben und die Verfolgung aufgenommen hatte, hatten die beiden Raser die Münchener Straße an der Kreuzung Ickerswarder Straße verlassen und waren in entgegengesetzte Richtungen davongebraust. Während der eine, ein tiefer gelegter Mini mit überbreiten Reifen, nach Himmelgeist raste, donnerte der andere mit laut röhrendem Auspuff in den Stadtteil Westen. Einige Passanten berichteten später, dass der Wagen mit über 100 Sachen angebrettert kam, bevor er auf der Kreuzung Kölner Landstraße einer herannahenden Straßenbahn ausweichen wollte und ins Schleudern geriet. Nachdem er sich zweimal überschlagen hatte, krachte er in mehrere am Straßenrand parkende Pkw. Unmittelbar darauf ertönte bei uns der Alarmgong. Da die Unfallstelle nur wenige Meter von unserer Feuerwache entfernt lag, waren wir sofort vor Ort. Dass die beiden jungen Männer den schweren Unfall überlebt hatten, verdankten sie den ausgelösten Airbags und der Tatsache, dass ihr Sportflitzer wie ein professionelles Rallyefahrzeug mit Überrollbügeln, speziellen Schalensitzen und Hosenträgergurten ausgestattet war. Andererseits hatte sie ihr Verlangen, mitten in der Stadt Rallye zu fahren, nicht nur den Führerschein, sondern auch ihr teuer aufgemotztes Fahrzeug gekostet, denn der Wagen besaß nach diesem Unfall nur noch Schrottwert.

Das andere Fahrzeug, der tiefer gelegte Mini, lieferte dem verfolgenden Polizeiwagen ein höchst riskantes Rennen durch die engen Straßen von Himmelgeist, bis er sich in einer verkehrsberuhigten Zone an einer Bodenwelle die Ölwanne aufriss. Eine schwarze Ölspur hinter sich herziehend, endete die wilde Verfolgungsjagd ziemlich unspektakulär auf der Himmelgeister Landstraße durch Motorschaden. Als die Beamten der Zivilstreife hinter dem Mini stoppten und den Wagen kontrollieren wollten, hatte sich sein Fahrer zu Fuß aus dem Staub gemacht. Die Sauerei, die das ausgetretene Motorenöl ab dem Schweller bis zu dieser Stelle verursachte, hatte einen unbeteiligten Motorradfahrer zu Fall gebracht und sorgte dafür, dass unser zweites LF und der Notarzt der Feuerwache 1 ebenfalls alarmiert wurden und reichlich Arbeit erhielten.

Was ich hier mit wenigen nüchternen Worten niedergeschrieben habe, glich in der Realität einer geradezu filmreifen spektakulären Verfolgungsjagd, an der mehrere Polizeifahrzeuge beteiligt waren.

Die Rettungsaktion der beiden jungen Männer in ihrem verunfallten Sportflitzer verlief höchst dramatisch und hatte sich über Stunden hingezogen. Ich denke, ich werde diese beiden untrennbar miteinander verbundenen Einsätze deshalb noch einmal in einem meiner künftigen Feuerwehrbücher ausführlich schildern. Für hier muss es reichen, wenn ich sage, dass nach unserer aufwendigen und hoch belastenden Rettungsarbeit Duschgang Nummer 3 unvermeidbar war.

Dazu eine Anmerkung: Sicherheitshalber gehen wir Feuerwehrmänner nie alle zugleich unter die Dusche – man kann ja nie wissen, ob es in dem Moment nicht gerade erneut alarmiert. Davon abgesehen besitzen wir nicht genügend Duschen für alle, sodass eh immer nur einige gehen können. Im jetzigen Fall erwies sich das wieder einmal als Vorteil, denn mitten im schönsten Einschäumen ließ der Alarmgong die Männer unter der Dusche zusammenzucken. Dann Entwarnung. Die Stimme des Leitstellendisponenten aus dem Lautsprecher (Lautsprecher gibt es auf einer Feuerwache natürlich auch im Duschraum) rief lediglich die Besatzung des zweiten LF in den Einsatz, und die saß bereits fertig geduscht unter dem schattigen Baum auf dem Feuerwehrhof und schleckte Eis am Stiel. Davon hatten wir zurzeit jede Menge in unserer kleinen hauseigenen Kantine.

Als das LF startete und mit eingeschaltetem Martinshorn die Fahrzeughalle verließ, grinsten wir uns zufrieden an. Besser die als wir, dachten wir, aber da sollten wir uns verrechnet haben. Keine fünf Minuten später, ich stand auch noch unter der Dusche, mahnte ich zur Eile, da wurden wir auch schon alarmiert. Unsere eigenen Kollegen hatten uns nachgefordert, weil der angeblich brennende Papiercontainer sich bei ihrem Eintreffen als ein Garagenbrand entpuppte, der bereits außer Kontrolle war und auf ein angrenzendes Gebäude übergesprungen war.

Die Löscharbeiten, bei denen auch die Feuerwache 6 und die Freiwillige Feuerwehr Garath und Himmelgeist Itter beteiligt waren, beschäftigten uns bis in die frühen Abendstunden. Anschließend war Duschgang Nummer 4 unbedingt notwendig.

Duschgang Nummer 5 erfolgte gegen drei Uhr in der Früh. Ein Kellerbrand hatte uns kurz vor Mitternacht aus den Betten geholt. Danach war für den Rest der Nacht Gott sei Dank Schluss. Noch mehr Duschgel hätte meine strapazierte Haut auch sicher nicht vertragen.

94. GRUND

Weil Feuerwehrmänner gemeinsam aufräumen

Serienbrände wie die gerade geschilderten sind Gott sei Dank nicht an der Tagesordnung, sonst läge die ganze Stadt sicher bald in Schutt und Asche. Andererseits ist es nicht ungewöhnlich, wenn gerade die großen Zugwachen vermehrt zu Brandeinsätzen ausrücken. Der letzte Kellerbrand hatte daher auch ganz schön an unserer Kondition gekratzt. Trotzdem war die Arbeit nach dem Löschen des Feuers für uns noch lange nicht beendet, denn jetzt ging es an die Aufräumarbeiten. Dazu gehörte es, dass man zumindest den größten Teil des Brandschutts ins Freie schaffte. Diese Arbeit dauert manchmal länger als das eigentliche Feuerlöschen, dennoch ist sie unvermeidbar, da sich unter den Bergen von kokelndem Brandschutt immer wieder Glutnester verbergen, die, falls man sie nicht gründlich beseitigt, das Feuer sehr schnell wiederaufleben lassen können.

Im Gegensatz zu dem vorherigen Löschangriff, bei dem meist nur ein oder zwei Trupps direkt vor Ort, also unmittelbar an der »Feuerfront«, eingesetzt worden waren, müssen jetzt alle tätig werden. Das heißt: Feuerwehrmänner wie der Wassertrupp und der Schlauchtrupp, also die, die bisher außerhalb der Einsatzstelle tätig gewesen waren, packen jetzt ebenfalls mit an und helfen, den Brandschutt nach draußen zu befördern. Das ist mühevolle Handarbeit unter erschwerten Bedingungen, zumal diese Aufräumarbeiten in geschlossenen Räumen meist unter Atemschutz ausgeführt werden müssen. Bei unserem Kellerbrand war das unvermeidbar, denn gerade jetzt bildeten sich in dem schwelenden Brandschutt jede Menge giftiger Gase und oft auch das besonders heimtückische Kohlenmonoxid. Feuerwehrmänner, die hier nur mit normalen Schraubfiltern arbeiten, sind daher gut beraten, spezielle CO-Filter zu verwenden, da es sonst leicht zu lebensbedrohenden Komplikationen kommen kann.

Überhaupt sind Aufräumarbeiten an Einsatzstellen nicht ungefährlich. Ein RTW sollte deshalb zur Sicherheit der eigenen Mannschaft immer noch an der Einsatzstelle verbleiben.

Nachdem wir den Brandschutt unseres Kellerbrandes endlich so weit ins Freie geschafft und auch noch die letzten glimmenden Reste abgelöscht hatten, ging es ans Einräumen unserer benutzten Ausrüstungsgegenstände. Einige Teile, wie die beim Löschen eingesetzten Hohlstrahlrohre, wurden an einem seitlichen Abgang unseres LF mit dem Wasser aus dem Tank vom gröbsten Schmutz befreit. Eine gründliche Reinigung musste später aber noch auf der Wache erfolgen. Das galt auch für alle anderen Gerätschaften und besonders für die verwendeten Schläuche. Einmal benutzt, wurde jeder Schlauch lediglich aufgerollt und kam nur dann erneut zum Einsatz, falls man auf der Rückfahrt zur Wache einen neuen Auftrag erhielt. Ansonsten geht jeder Schlauch in die Schlauchwäsche, wird anschließend getrocknet und durch einen neuen Schlauch ersetzt.

Solche Arbeiten geschehen dann auf der Feuerwache und zwar direkt und nicht erst nachdem man sich geduscht oder ausgeruht hat, denn die Einsatzbereitschaft ist oberstes Gebot, und muss jederzeit gewährleistet werden. Das ist immer noch das gleiche Prinzip wie bei den Postkutschengäulen im Wilden Westen – zuerst werden die Pferde versorgt, danach erst ist der Kutscher dran.

Das Aufräumen und Wiederherstellen der Einsatzbereitschaft ist also eine Gemeinschaftsarbeit, bei der alle mit anpacken, auch der DGL. Und meist herrscht dabei, trotz körperlicher Erschöpfung, eine ausgelassene Stimmung, besonders dann, wenn man wieder einmal, wie wir nach diesem Einsatz, siegreich zur Wache zurückgekehrt ist.

KAPITEL 5

BESONDERE AUFGABEN

*Brandsicherheits-
wachen*

95. GRUND

**Weil Feuerwehrmänner
alle Opern kennen**

Stimmengemurmel, leises Räuspern und verhaltenes Lachen dringen, vermischt mit dem Einstimmen der Instrumente der Musiker aus dem Orchestergraben, an mein Ohr.

Dann – vollkommene Stille – der Dirigent tritt an sein Pult.

Brausender Applaus – der Dirigent hebt den Taktstock – der Applaus ebbt ab, und die Musiker lassen ihre Instrumente ertönen. Während das Publikum verzückt auf bequemen, weich gepolsterten Sitzen der Ouvertüre zu *Madame Butterfly* lauscht, sitze ich ihren Augen hinter einer schwarzen Wand verborgen auf einem spartanisch brettharten Stuhl in einer Nische seitlich der Bühne. Auf der mir gegenüberliegenden Seite sitzt ein zweiter Feuerwehrmann, ebenso eingequetscht wie ich. Und auf einer der jeweils rechten und linken Arbeitsgalerien haben zwei weitere Feuerwehrmänner die Schläuche der Wandhydranten ausgerollt und ebenfalls Position bezogen, während ein fünfter als Wandelposten während des gesamten Spielverlaufs permanent den hinteren Bereich der Bühne sowie diverse Räumlichkeiten kontrolliert. Dass sich keiner von uns vom Spiel auf der Bühne ablenken lassen darf (so besagen es die Vorschriften) versteht sich. Schließlich sind wir ja nur für die Sicherheit und Brandverhütung hier, und außerdem haben wir keinen Eintritt bezahlt.

96. GRUND

Weil Feuerwehrmänner kostenlos ins Theater gehen

Als Landeshauptstadt von NRW verfügt Düsseldorf über mehrere Theater. Das größte, am Gustav-Gründgens-Platz, besitzt ein sogenanntes großes Haus, also mit einer großen Bühne, und ein sogenanntes kleines Haus mit, man ahnt es schon, einer etwas kleineren Bühne. Wird ein Feuerwehrmann im kleinen Haus zur Brandsicherheitswache eingeteilt, fällt es ihm noch weitaus schwerer, sich nicht vom Spiel auf der Bühne ablenken zu lassen, da er für gewöhnlich (wie das zahlende Publikum) im Zuschauerraum sitzt.

Ach ja, Eintritt zahlen Feuerwehrmänner im Theater natürlich auch nicht.

Reihe 3 Platz 1, also ganz rechts außen, war auch oft mein Platz gewesen, wobei »rechts außen« im Theater keineswegs politisch zu bewerten ist.

Ich gestehe freimütig, dass mich nicht jede Aufführung vom Hocker, respektive Theatersitz, gerissen hat. Das mag möglicherweise auch ein ganz klein wenig daran gelegen haben, dass mir das nötige Kunstverständnis für einige dieser extrem ultramodernen Stücke gefehlt haben könnte. Oder lag es vielleicht doch mehr daran, dass ich, wie schon erwähnt, mich nicht von dem Spiel auf der Bühne ablenken lassen durfte?

Ich halte es für angebracht, diese Frage hier nicht abschließend zu beantworten, und bekenne stattdessen weiterhin ebenso freimütig, dass ich aber selbst bei solchen, nun sagen wir, schwierigen Stücken stets bemüht war, ein kunstinteressiertes Gesicht zu machen.

97. GRUND

Weil Feuerwehrmänner zuschauen, wie Klitschko seine Gegner umhaut, bis ...

Ganz anders erlebt der Feuerwehrmann die Atmosphäre in einer der großen Sportarenen, zu denen er (wiederum aus Gründen der Sicherheit) beordert wird. Bei Boxkämpfen geht es besonders hoch her, und zwar nicht nur auf der Bühne (Entschuldigung. Ich meinte natürlich im Ring), sondern auch im Publikum. Da wird gejohlt und gebuht, gepfiffen und applaudiert. Und wenn Klitschko wieder einmal einen seinen Gegner umhaut, reißt es die Zuschauer reihenweise von den Sitzen. Geschieht dies jedoch schon in der ersten Runde, so mischt sich (auch bei eingefleischten Klitschko-Fans) ein wenig Frust in die Freude über den frühen Sieg. Schließlich hatte man ja ein nicht unerhebliches Eintrittsgeld für dieses Spektakel berappen müssen. Einzig dem Feuerwehrmann bleibt der pekuniär frustrierende Beigeschmack erspart, da er auch hier wiederum keinen Eintritt zahlen musste.

98. GRUND

Weil Feuerwehrmänner in den Zirkus gehen

Gastiert ein Zirkus in der Stadt, werden für dessen Vorstellungen ebenfalls Brandsicherheitswachen gestellt. Im Gegensatz zu einer Brandsicherheitswache für den Wagner-Zyklus *Ring der Nibelungen* drängeln sich Feuerwehrmänner regelrecht darum, eine der begehrten Brandsicherheitswachen zu erhalten.

Nur um das hier klarzustellen – Feuerwehrmänner haben weder etwas gegen Wagners Siegfried noch gegen sein Rheingold, aber fünf Stunden in einer engen dunkle Nische auf einem brettharten

Stuhl sitzend zu verbringen ist auch für unsereins kein Zuckerschlecken.

Wo hingegen eine Zirkusvorstellung gar nicht lange genug dauern kann. Zumal wir dort mitten im Publikum sitzen dürfen, selbstverständlich ohne uns auch hier (Sie wissen schon) von den atemberaubenden Darbietungen im Zirkusrund ablenken zu lassen. Applaudieren dürfen wir dennoch, und der Eintritt war auch schon wieder umsonst.

Brandschutzerziehung

99. GRUND

Weil Feuerwehrmänner Schülerinnen und Schülern erklären, was sie im Brandfall tun und nicht tun sollten

Unsere Feuerwachen bekommen immer wieder Anfragen von Schulen, ob sie mit ihren Schülerinnen und Schülern die Feuerwache besuchen dürften. Klar dürfen sie. Nachdem die Anfragen allerdings immer häufiger wurden, hatten wir mehrere Kollegen ausgeguckt, die sich speziell um diese Aufgabe kümmern und die Termine vergeben sollten.

Prinzipiell funktionierte das auch ganz gut, zumindest solange wir uns nicht im Einsatz befanden.

Heute war wieder so ein Tag. Die 7. und 8. Klasse einer in unserem Brandschutzgebiet befindlichen Schule hatte sich angekündigt. Über 50 Schülerinnen und Schüler in jenem kritischen Alter, wo einige Orientierung Suchende noch nicht vollständig zivilisiert und kultiviert sind. Die hier waren aber friedlich. Von denen schlug keiner und keine so extrem über die Stränge, dass meine Feuerwehrmänner entsetzt die Flucht ergriffen. Bei solchen jungen Menschen, die wissbegierig und aufgeweckt waren, machte es Freude, ihnen sogar fundiertes Hintergrundwissen zu vermitteln.

Es gibt aber leider auch solche Schulklassen, die von einigen wenigen Rabauken drangsaliert werden, vor deren Frechheiten die hoffnungslos überforderten Lehrer anscheinend schon kapituliert haben. Mit solch einem ganz speziellen Bürschlein hatte ich es während einer Brandschutzunterweisung selber einmal zu tun bekommen. Der Jugendliche war mir durch seine Brutalität den anderen gegenüber sofort aufgefallen. Da die beiden Lehrerinnen nichts dagegen unternahmen, erklärte ich ihm unmissverständlich: »Hör zu, mein Freund. Mag sein, dass du dir das ja an deiner Schule erlauben kannst, aber hier bist du auf meiner Feuerwache. Da läuft das nicht. Also, entweder du benimmst dich jetzt anständig, oder ich lasse mir etwas Besonderes für dich einfallen.«

Er hatte sich für das Besondere entschieden, denn bei einer Demonstration einer EKG-Ableitung im Rettungswagen spuckte er mir ins Gesicht, worauf ich ihm postwendend eine satte Ohrfeige verpasste. Die beiden Lehrerinnen verfielen daraufhin in Schockstarre.

»Was haben Sie getan?«, keuchte die eine, die ihre Sprache als Erste wiedererhalten hatte. »Um Gottes willen! Sie haben den Jungen ja geschlagen.«

Nun, ich hatte nicht den Eindruck, dass die meines Erachtens wohlverdiente Ohrfeige etwas mit Gottes Willen zu tun gehabt hatte, und sah die Angelegenheit wesentlich gelassener. Der junge Bursche hatte meine Spontanreaktion übrigens sang- und klanglos akzeptiert, vermutlich weil das die Sprache war, die er verstand. Damit will ich aber keineswegs darlegen, dass ich körperliche Gewalt billige oder gutheiße, denn grundsätzlich bin ich ein eher friedliebender Mensch.

Auf jeden Fall verlief die Unterweisung von da an reibungslos und ohne weitere Zwischenfälle. So erfuhren die Schülerinnen und Schüler unter anderem, warum sie überhitztes brennendes Fett nicht mit Wasser löschen dürfen; warum Rauchmelder Leben retten können, warum Brandrauch so gefährlich ist und wieso man sich tief am Boden geduckt in Sicherheit bringen soll, warum es wichtig ist, alle Türen hinter sich zu schließen, aber nicht abzuschließen, und warum sie die Feuerwehr wenn möglich draußen auf der Straße erwarten sollen.

100. GRUND

Weil Feuerwehrmänner Kindergartenkindern erklären, wie sie sich im Brandfall richtig verhalten

Leider sterben bei Bränden in Deutschland jedes Jahr etwa 600 Menschen, wobei die meisten nicht durch die Einwirkung von Flammen, sondern durch den Brandrauch ums Leben kommen.

Aus Sicht der Feuerwehren ist Brandschutzerziehung so ungemein wichtig, dass sie sich bereits um die Kleinsten kümmern, um ihnen die Gefahren des Feuers sowie das richtige Verhalten bei Bränden zu vermitteln.

Die Kindergärten und Kitas in unserer Stadt nehmen dieses Angebot gerne an und besuchen unsere Feuerwachen daher genau so regelmäßig wie die Schulen. Natürlich müssen die Feuerwehrmänner, die sich um unsere jüngste Zielgruppe kümmern, ein kindgerechteres Programm anbieten als für Schülerinnen und Schüler im jugendlichen Alter. Um dem gerecht zu werden, arbeiten die Feuerwehrmänner mit besonderen Handpuppen. Wenn diese den Kindern erklären, wieso Feuer gefährlich ist, hören sie mit großen

Augen aufmerksam zu. Dazu gibt es kleine Rollenspiele, bei denen die Kinder mit Begeisterung den Inhalt unseres eigens angeschafften Brandschutzkoffers verwenden, wobei sie selber die Leitstelle spielen und üben, wie man einen richtigen Notruf tätigt.

Selbstverständlich werden auch die großen Feuerwehrfahrzeuge bestaunt, und nicht selten endet die Besichtigung mit einer kleinen Fahrt (natürlich mit eingeschalteten Blaulichtern) auf dem Feuerwehrhof. Wenn sie danach noch mit einem Feuerwehrschlauch Wasser verspritzen dürfen, ist das Kinderglück perfekt, und es gibt nur noch strahlende Augen.

Manchmal besuchen wir die Kinder aber auch in ihrem Kindergarten oder in ihrer Kita. Für gewöhnlich übernehmen diese Aufgabe aber nur einer oder zwei Feuerwehrmänner, da die Wachmannschaft nicht zu stark geschwächt werden soll. Natürlich bleiben wir dabei über unsere Florentine weiterhin in Rufbereitschaft, und natürlich fahren wir in voller Kampfmontur mit Feuerwehrhelm, Handschuhen und Stiefeln. Schließlich erwarten die Kinder ja einen richtigen Feuerwehrmann.

Mein persönliches Highlight war der Besuch in einem Kindergarten, bei dem mich die Kinder mit einem Feuerwehrlied begrüßten. Im Vorfeld war schon der Wunsch an mich herangetragen worden, den Kindern doch eine spannende Geschichte aus einem meiner Feuerwehrbücher vorzulesen. Ich habe meine Bücher zwar mehr für Jugendliche und Erwachsene geschrieben, aber es gibt darin auch ein paar Tierrettungsgeschichten, von denen ich eine in abgewandelter Form vorlesen wollte.

Die Resonanz meiner aufmerksamen jungen Zuhörerschaft nach der Geschichte mit der Katze im Baum war geradezu überwältigend.

»Rettet ihr auch andere Tiere?«

»Ja sicher«, betonte ich, »wir retten auch andere Tiere.«

»Auch Dinosaurier?«

»Hm, die nicht mehr ganz so oft.«

»Aber Krokodile!«

»Und Löwen!«

»Also, die Tiere, die wir retten, sind meistens etwas kleiner. Allerdings haben wir auch schon mal ein Pferd gerettet.«

»Aber wenn es bei mir brennt, rettest du dann auch meine Katze?«

»Ja klar.«

»Wir haben aber einen Hund.«

»Den retten wir natürlich auch.«

»Und wir haben zu Hause Hühner. Was machst du denn, wenn der Hühnerstall brennt?«

»Na, löschen. Was dachtest du denn?«

»Aber wenn der schon gaaaanz ganz lange brennt.«

Ich konnte mir die Antwort, die mir dazu spontan in den Sinn kam, nicht verkneifen und sagte: »Tja, dann gibt es wohl gebratene Hähnchen.«

Oh oh! Die Antwort hätte ich mir wohl doch besser verkniffen. Einige Kinder machten riesige Augen und hielten erschreckt ihre Händchen vor die Münder. Einen kleinen Jungen hingegen schien das zu amüsieren. Während er ein lautes »Mmmmmm!« von sich gab und sich in eindeutiger Geste sein Bäuchlein rieb, schienen die beiden Kindergärtnerinnen spontan in Ohnmacht gefallen zu sein.

»Ähhh ... ja ... also das war natürlich nur ein Scherz, Kinder«, beeilte ich mich zu sagen und erklärte, dass die Hühner ihren Stall bestimmt schon vorher verlassen hätten.

»Und wenn nicht?«, fragte der Junge, der sich so angelegentlich sein Bäuchlein gerieben hatte.

»Ja, was ist, wenn die doch im Stall waren?«, rief ein anderes Kind. »Sind die dann alle tot?«

Mist, aus der Nummer kam ich nicht mehr heraus. Gott sei Dank waren die Kindergärtnerinnen wieder aus ihrer Ohnmacht erwacht und kamen mir zu Hilfe.

»Darüber wird uns der Herr Feuerwehrmann sicher etwas erzählen, wenn er uns ein anderes Mal besuchen kommt. So, und jetzt singen wir noch einmal das Feuerwehrlied.«

Puh, gerade noch mal gut gegangen, dachte ich, als ich den fröhlich trällernden Kinderstimmen lauschte, mit denen ich verabschiedet wurde.

Wenn ich eins daraus gelernt habe, dann das: Bei Kindern, und seien sie noch so klein, sollte man sich genau überlegen, was man ihnen sagt.

KAPITEL 6

FORTBILDUNG

Neue Ziele

101. GRUND

Weil Feuerwehrmänner Seminare besuchen

Damit Feuerwehrmänner ihr im Grundausbildungslehrgang erworbenes fachliches Wissen und Können immer auf dem neuesten Stand halten, werden zu wichtigen Feuerwehrthemen Seminare angeboten. Einige gehören zum Pflichtprogramm und müssen daher von allen Feuerwehrmännern besucht werden. In Düsseldorf finden diese Seminare meist an der eigenen Feuerwehrschule statt und werden nach bestandener Prüfung beurkundet.

Darüber hinaus gibt es eine Vielzahl an Seminaren, bei denen die Teilnahme jedem Einzelnen freigestellt bleibt. Da solche Seminare auch in anderen Städten stattfinden und die Teilnehmerzahl begrenzt und das Interesse meist groß ist, ist man gut beraten, sich frühzeitig einen Platz zu sichern. Für mich als Ausbilder im Rettungsdienst waren besonders Seminare mit rettungsdienstlichem Hintergrund interessant. Ich erinnere mich noch sehr gut, wie ich zu einem Notfallkongress in das benachbarte Bundesland Hessen fahren wollte, um an einem Seminar für Kindernotfälle im Säuglingsalter teilzunehmen. Zunächst musste ich mir von der eigenen Dienststelle die Genehmigung einholen, da ich an diesem Tag eigentlich Dienst gehabt hätte. Und weil die Fahrt zu diesem Notfallkongress mit der Deutschen Bahn am besten zu bewältigen war, stellte ich als Nächstes einen Reisekostenantrag. Hört sich vielleicht etwas kompliziert an, ging aber völlig reibungslos über die Bühne. Dafür gestaltete sich die Hinfahrt mit der Bahn umso komplizierter. Das Dilemma, was mir vermutlich viele Bahnreisende aus eigener leidvoller Erfahrung nachempfinden können, begann bereits, nachdem ich von meinem Wohnort Ratingen mit der S-Bahn den Hauptbahnhof Düsseldorf erreicht hatte. Hier erfuhr ich, dass mein IC etwa zehn Minuten Verspätung hätte. Na ja, zehn Minuten, sagte ich mir, sind kein Beinbruch. Da würde ich den Anschlusszug immer noch rechtzeitig erreichen. Leider wurden aus den zehn Minuten erst 20, dann 30, bis der Zug schließlich mit vierzig Minuten Verspätung einlief. Ich stand mit den anderen Reisenden wie auf heißen Kohlen. Meinen Anschlusszug durfte ich wohl vergessen. Und wieso der IC erst so spät kam, konnte oder wollte ein sichtlich genervter Bahnbediensteter mir und den anderen Fragenden jedoch nicht sagen. Inzwischen war der Bahnsteig rappelvoll. Angesichts der vielen Menschen, die alle in diesen Zug drängten, war ich heilfroh, eine Platzkarte zu besitzen. Platzkarten waren bei meinem Reisekostenantrag zwar nicht vorgesehen, aber dank meiner fürsorglichen Frau – sie hatte gemeint, ich solle mir auf jeden Fall so eine Karte kaufen –, hatte ich ihrem Rat folgend die vier Euro aus meinem eigenen Privatvermögen investiert. Die Investition hätte ich mir jedoch sparen können. Nachdem ich die Waggonnummer mit meinem Sitzplatz zwar auf der Anzeigentafel entdecken konnte, suchte ich beides, Waggon wie Sitzplatznummer, im Zug vergeblich. Nachdem ich so durch den ganzen Zug gelaufen war, gab ich die Sucherei genervt auf und ließ mich einfach auf einem der wenigen freien Plätze nieder. Prompt kam einer dieser Zugbegleiter, nach denen ich zuvor vergeblich Ausschau gehalten hatte, und wollte meinen Fahrausweis sehen.

»Ich bedaure, aber hier dürfen Sie nicht sitzen bleiben. Dieser Platz ist reserviert.«

»Moment ... ich habe aber doch eine Platzreservierung.«

»Ja, aber nicht für diesen Platz.«

»Und wo ist dann meiner?«, fragte ich und erklärte: »Ich habe ihn nämlich nirgendwo finden können.«

»Tut mir leid, mein Herr. Wir haben aus technischen Gründen zwei Waggons abhängen müssen. Einer davon enthielt auch Ihren Sitzplatz. Sie müssen sich also einen anderen freien Platz suchen.«
»Das kann doch wohl nicht wahr sein!«
»Leider doch, ich bedaure. Und wenn Sie jetzt bitte ...«
Der Zugbegleiter machte eine unmissverständliche Handbewegung worauf ich ihm am liebsten auf sein »und wenn Sie jetzt bitte« ... Aber da ich ein friedliebender Mensch bin, suchte ich mir einen anderen freien Platz, und dann noch einen, und noch einen, denn jedes Mal, wenn der Zug hielt, stieg wieder einer ein, der genau für den Platz, auf dem ich saß, eine Platzreservierung hatte.

Nach dieser lehrreichen Fahrt mit der Deutschen Bahn, deren Werbung seit Jahren Pünktlichkeit und Service verspricht, ohne diese auch nur annähernd zu bieten, beschloss ich, künftige Seminare nur noch mit dem Auto zu besuchen.

102. GRUND

Weil Feuerwehrmänner Lehrgänge besuchen

Durch die Kenntnis der Vielzahl an unterschiedlichen Brandobjekten kann man natürlich auch zahllose Szenarien entwickeln, um deren Gefahrenabwehr in immer neuen Varianten theoretisch oder in nachgestellten praktischen Übungen zu trainieren.

Für die theoretische Variante eignen sich hervorragend Planspiele, die von Feuerwehren gerne an Miniaturmodellen durchgeführt werden. Eisenbahnfans wissen sicher sofort, wovon ich rede, denn die meist im HO-Stil gestalteten Planspiele der Feuerwehren sind letztlich genauso aufgebaut wie ihre Eisenbahnanlagen, nur dass der Schwerpunkt der Feuerwehranlagen sich nicht auf Schienen und Züge beschränkt. Das Planspiel der Düsseldorfer Feuerwehr befindet sich an Wache 6 in der Feuerwehrschule im Stadtteil Garath. Die Anlage, die ein miniaturbegeisterter Hobbybastler und Feuerwehrkollege in monatelanger Filigranarbeit meisterhaft erstellt hat, besteht aus mehreren Grundplatten. Alle Platten enthalten schwerpunktmäßige Darstellungen einer Stadt mit Wohngebieten, Gewerbegebieten, Industrieanlagen sowie der entsprechenden Infrastruktur samt Straßen- und Schienennetz. Je nach Vorhaben kann jede dieser Grundplatten, einzeln oder zu mehreren miteinander kombiniert, für alle erdenklichen Szenarien von Bränden, Explosionen, Gebäudeeinstürzen, Unfällen und so weiter verwendet werden.

Wir befanden uns im dritten Tag eines einwöchigen Lehrgangs für Führungskräfte über Taktik und strategisches Vorgehen im Feuerwehreinsatz. Wir, das waren die Dienstgruppenleiter der ersten Tour der zehn Düsseldorfer Berufsfeuerwehr- und Rettungswachen.

Heute stand das »berüchtigte« Planspiel auf dem Stundenzettel. Dazu hatten wir uns in dem u-förmig angeordneten Unterrichtsraum eingefunden, in dessen Mitte das auf Rollen befindliche Planspiel bereits hereingefahren war.

Nachdem wir mit den beiden ersten Kandidaten mächtig mit litten, denen angesichts ständig neuer Schwierigkeiten der Schweiß auf die Stirne getreten war, ging es erst einmal in die Frühstückspause. Danach sollte ich an die Reihe kommen.

Als mich der Ausbilder zu sich rief und mir den Zeigestock in die Hand drückte, hatte ich ein verdammt mieses Gefühl.

»So, mein Lieber«, verkündete er süffisant. Da du vorhin ja so coole Sprüche von dir gegeben hast, habe ich mir für dich etwas ganz besonders Feines ausgedacht.«

»Äh ja …«

»Aber keine Sorge, bei mir wird niemandem der Kopf abgerissen.«

Ha ha, nicht der Kopf abgerissen. Von wegen. Bei dem Gedanken, mit welchem Ideenreichtum an immer neuen »Grausamkeiten« er die ersten beiden Kollegen vorhin noch traktiert hatte, kam mir in den Sinn, ob unser Ausbilder nicht eine kleine sadistische Ader haben könnte. Zugegeben, es ist schon ziemlich gemein, so etwas über Kollegen zu schreiben, aber lesen Sie nur weiter, dann werden Sie schnell erkennen, wie ich das gemeint habe.

Och, dachte ich erleichtert, nachdem mir der Ausbilder meinen Einsatz gegeben hatte. Das war ja nun wirklich nichts Besonderes. Ein stinknormaler Kellerbrand in einem Wohn- und Geschäftshaus in der Innenstadt. Wüsste nicht, wo da das besonders Feine sein sollte. Da schicke ich einen Trupp unter Atemschutz zur Brandbekämpfung in den Keller, einen zweiten ebenfalls unter Atemschutz zur Kontrolle und Lüftung durch das Treppenhaus, lasse draußen die Wasserversorgung aufbauen und vorsorglich die Drehleiter in Stellung gehen. Fertig. Na ja, hinterher vielleicht noch Brandschutt herausschaffen und lüften. Das war's aber auch schon.

Von wegen, so einfach ließ mich der Ausbilder nicht vom Haken. Bereits auf der Anfahrt baute er mir die erste Hürde ein.

»Stopp stopp stopp! Aus welcher Straßenseite biegst du mit deinem Löschzug in die Straße ein?«

»Von hier«, sagte ich unbedarft und schob die drei Plastikfeuerwehrfahrzeuge in die Straße.

»Das … geht … leider … nicht«, betonte der Ausbilder, indem er mir einen Lkw vor die Nase, respektive vor mein erstes LF stellte. »So … wie du siehst, ist hier kein Durchkommen mehr.«

»Äh Moment mal!«, protestierte ich. »Der hat da eben aber noch nicht gestanden.«

»Tja, mein lieber Feuerwehreinsatzleiter, das ist nicht mein Problem.«

»Okay, dann … dann dann … lasse ich meinen Löschzug eben über den Gehweg fahren.«

»Etwa hier, wo das Baustellenloch ist? Da bin ich aber mal gespannt, wie du da mit deinen breiten Fahrzeugen durchkommen willst.«

»Hm.« Ich rieb mir mein Kinn und grübelte. Was jetzt?

»Na, was ist? Lass dir etwas einfallen, aber warte nicht zu lange. Dahinten rufen schon Menschen an den Fenstern um Hilfe.«

»Na gut. Wo ist der Lkw-Fahrer?«

Der Ausbilder zuckte mit den Schultern. »Keine Ahnung. In seinem Fahrzeug ist er jedenfalls nicht.«

»Steckt der Zündschlüssel?«

»Guck nach.«

»Okay. Ich schicke also einen von meinen Männern vor, damit der nachsieht, ob der Schlüssel von dem Lkw steckt.«

»Pech gehabt. Steckt nicht.«

»Ach das ist doch Scheiße!«

»Das ist keine Scheiße, mein Lieber, das ist Realität. Und was machst du jetzt?«

Plötzlich kam mir ein Gedanke.

»Äh ja ... also der Lkw-Fahrer kommt gerade, und der ... also der fährt da jetzt weg.«

»Na gut. Meinetwegen. Aber glaub ja nicht, dass ich immer so nachgiebig bin. Ich stimme nur zu, damit das hier endlich weitergeht. Verstanden?«

Ja klar hatte ich verstanden, nickte und atmete erleichtert auf.

Die nächste Hürde ließ jedoch nicht lange auf sich warten. Während ich eine erste Lagefeststellung machte und die Gefahrenschwerpunkte festlegte, hatte meine fiktive Mannschaft die Wasserversorgung aufgebaut und stand einsatzbereit.

»So, ich schicke jetzt meinen Angriffstrupp mit erstem C-Rohr unter Atemschutz zur Brandbekämpfung in den Keller und einen weiteren Trupp ebenfalls unter Atemschutz zur Sicherung und Rettung etwaiger Personen durch das Treppenhaus.«

»Und was ist mit den Personen, die an den Fenstern stehen und um Hilfe rufen? Lässt du die etwa da so stehen?«

»Nein, natürlich nicht. Die lasse ich über die Drehleiter retten. Außerdem habe ich einen weiteren Löschzug und weitere Rettungswagen angefordert.«

»Davon habe ich aber noch nicht gehört.«

Ich stöhnte auf. »Das ist doch wohl klar, wenn wie hier Menschen in Gefahr sind.«

»Gut, dann mache es auch.«

Oh Mann!

»Florian Düsseldorf für 7-46-1 kommen.«

»Florian Düsseldorf hört, kommen!«, sagte mein Ausbilder, der hier gleichzeitig die Leitstelle verkörperte.

»Vermutlich Kellerbrand in einem viergeschossigen Wohn- und Geschäftshaus. Vier Trupps unter PA. Benötigen Verstärkung. Menschenleben in Gefahr.«

»Verstanden, 7-46-1. Wir schicken Ihnen Feuerwache 4 und weitere RTW.«

In diesem Stil ging das so lange weiter, bis ich glaubte, Feuer aus melden zu können.

»Na gut«, verkündete der Ausbilder. »Lassen wir das mal so gelten.« Dann sah er in die Runde und fragte: »Irgendwelche Anmerkungen vonseiten der anderen Herren? Ja, Frank.«

»Der Martin hat vergessen, sich nach dem Heizungssystem zu erkundigen?«

Scheiße.

»Ja, sonst noch was?«

»Die Stadtwerke Strom und Gas sind nicht informiert worden.«

»Richtig«, bekräftigte der Ausbilder und sah mich direkt an. »Wobei, das mit der Heizung habe ich dir nur durchgehen lassen, damit dein Löschzug nicht die Radieschen von unten betrachten kann. Du verstehst?«

»Gasheizung?«

»Allerdings, mein Freund. Eine Gasheizung. Und draußen, das weißt du und das wisst ihr alle, läuft so etwas dramatischer ab als hier im gemütlichen Unterrichtsraum. Der reale Einsatz verzeiht keine Fehler, ich schon. Und deshalb machen wir das ganze Spielchen jetzt noch einmal. Aber diesmal richtig, verstanden?!«

103. GRUND

Weil Feuerwehrmänner zur Landesfeuerwehrschule gehen

Die Landesfeuerwehrschule – der Heilige Gral für Feuerwehrmänner. Jedes Bundesland besitzt solch eine Landesfeuerwehrschule. Die für Nordrhein-Westfalen hat ihren Sitz in Münster.

»Da bin ich auch schon hingegangen!«, rufe ich jedes Mal verzückt, wenn ich mit meiner Frau vor der Glotze sitze und wir uns einen Münsteraner *Tatort* mit Professor Börne und Hauptkommissar Thiel ansehen.

»Ja Schatz, ich weiß. Das hast du beim letzten Mal auch schon gesagt.«

»So, habe ich das? Hm ... Habe ich dir aber auch schon erzählt, wie wir damals an dem Kanal mit Karbid ...«

»Jaaaaa, hast du. Und wenn du nichts dagegen hast, würde ich jetzt bitte gerne den Krimi weiter sehen.«

»Okay. Hab schon verstanden. Bin ja schon still.«

Dabei war die Sache mit dem Karbid fast so spannend wie der Krimi, wo Hauptkommissar Thiel gerade mit seinem Fahrrad durch das nächtliche Münster Verbrechern hinterherjagte.

Apropos Hauptkommissar: Mein damaliger Aufenthalt in der Universitätsstadt Münster diente dazu, einen ähnlichen Dienstgrad zu erwerben, nämlich Hauptbrandmeister. Dafür musste man an der besagten Landesfeuerwehrschule den B3-Lehrgang besuchen.

Zu diesem mehrwöchigen Lehrgang trafen Berufsfeuerwehrmänner aus allen Städten Nordrhein-Westfalens in Münster ein. Um einen dieser begehrten Plätze zu erhalten, hatten sich die meisten Kandidaten zuvor einem internen Auswahlverfahren ihrer eigenen Feuerwehr stellen müssen. Der Unterricht ist ganztägig und wird wie ein Internat mit Übernachtungsmöglichkeit und

Kantinenverpflegung angeboten. Das ist aber kein Muss. Wer will, kann und darf selbstverständlich auch außerhalb übernachten und genauso außerhalb essen.

Ich war mit einem Düsseldorfer Kollegen mit dem Auto angereist. Wir hatten uns, schon wegen der weiten Anfahrt für die Internatsvariante entschieden und bekamen ein Vierbettzimmer zugewiesen, welches wir uns mit zwei Dortmunder Feuerwehrkollegen teilten. Großen Luxus durfte man damals nicht erwarten. Die Zimmer waren spartanisch, aber zweckmäßig und besaßen eine eigene Toilette. Die Duschen für mehrere Zimmer befanden sich auf den Fluren. Aber was juckte uns das – wir waren Feuerwehrmänner, waren jung und voller Enthusiasmus. Was brauchten wir Luxus? Ein Tisch, ein Stuhl, ein Schrank, ein Bett – alles bestens. Was wollte der Mensch mehr?

Ich habe gehört, dass es inzwischen, nachdem die Landesfeuerwehrschule umgebaut wurde, sogar Einzelzimmer geben soll. Wie langweilig! Das war doch gerade das Tolle, dieses einfache Studentenleben zusammen mit Gleichgesinnten auf einer Bude. Ein Zimmer, in dem man nach Schulschluss noch zusammensaß und büffelte. Ein Zimmer, in dem sich Kameradschaften bildeten und von dem man gemeinsam loszog und das abendliche Münster mit seinen zahllosen Studentenkneipen »unsicher« machte. Ein Zimmer, in dem man mit den anderen vor dem Einschlafen noch munter über die Lehrer herziehen konnte. Ob das alles in der einsamen »Käfighaltung« eines Einzelzimmers noch möglich ist? Ich kann es mir kaum vorstellen.

104. GRUND

Weil Feuerwehrmänner sich für weitere Aufgaben qualifizieren

Feuerwehrmännern, die den Drang nach Höherem, nach anderen Aufgabenfeldern oder nach mehr Verantwortung verspüren, sind nach oben keine Grenzen gesetzt.

Große Berufsfeuerwehren wie die der Landeshauptstadt Düsseldorf, welche über einen breit gefächerten Stellenplan mit über 1.000 Mitarbeitern verfügen, bieten da beste Möglichkeiten. Neben der Abteilung für den Bevölkerungsschutz gibt es dort fünf weitere Abteilungen: die der Verwaltung, die für Daten- und Kommunikationstechnik, die für Fahrzeuge, Geräte und Löschmittel, die für Aus- und Fortbildung, freiwillige Feuerwehr und Dienstsport und die Abteilung für den vorbeugenden Brandschutz.

Während in der größten Abteilung Bevölkerungsschutz, zu der die Feuerwachen und die Feuerlöschbootstation gehören, die meisten »Indianer«, sprich Feuerwehrmänner, beschäftigt sind, werden in den anderen Abteilungen jede Menge »Häuptlinge« benötigt.

Um einen dieser »Häuptlingsposten« zu ergattern, bedarf es allerdings bestimmter Voraussetzungen. Neben einer entsprechenden Schulbildung sind Können, Fleiß und Motivation wichtige Grundwerte, die man schon selber mitbringen muss. Das weitere für sein neues Aufgabengebiet notwendige Rüstzeug erlernt man, nachdem man sich in einem erneuten Auswahlverfahren qualifiziert hat, unter anderem wiederum an einer der Landesfeuerwehrschulen.

Falls ich jetzt bei mehreren Lesern euphorische Gedanken bezüglich einer nach oben hin unbegrenzten Karriere bei der Berufsfeuerwehr geweckt haben sollte, hier ein winzig kleiner Dämpfer: Branddirektor und somit Amtsleiter einer Berufsfeuerwehr kann leider immer nur einer werden, und dieser Posten ist bei uns in

Düsseldorf, ich bedaure, bereits von einem überaus qualifizierten und bei seinem »Indianervolk« sehr beliebten Feuerwehrmann besetzt.

Trotzdem lohnt es sich, sich als Feuerwehrmann zu bewerben.

KAPITEL 7

UND DANN WAR DA NOCH

105. GRUND

Weil Feuerwehrmänner den Tag der offenen Tür haben

Der Tag der offenen Tür ist immer ein ganz besonderer Tag. Nicht nur für die interessierte Bevölkerung, sondern auch für uns Feuerwehrmänner, dürfen wir uns doch dann jenen in einem Rahmen abseits aller gefährlichen Einsätze präsentieren, für die wir Tag und Nacht das ganze Jahr über einsatzbereit sind. Entsprechend freudig und ausgelassen ist daher auch die Stimmung, die, wenn das Wetter auch noch mitspielt, schon fast Volksfestcharakter hat. So präsentieren wir nicht nur unsere Fahrzeuge und Gerätschaften, sondern bauen auch einen Grillstand auf, backen frische Waffeln und bieten Limonaden und andere alkoholfreie Getränke gegen kleines Geld zum Verkauf an. Selbstverständlich werden auch Rettungsübungen und Feuerlöschübungen vorgeführt.

Besonders eindrucksvoll ist immer die Vorführung einer Fettexplosion, bei der ein Feuerwehrmann im silbrig glänzenden Hitzeschutzanzug eine geringe Menge Wasser in ein Gefäß mit überhitztem Fett gießt. Der gewaltige Feuerball, der durch das schlagartige Verdampfen des Wassers (ein Liter Wasser ergibt 1.800 Liter Wasserdampf) einige Meter in die Höhe geschleudert wird, verfehlt seine Wirkung nie. Ich denke, nach diesem Anblick hat jeder verstanden, warum man niemals versuchen sollte, auf seinem heimischen Kochherd eine überhitzte Pfanne oder einen brennenden Fonduetopf mit Wasser zu löschen. Wenn dann auch noch die Höhenretter ihre teils artistisch anmutenden Rettungsaktionen zeigen, stockt den Menschen oft der Atem.

Eine weitere Attraktion ist das beliebte Drehleiterfahren. Wir verfügen zwar über kein Kinderkarussell, aber der Andrang der Kinder, sich in Begleitung eines Feuerwehrmanns mit dem Rettungskorb in die luftige Höhe fahren zu lassen, hält den ganzen Tag ununterbrochen an. Bei den Erwachsenen ist das Drehleiterfahren natürlich genauso beliebt, wobei es im Gegensatz zu Fahrten mit den Kindern hier doch ab und zu eine Einschränkung gibt. Während die Kinder fast immer die vollen 30 Meter fahren möchten, bekommen einige Erwachsene schon nach zehn Metern Höhe weiche Knie.

Bei all der Freude und ungetrübten Heiterkeit muss unsere Einsatzbereitschaft natürlich weiterhin aufrechterhalten bleiben, denn Unglücksfälle gleich welcher Art geschehen weiter und nehmen keine Rücksicht auf unseren Tag der offenen Tür. Aus diesem Grund springen im Bedarfsfall unsere Nachbarwachen ein und übernehmen zumindest die »Bagatelleinsätze«. Ansonsten halten wir es wie mit dem Sport: Passiert etwas Größeres oder sind Menschenleben in Gefahr, rücken wir selbstverständlich auch von unserer Feuerwache aus, denn wir sind Feuerwehrmänner, und unsere oberste Priorität heißt, auch am Tag der offenen Tür: Löschen, Retten, Bergen und Schützen.

106. GRUND

**Weil Feuerwehrmänner
fantastische Betriebsausflüge machen**

Wem Gott die rechte Gunst will erweisen,
den schickt er in die Wurstfabrik,
dort lässt er'n in die Knackwurst beißen
und wünscht ihm guten Appetit.

Der Original-Liedtext ist, das werden Sie vielleicht noch wissen, ansonsten sicher vermuten, etwas seriöseren Inhalts. Aber ich musste unwillkürlich an diesen abgewandelten Liedtext aus meinen Kindertagen denken, als wir, die Feuerwehrmänner unserer Feuerwache, unseren alljährlichen Betriebsausflug machten. Er führte uns zwar nicht in die Wurstfabrik, sondern in eine bekannte Bierbrauerei im Westerwald.

Mein Gegenvorschlag, den Rheinisch-Westfälischen Milchhof zu besichtigen, hatte unbegreiflicherweise außer mir keinen einzigen Befürworter gefunden. Woran mag das nur gelegen haben?

Aber bitte, nicht dass jetzt jemand auf falsche Gedanken kommt, getreu dem Motto: Ach sieh an, die Feuerwehrmänner. Ich habe es doch geahnt. Die faulen Kerle sitzen nicht nur den lieben langen Tag auf der Wache herum, trinken Bier und dreschen Skat – nein, jetzt besuchen sie auch noch in ihrer Freizeit eine Brauerei.

Weit gefehlt! Ich sage nur 120.000 Einsätze im Jahr!

Und falls das jemand nach dem Lesen dieses Buches immer noch von uns Feuerwehrmännern glauben sollte, dann muss er das Buch noch einmal von vorne lesen.

Im Übrigen war diese Brauereibesichtigung höchst interessant gewesen, selbst für einen Nicht-Biertrinker wie mich. Aber wir haben auch noch viele weitere traumhafte Betriebsausflüge gemacht. Da war diese Wanderung, die uns unter der Müngstener Brücke hindurch zum Schloss Burg geführt hat, oder die Planwagenfahrt durch das schöne Münsterland. Dann gab es einmal eine höchst vergnügliche Kanutour auf der Ems bei schönstem Sommerwetter, was natürlich (Feuerwehrmänner sind, Sie wissen es ja jetzt, große Jungs) vermehrt zu gezielten Attacken auf die gegnerischen Kanus mit unfreiwilligen Bädern geführt hat. Gerne erinnere ich mich auch an gemeinsame Wanderungen durch das Moseltal und weiter zur Burg Elz, oder den Rotweinwanderweg durch das malerische Tal der Ahr.

Ein ganz besonderes Highlight ist und bleibt jedoch die Grubenfahrt, die ein Feuerwehrkollege und ehemaliger Bergmann für uns an seinem früheren Arbeitsplatz ermöglicht hatte. Die Welt unter Tage, der Abbau der Steinkohle, der uns nach dem Krieg den Aufschwung beschert hatte, der den Kumpeln im Ruhrpott jahrzehntelang einen sicheren Arbeitsplatz bot und jetzt fast nur noch Geschichte ist – diese Welt im Original zu sehen, das war für mich der wohl faszinierendste Betriebsausflug, den ich mit der Feuerwehr gemacht habe.

107. GRUND

Weil es über Feuerwehrmänner Filme und Bücher gibt

1974 kam ein Film in die Kinos, der selbst heute noch viele Menschen schwer beeindruckt.

Flammendes Inferno – der erste Feuerwehr-Actionfilm mit Paul Newman als Architekt eines gigantischen Wolkenkratzers und Steve McQueen in der Rolle des Feuerwehrchefs von San Francisco.

1991 gab es einen weiteren Feuerwehr-Actionfilm mit dem Titel *Backdraft, Männer, die durchs Feuer gehen* mit Kurt Russel und William Baldwin in den Hauptrollen als zwei Brüder, die beide Feuerwehrmänner sind, die aber miteinander und gegeneinander konkurrieren.

Danach wollten ebenfalls viele, vornehmlich junge Männer ebensolche Helden werden. Feuerwehrmänner, die in ihren chromblitzenden Feuerwehrfahrzeugen mit heulenden Sirenen zum Einsatz rasen, die mit Volldampf ungebremst über rote Ampeln donnern und sich todesmutig in Gefahr begeben, um als gefeierte Helden junge hübsche Frauen und kleine hilflose Kinder aus brennenden Häusern zu retten.

Während der erste Film, zumindest was das feuerwehrtechnische Geschehen betrifft, noch nah an der Realität war, hatte der zweite Film mit der Realität herzlich wenig zu tun. Markante Sätze wie »Du darfst das Feuer nicht spüren lassen, dass du vor ihm Angst hast« und Flammen, die tatsächlich vor dem stahlharten Blick von Feuerwehrmännern zurückwichen, gehören einfach nur ins Reich der Fantasie und haben mit der harten Alltagsrealität von echten Feuerwehrmännern absolut nichts gemein. Dennoch ließen diese Hollywoodproduktionen den längst vergessenen Jungentraum, Feuerwehrmann zu werden, bei vielen neu aufleben.

Später, ich war längst selber schon ein gestandener Feuerwehrmann, gab es eine Feuerwehr-Fernsehserie im Vorabendprogramm.

Als es losging, saß ich auf meiner Wache mit meinen Kollegen gespannt vor der Glotze. Schließlich wollte keiner von uns verpassen, was die Filmfuzzis über uns gedreht hatten. Aber schon nach wenigen Minuten kam die große Ernüchterung. Was da über die Mattscheibe flimmerte, war unserer einhelligen Meinung nach eine total bescheuerte Mischung aus Heimatkitsch, Herzschmerz und Liebesschmalz, mit einigen roten Autos als Beiwerk und einem feuerwehrtechnischen Blödsinn, der mit unserem Beruf so wenig gemein hatte wie der Teufel mit Weihwasser.

Na gut, sagte ich mir, schließlich sind nicht alle Menschen Feuerwehrmänner, und vielleicht will die Masse ja genau solche Serien sehen. Wir wollten es jedenfalls nicht. Und dann musste ich an die Polizisten denken, die man in Fernsehkrimis oft wie Deppen aussehen lässt. Die armen Kerle müssen das schon seit Jahren über sich ergehen lassen, und anscheinend waren jetzt wir dran.

Da ist es doch wesentlich erfreulicher, dass es Bücher über uns zu lesen gibt, die nicht nur real und ungemein spannend, sondern manchmal auch lustig, aber auf jeden Fall immer sehr unterhaltsam sind.

Das erste Feuerwehrbuch, das ich in die Finger bekam und geradezu verschlang, hieß *Florian 14: Achter Alarm*. Es erschien erstmals 1965 und war von Hans Georg Prager geschrieben, der für seine Recherche ein dreiviertel Jahr bei der Hamburger Feuerwehr mitfahren durfte. Danach war, was Feuerwehrbücher betraf, lange Zeit Ebbe. Natürlich gab (und gibt) es zahllose Fachbücher, Jahrbücher, Bildbände und jede Menge Feuerwehrbücher für Kinder, bis im Oktober 1989 ein Düsseldorfer Feuerwehrmann ein Buch mit dem sinnigen Titel *Der Feuerwehrmann* veröffentlichte. Mehr Werbung dafür verbietet sich mir allerdings, denn wie heißt es doch so treffend im Volksmund: -Eigenlob stinkt-.

Deshalb empfehle ich hier allen die etwas richtig Spannendes und wirklich Lustiges über uns lesen möchten die Bücher meines geschätzten Feuerwehr- und Schriftstellerkollegen Jörg Nießen.

108. GRUND

Weil Feuerwehrmänner nie mehr etwas anderes sein wollen

Feuerwehrmann zu sein sollte weit mehr sein als nur ein Job! Feuerwehrmann zu sein sollte auch weit mehr sein als nur ein Beruf zum Geldverdienen! Feuerwehrmann zu sein sollte und ist daher für die meisten, die sich dieser Aufgabe stellen, etwas, was über das Normale hinausgeht, etwas, was man wahrscheinlich in kaum einem anderen Beruf so ausgeprägt finden wird, etwas, was auch beseelt ist von Idealismus, von Zusammengehörigkeit und Kameradschaft und ja, auch etwas von echten Kerlen, selbst wenn das vielleicht etwas heroisch klingen mag.

Natürlich sind wir keine Helden wie im Kino. Wir entsprechen auch nicht dem Klischee des Marlboromannes, der in den Sonnenuntergang reitet. Und noch viel weniger sind wir jene knallharten Burschen mit den stahlblauen Augen, die, wie ich bereits eingangs erwähnte, unverwundbar durch Flammen schreitend Jungfrauen retten.

Nein, wir sind die, die, wenn es darauf ankommt, zur Stelle sind. Wir sind die, die, wenn es nötig ist, alles geben und auch vieles riskieren. Wir sind eben einfach Feuerwehrmänner – Feuerwehrmänner, die nie mehr etwas anderes sein wollen!

109. GRUND

Weil Feuerwehrmänner tolle Väter sind

Klar sind Feuerwehrmänner tolle Väter, das lässt aber nicht den Umkehrschluss zu, dass andere Väter keine tollen Väter wären. Feuerwehrmänner haben allerdings den unschlagbaren Vorteil,

Feuerwehrmänner zu sein, was ihnen aus Kindersicht einen Bonus einbringt, den sie nur richtig nutzen müssen, um von der Klasse der durchweg guten Väter in die besondere Kategorie der tollen Väter aufzusteigen.

Sehr hilfreich ist dabei der 24-Stunden-Dienst, weil man danach mindestens einen, manchmal aber auch zwei oder drei freie Tage hat, die man dann mit seinen Kindern verbringen kann. Sicher, manchmal kommt man auch kaputt von der Arbeit nach Hause und benötigt erst einmal eine Mütze Schlaf, ehe man sich den ungestümen Anforderungen seiner kleinen Racker stellen kann. Aber da die überwiegende Anzahl der Väter sich in einem verhältnismäßig jungen Lebensalter befindet, stecken sie solche Belastungen leichter und vor allen Dingen freudiger weg. Mit zunehmendem Alter verlangen die nächtlichen Einsätze dann schon ihren Tribut – sprich mehr Nachholbedarf an Schlaf an den freien Tagen. Aber für gewöhnlich sind die eigenen Kinder dann ebenfalls schon in einem Alter, wo sie nicht mehr unbedingt mit Papa spielen wollen, sondern vermehrt ihre eigenen Wege gehen. Aber bis dahin vergehen einige Jährchen, und die gehen eigentlich viel schneller um, als man es wahrhaben möchte. Auch deshalb ist das eine unwahrscheinlich wertvolle Zeit, in der es sich lohnt, ein toller Vater zu sein!

Der Kindergeburtstag war für meinen Sohn immer ein besonderes Highlight. Wie die anderen Jungs auch, lud er sich dazu seine engsten Freunde ein. Und die waren schon ganz heiß darauf, weil sie hofften, dass sich sein Vater wieder so supergeile Spiele ausgedacht hatte, Spiele, wie es sie nur hier gab und die ihre Väter daher nie machten. Da gab es zum Beispiel Minigolf auf der Wiese, aber nicht mit einem gewöhnlichen Golfschläger, sondern mit einem Vorschlaghammer. Und der Golfball war auch kein Golfball, sondern eine Eisenkugel, die so dick war wie ein Tennisball. Die Kugel musste jeder durch mehrere im Gras steckende Tore bis ins Ziel schlagen. Die Kinder fanden das super, besonders weil sie zuvor in meine riesigen Feuerwehrstiefel steigen mussten und dazu auch noch meinen Feuerwehrhelm und meine Feuerwehrhandschuhe trugen.

Unvergessen war auch, wie die Jungs mich durch den Garten jagten und dann an den Marterpfahl (das war der Pflaumenbaum) banden und mit Infusionsspritzen (die hatte mir einer unserer Notärzte aus dem Krankenhaus mitgebracht) beschossen.

Genial war aber auch unsere Schnitzeljagd, bei der ich mich mit einigen Jungs (es hatte frischen Schnee gegeben) unter einem alten weißen Betttuch versteckt hatte, oder unsere spannende Gespenstersuche, bei der ich mich im Keller hinter einem Mauervorsprung versteckt hielt und mir einer von seinen Freunden im Halbdunkel eine Dachlatte auf den Kopf schlug. Wie gut, dass ich, ich war das aufzuspürende Gespenst gewesen, vorsorglich meinen Feuerwehrhelm aufgesetzt hatte.

Und dann ist da natürlich auch noch der unverzichtbare Besuch mit der ganzen Bande auf der eigenen Feuerwache mit dem Fahren mit der Drehleiter und dem Wasserspritzen mit einem echten Feuerwehrschlauch. Ja, Vater sein ist schon toll. Aber Vater und Feuerwehrmann sein ist noch toller!

110. GRUND

Weil Feuerwehrmänner Orden erhalten

Es entspricht alter Tradition, dass langjährige Firmenangehörige zu bestimmten Jubiläen ein Präsent erhalten. Vom übersichtlichen bis zum opulenten Fresskorb, von einer mehr oder weniger großzügigen Jubiläumszuwendung bis zur mit einer Gravur versehenen Nobel-Armbanduhr ist nach oben hin keine Grenze gesetzt. Geizige Chefs belassen es aber auch gerne bei einem preiswerten Händedruck und wohlmeinenden Worten wie: »Lieber Herr Mustermann, nach 25 Jahren treuer Mitarbeit in unserer Firma spreche ich Ihnen hiermit meinen Dank aus. Herzlichen Glückwunsch und bleiben Sie weiterhin so gesund wie bisher.«

Will heißen: Werd mir bloß nicht krank, Kerl, damit du für mich noch möglichst lange so billig malochen kannst.

Wahrscheinlich hatte sich Herr Mustermann für sein Firmenjubiläum auch etwas anderes vorgestellt. Andererseits, wer kann heutzutage überhaupt noch daran denken, 25 Jahre in ein und derselben Firma seine Brötchen zu verdienen? Die meisten dürften sich schon glücklich schätzen, wenn sie überhaupt eine Festanstellung bekämen. Vor diesem Hintergrund ist ein gesichertes Beamtenverhältnis gar nicht hoch genug einzustufen, auch wenn das einige nicht zu schätzen wissen.

Berufsfeuerwehrmänner sind bekanntermaßen auch Beamte, die, im Gegensatz zu den Kameraden der freiwilligen Feuerwehren, welche die gleichen Tätigkeiten ehrenamtlich ausüben, mit diesem Beruf ihren Lebensunterhalt verdienen. Beiden ist aber eines gemeinsam: Wenn sie nach 25 Jahren ihr erstes Jubiläum feiern, erhalten sie einen Orden – das Feuerwehr-Ehrenzeichen in Silber, verbunden mit einer Urkunde samt Stempel und Unterschrift des Innenministers ihres Bundeslandes.

Ihr zweites Dienstjubiläum findet nach 35-jähriger Zugehörigkeit statt. Dann erhalten Feuerwehrmänner noch einmal das Feuerwehr-Ehrenzeichen, aber diesmal in Gold.

Das, finde ich, sind schon würdige und ehrenvolle Auszeichnungen, die man mit Stolz entgegennehmen sollte. Für die Landeshauptstadt von NRW Düsseldorf, bei dessen Berufsfeuerwehr ich tätig war, wurden Urkunde und Feuerwehr-Ehrenzeichen vom damaligen Oberbürgermeister Erwin überreicht. Darüber hinaus ließ es sich die Stadt nicht nehmen, alle ihre Jubilare mit einer Begleitperson ihrer Wahl zu einer Feier in die Rheinterrassen einzuladen. Ich war selbstverständlich in Begleitung meiner lieben Frau gekommen, und wir hatten, wie alle hier Anwesenden, das gebotene Rahmenprogramm und das vorzügliche Essen in vollen Zügen genossen.

111. GRUND

Weil Feuerwehrmänner auch nach ihrer Dienstzeit Feuerwehrmänner bleiben

Nach ihrer Dienstzeit, das könnte zum einen heißen: nach Feierabend, also nachdem sie ihre 24-stündige Dienstschicht beendet haben und für einen oder zwei freie Tage nach Hause fahren.

Es könnte aber auch bedeuten, dass sie in den Ruhestand versetzt worden sind, entweder, weil sie das Pensionsalter erreicht haben, oder aus irgendeinem anderen Grund den Beruf des Feuerwehrmannes nicht mehr ausüben können oder wollen.

Das Letztere, also das Nicht-mehr-Wollen, ist von allen angeführten Möglichkeiten die seltenste Variante, denn für fast alle Feuerwehrmänner gilt:

Einmal Feuerwehrmann – immer Feuerwehrmann.

Das hört auch nach Feierabend nicht auf. Der »Feuerwehrbazillus«, der dich irgendwann erwischt hat, mag sich vielleicht ein wenig ausruhen, genau wie du selber ja auch die freien Tage zur Regeneration nutzen sollst, aber tief in deinem Inneren bist du trotzdem immer noch auf Alarm getrimmt. Das zeigt sich an vielen Kleinigkeiten des täglichen Lebens.

So habe ich zum Beispiel die Marotte (?), in Hotels grundsätzlich nachzusehen, ob Rauchmelder vorhanden sind, ob und wo es Feuerlöscheinrichtungen gibt und wo sich, falls ein Feuer ausbrechen sollte, die Flucht- und Rettungswege befinden. Selbst jetzt, nach meiner Pensionierung, zählt so etwas immer noch zu meinen ersten Erkundigungen. Anfänglich habe ich meine Frau damit schon ziemlich genervt. Sie sprach dann gerne von meiner übertriebenen Berufsphobie. Besonders weil ich auf allen unseren Wanderungen ständig Verbandsmaterial sowie einige weitere (meines Erachtens unverzichtbare) Dinge wie ein Taschenmesser, eine Taschenlampe und manchmal sogar ein Seil im Rucksack mit mir herumschleppe.

Okay, zugegeben, ich bin vielleicht ein etwas besonders schwieriger Fall, aber seit uns bei einem unterwegs eingetretenen Notfall einige dieser »sinnlos« mitgeschleppten Gegenstände wertvolle Dienste erwiesen haben, belächelt sie mein »Zusatzgepäck« nicht mehr.

Aber auch ohne »Zusatzgepäck« bleibt ein Feuerwehrmann immer ein Feuerwehrmann, der selbst im zivilen Leben seinem einmal abgelegten Eid, anderen in Not und Gefahr zu helfen, weiterhin nachkommt, was zahllose Beispiele immer wieder belegen.

Manche Zeitgenossen betiteln solch ein Verhalten gerne abfällig als Helfersyndrom.

Ich halte dagegen und behaupte: Ein Feuerwehrmann, der in seiner Freizeit oder nach seiner Pensionierung dank seines erlernten Könnens und Wissens in der Lage ist, anderen bei Gefahr zu helfen, und dies tut, der macht nichts verkehrt. Und so einer war auch vorher schon ein richtiger Feuerwehrmann und wird es sein Leben lang bleiben.

112. GRUND

Weil dann Eva kam

Für meine Recherchen zu diesem Buch hatte ich die Kollegen auf meiner alten Feuerwache aufgesucht. Nicht dass es mir, dem lang gedienten Feuerwehrmann, an eigenen Ideen gemangelt hätte, 112 Gründe zu benennen, Feuerwehrmann zu sein – nein, ich dachte mir nur, lass doch mal hören, was anderen Feuerwehrmännern dazu einfällt. Außerdem bot der Anlass eine gute Gelegenheit, wieder einmal meine ehemaligen Feuerwehrkollegen auf der Wache zu besuchen. Kurz entschlossen kündigte ich meinen Besuch sicherheitshalber vorher an. Man konnte ja nie wissen, ob sich die Jungs nicht gerade in einem Einsatz befanden. Natürlich konnte das auch passieren, während ich noch mit dem Auto unterwegs war, denn bei oft weit über 100.000 Einsätzen im Jahr bestand dieses latente Risiko immer.

Ich hatte Glück. Bis auf die Rettungswagenbesatzung war fast die gesamte Löschzugmannschaft anwesend.

Nachdem wir im Tagesraum zusammensaßen, »Na Martin, trinkst du deinen Kaffee immer noch mit so viel Milch und Zucker?«, erklärte ich meinen Kollegen den tieferen Grund meines Besuches. Daraufhin hagelten die Gründe nur so auf mich ein.

»Stopp stopp stopp!«, rief ich lachend, nachdem ich mit dem Schreiben der Notizen nicht mehr nachkam und die genannten Gründe immer exotischer wurden. »Es reicht, Männer, es reicht! Ich soll schließlich nur *ein* Buch schreiben und keine komplette Enzyklopädie.«

»Hallo Martin, was höre ich da, du schreibst wieder ein Buch? Wieder was über uns?«

Ich blickte auf. »Ah, Eva, du bist's. Ja ja, das wird wieder ein Buch.«

Eva ist Feuerwehrfrau und war erst jetzt zu uns in den Tagesraum gekommen. Neugierig schaute sie mir über die Schulter. »Na, jetzt sag schon, was notierst du da so akribisch?«

»Äh … ja also, das Buch wird heißen *112 Gründe, Feuerwehrmann zu sein*, und wir überlegen uns gerade …«

»So so, 112 Gründe, Feuerwehrmann zu sein«, unterbrach mich Eva und blickte lachend in die Runde. »Na, das ist ja wohl wieder typisch Macho. Soll ich dir auch mal 112 Gründe aufzählen, Feuerwehrfrau zu sein?«

Erklärung der Fachbegriffe und Kürzel

ABC- Erkundungswagen
Feuerwehrfahrzeug zur Erkundung und Warnung vor atomaren, biologischen und chemischen Gefahren.

B-Dienst
Beamter des gehobenen feuerwehrtechnischen Dienstes mit eigenem Fahrzeug und Fahrer, der bei Großeinsätzen das Oberkommando über die Einsatzleitung hat.

BF
Berufsfeuerwehr

B-Schlauch
Ein Druckschlauch von (meist) 20 Metern Länge und einem Durchmesser von 75 Millimetern. An seinen beiden Enden befinden sich Kupplungen, durch die die Schläuche zu Schlauchleitungen verlängert werden können.

B-Rohr
Auch B-Strahlrohr. Gerät zur Wasserabgabe über einen B-Schlauch. Heute meist in der Ausführung als Hohlstrahlrohr.

C-Dienst
Beamter des gehobenen feuerwehrtechnischen Dienstes mit eigenem Fahrzeug und Fahrer. Leitet an größeren Einsatzstellen einen Brandabschnitt.

C-Schlauch
Ein Druckschlauch von (meist) 15 Meter Länge und einem Durchmesser von 52 Millimetern. An seinen beiden Enden befinden sich Kupplungen, durch die die Schläuche zu Leitungen miteinander verlängert werden können.

C-Rohr
Auch C-Strahlrohr. Gerät zur Wasserabgabe über einen C-Schlauch. Heute meist in der Ausführung als Hohlstrahlrohr.

DGL
Dienstgruppenleiter. Leitet die Wachbereitschaft einer Feuerwache während der 24 Stunden dauernden Dienstschicht.

DL
Drehleiter. Früher in der Ausführung als DL 30 – Drehleiter mit einem 30 Meter ausfahrbarem Leiterpark. Später kam die Ausführung als DLK 30 – die gleiche Drehleiter, aber mit einem mitgeführten Rettungskorb, der bei Bedarf noch von Hand in die Leiterspitze eingehängt werden musste.

DLK 23-12
Heute meist verwendete Drehleiter mit anmontiertem Rettungskorb. 23-12 bedeutet, dass der Leiterpark von 30 Metern bei 12 Metern Abstand vom Objekt noch eine Steighöhe von 23 Metern hat.

GT8S
Bezeichnung für einen Straßenbahntyp.

HuPF
Herstellungs- und Prüfbescheinigung einer universellen Feuerschutzkleidung, die gemäß den Vorgaben der Europäischen Norm EN 469 gefertigt wird.

KEF
Kleineinsatzfahrzeug (Mercedes Sprinter) für kleine Einsätze. Wurde früher Einzelhilfe genannt und war ein VW-Bully. Besatzung: zwei Mann.

LF
Löschgruppenfahrzeug. Hier LF 16, ein Feuerwehrfahrzeug zur Aufnahme einer Löschgruppe (ein Gruppenführer und acht Mann; kurz 1/8) und feuerwehrtechnischer Beladung; mit fest eingebauter Feuerlöschkreiselpumpe (FP16/8 noch DIN 14420 als Heckpumpe), einem 800-Liter-Löschwassertank und einer Schnellangriffseinrichtung aus zwei aneinandergekuppelten C-Schläuchen mit C-Strahlrohr. Gesamtgewicht maximal 12 Tonnen.

Löschzug
Bezeichnung für den Fahrzeugverband aus (meist) einer Drehleiter und zwei Löschfahrzeugen plus einem RTW.

NAW
Notarzteinsatzwagen. Ein Rettungswagen, auf dem stets ein Notarzt mitfährt.

PA
Pressluftatmer, ein Umluft-unabhängiges Atemschutzgerät. Hier ein DA 58/1600 (Dräger/Auer, Baureihe entwickelt 1958), ein Zwei-Flaschen-Gerät, gefüllt mit 1.600 Litern Pressluft (2 x 4 Liter à 200 bar = 1.600 Liter Atemluft).

PG12H
Handfeuerlöscher, gefüllt mit 12 Kilogramm Glutbrandpulver unter Hochdruck.

RTW
Rettungstransportwagen.

RW
Rüstwagen. Ein Feuerwehrfahrzeug, speziell ausgestattet für technische Hilfeleistungen.

TLF
Tanklöschfahrzeug. Ein Feuerwehrfahrzeug mit einem besonders großen Löschwassertank.

Verteiler
Hier ein feuerwehrtechnisches Gerät (wasserführende Armatur) zur Löschwasserfortleitung. Ermöglicht die Aufteilung und Weiterleitung einer ankommenden B-Leitung in drei Stränge. mit meist einem B- und zwei C-Anschlüssen.

Quellenverzeichnis

zu Grund 29: *Weil Feuerwehrmänner Holzfäller sind.* Die Daten und Zahlen zu Orkantief »Ela«, stammen aus dem FEUERMELDER, Zeitschrift der Feuerwehr Düsseldorf, Ausgabe 66, Sonderausgabe-Orkan ELA 15/1, Artikel: Schadensbilanz Sturm »Ela«, von Heinz Engels, Artikel: Ein Sturm geht in die Geschichte ein, von Dr. Ulrich Cimolino

zu Grund 49: *Weil Feuerwehrmänner hydraulische Rettungsgeräte haben.* Die technischen Daten über den hydraulischen Spreizer sind dem Informationsblatt der Fa. Lukas Hydraulik GmbH, Weinstraße 39, 91058 Erlangen entnommen und beziehen sich auf ihr Produkt mit der Bezeichnung SP 510.

zu Grund 50: *Weil Feuerwehrmänner pneumatische Hebekissen haben.* Die technischen Daten zu diesem pneumatischen Hebekissen sind dem Informationsblatt der Fa. Vetter GmbH, Balzheimer Straße 10–12, 53909 Zülpich entnommen und beziehen sich auf ihr Produkt mit der Bezeichnung S. Tec 12 Lifting Bags V 83.

zu Grund 56: *Weil Feuerwehrmänner die längsten Schläuche und die stärksten Pumpen haben.* Die technischen Daten zum Iconos-Düsenschlauch sind den Herstellerangaben der ICONOS Vertriebs GmbH, 40849 Düsseldorf, Wachholderstraße 24-26 entnommen. Die technischen Daten zur Mast Tauchpumpe TP 8-1 sind dem Herstellermerkblatt der Mast Pumpen GmbH, 73773 Aichwald, Mörikestraße 1 entnommen. Die technischen Daten der THW-Schmutzwasser-Kreiselpumpe Hannibal sind dem Informationsblatt der Bundesanstalt Technisches Hilfswerk entnommen.

zu Grund 60: *Weil Feuerwehrmänner Handschuhe tragen.* KEFLAR ist ein eingetragenes Warenzeichen von Du Pont.

zu Grund 61: *Weil Feuerwehrmänner keine Schlafanzüge tragen.* Der Text über die Schöpfung der Welt steht in der Bibel. Altes Testament, Erstes Buch Moses, Kapitel 1, Vers 1-5.

zu Grund 62 + 64: *Weil Feuerwehrmänner Chemikalienschutzanzüge tragen. Weil Feuerwehrmänner Hitzeschutzanzüge tragen.* Die technischen Daten zu dem kombinierten Chemikalien/Hitzeschutzanzug VS 10 SILVERFLASH sind den Informationsblättern der Tesimax-Altinger GmbH, Leimenstraße 2, 75242 Neuhausen-Steinegg entnommen. KEFLAR ist ein eingetragenes Warenzeichen von DU Pont. SILVERFLASH ist ein eingetragenes Warenzeichen von TESIMAX.

zu Grund 90: *Weil Feuerwehrmänner normale Autos in Cabriolets verwandeln.* Die technischen Daten über das Mobil-Schneidgerät (hydraulische Schere) sind dem Informationsblatt der Fa. Lucas Hydraulik GmbH, Weinstraße 39, 91058 Erlangen entnommen und beziehen sich auf ihr Produkt mit der Bezeichnung LSI 511 V.

zu Grund 1 bis 112: Die Daten und Fakten aller in diesem Buch geschilderten Feuerwehreinsätze sind, natürlich unter strengster Wahrung des Datenschutzes, den Gehirnwindungen des Autors entnommen. Für deren Authentizität bürgt der Autor mit seiner Ehre als Feuerwehrmann, wobei aufgrund der verflossenen Jahre eine gewisse Verklärtheit bezüglich des Feuerwehralltags nicht völlig ausgeschlossen werden kann. Darüber hinaus stehen die Meinungen des Autors nicht repräsentativ für alle Feuerwehrmänner und erheben somit auch keinen Anspruch auf Allgemeingültigkeit. Dennoch treffen sie hundertprozentig zu!

Dank

Früher, als ich noch ein kleiner Junge war und etwas geschenkt erhielt, bekam ich oft zu hören: »Und, was sagt man jetzt?«
»Danke.«
Okay, das mit dem Dankesagen hatte ich schnell kapiert, besonders an der Wursttheke, wenn mich meine Mutter zum Einkaufen mitnahm. Hilfreich war auch ganz lieb gucken, dann bekam ich manchmal sogar zwei Scheiben. Die Steigerung des einfachen Danke war unbedingt an Geburtstagen und bei ähnlichen Anlässen fällig. Dann wurde ich nämlich aufgefordert: »So, und jetzt gib der Tante noch ein Händchen.«
Artig, wie ich war, streckte ich also ein Händchen aus. Hatte von der Tante ja schließlich auch ein Geschenk erhalten.
»Nein, das gute Händchen!«
Das gute Händchen war natürlich das rechte.
Wenn ich hier jetzt einigen Menschen Danke sage, kann ich Ihnen das gute Händchen zwar nicht anbieten, aber dafür ist mein Danke wesentlich aufrichtiger.
Besonders für meine liebe Frau, die sich jedes Kapitel, kaum dass ich es fertig geschrieben hatte, mindestens zwei Mal anhören musste.
»Wirklich gut? Jetzt sag schon, ist das wirklich gut genug?«
»Ja Schatz, nerv mich doch nicht immer. Es ist gut.«
»Aber später, wenn das Buch rauskommt, musst du es auch noch einmal selber lesen.«
»Ich kenne es doch jetzt schon in- und auswendig.«
»Egal, du liest doch auch andere Bücher.«
»Die kenne ich ja auch noch nicht.«
»Hm ...«
Ein großes Dankeschön geht an meinen Literaturagenten Herrn Dr. Martin Brinkmann.

Aber nicht wegen seines wunderbaren Vornamens, sondern weil mich dieser Doktor literarisch so gut betreut wie mein Hausarzt gesundheitlich.

Danke auch an den Schwarzkopf & Schwarzkopf Verlag, dass er mich als zweiten Feuerwehrbuchautor aufgenommen hat und mein Buch zu einem Weltbestseller macht.

Und natürlich danke allen meinen Feuerwehrkameraden!

Mit euch durfte ich viele fantastische Jahre verbringen und alle diese Einsätze erleben, ohne die dieses Buch sonst nie entstanden wäre.

Martin Meyer-Pyritz

SCHWARZKOPF & SCHWARZKOPF

112 GRÜNDE, DIE FEUERWEHR ZU LIEBEN

EIN BLICK HINTER DIE KULISSEN EINER GESCHICHTSTRÄCHTIGEN UND MODERNEN
INSTITUTION UND EINE LIEBESERKLÄRUNG AN DIE SYMPATHISCHEN LEBENSRETTER

112 GRÜNDE, DIE FEUERWEHR ZU LIEBEN
EINE HOMMAGE AN EINE GANZ BESONDERS HEISSE INSTITUTION
Von Jörg Nießen. Mit Illustrationen von Marco Reichert
224 Seiten, Taschenbuch
ISBN 978-3-86265-197-9 | Preis 9,95 €

»Brennende Leidenschaft! Der Kölner Hauptbrandmeister und Erfolgsautor Jörg Nießen hat 112 Gründe gefunden, die Feuerwehr zu lieben. Und sie alle in sein drittes Buch gepackt.«
NRZ

»Was zieht Menschen zur Feuerwehr? Dieser Frage geht Jörg Nießen nach. Seine Antworten sind durchweg authentisch und zeigen, welche vielfältige Faszination die Feuerwehr auf Frauen und Männer ausübt und sie im Idealfall dazubringt, sich haupt- oder ehrenamtlich in der Feuerwehr zu engagieren.«
Brandschutz

»Er liefert mal sachlich, mal humorvoll, bisweilen aber auch selbstironisch und zweideutig Argumente, die die Zuneigung zu dieser traditionsreichen Institution erklären.«
Aachener Zeitung

WWW.SCHWARZKOPF-SCHWARZKOPF.DE

SCHWARZKOPF & SCHWARZKOPF

FÜR IMMER IM KOPF

SCHOCKIERENDE UND BERÜHRENDE ERLEBNISSE EINES FEUERWEHRMANNES –
24 EINSÄTZE DER BESONDEREN ART

FÜR IMMER IM KOPF
SCHOCKIERENDE UND BERÜHRENDE ERLEBNISSE EINES
FEUERWEHRMANNES – 24 EINSÄTZE DER BESONDEREN ART
Von Wolfgang Ising
272 Seiten, Taschenbuch
ISBN 978-3-86265-538-0 | Preis 9,99 €

Möchten Sie wissen, was bei einem Feuerwehreinsatz wirklich abgeht? Welchen Anblicken, Geräuschen und Gerüchen Feuerwehrleute an Einsatzstellen ausgesetzt sind?

Begleiten Sie den Feuerwehrmann Wolfgang Ising bei 24 außergewöhnlichen Einsätzen, an denen er während seiner 38-jährigen Tätigkeit bei der Berufsfeuerwehr beteiligt war – Einblicke, die Ihnen kein Reporter auf der Welt vermitteln könnte, weil niemand so dicht am Geschehen ist wie die Helfer selbst.

Tauchen Sie ein in eine für die meisten von uns fremde Welt, und erleben Sie hautnah und authentisch mit, was dem Normalbürger in der Regel verborgen bleibt.

Der Autor erzählt seine schockierenden Erlebnisse in fast 40 Jahren Feuerwehrdienst mit Anteilnahme und Empathie. Ein Buch, das unter die Haut geht.

WWW.SCHWARZKOPF-SCHWARZKOPF.DE

MARTIN MEYER-PYRITZ, geb. 1950, verheiratet, arbeitete 35 Jahre für die Feuerwehr Düsseldorf als Feuerwehrmann, Ausbilder, Lehrrettungsassistent, NAW-Teamchef und Dienstgruppenleiter einer Zugwache. Er war viele Jahre weltweit medizinischer Flugbegleiter bei der Deutschen Flugambulanz. Seine Hobbys: Wandern, Taekwondo und Zeichnen. Meyer-Pyritz lebt und arbeitet heute als Buchautor in Ratingen.

Martin Meyer-Pyritz
112 GRÜNDE, FEUERWEHRMANN ZU SEIN
Eine Hommage an den schönsten Beruf der Welt

ISBN 978-3-86265-550-2
© Schwarzkopf & Schwarzkopf Verlag GmbH, Berlin 2016
Vermittelt durch die Literaturagentur Brinkmann, München | Alle Rechte vorbehalten. Dieses Werk ist urheberrechtlich geschützt. Jede Verwendung, die über den Rahmen des Zitatrechtes bei korrekter und vollständiger Quellenangabe hinausgeht, ist honorarpflichtig und bedarf der schriftlichen Genehmigung des Verlages. Coverfotos: Axt: © Edward Westmacott/depositphotos.de; Schlauch: © Achim Prill/depositphotos.de; Feuerwehr: © mladn61/depositphotos.de; Feuerwehrmann: © V.Nikitin (Zhaubasar)/depositphotos.de

KATALOG
Wir senden Ihnen gern kostenlos unseren Katalog.
Schwarzkopf & Schwarzkopf Verlag GmbH
Kastanienallee 32, 10435 Berlin
Telefon: 030 – 44 33 63 00
Fax: 030 – 44 33 63 044

INTERNET | E-MAIL
www.schwarzkopf-schwarzkopf.de
info@schwarzkopf-schwarzkopf.de